障害児の音楽療法

声・身体・コミュニケーション

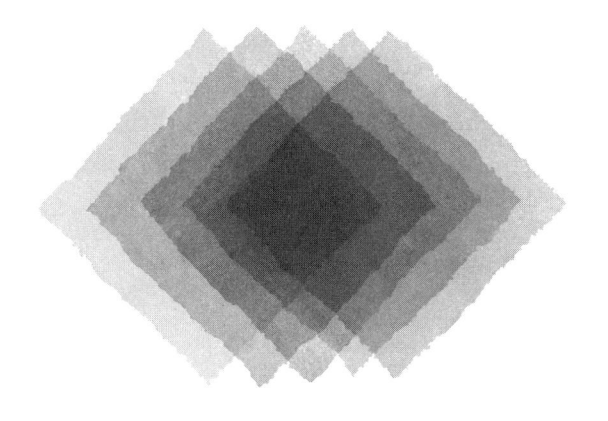

土野研治

春秋社

推薦のことば　──刊行に寄せて

聖路加国際メディカルセンター理事長
日本音楽療法学会理事長

日野原重明

　現在、土野研治先生は日本大学芸術学部教授として、音楽療法による肢体不自由児や発語障害をもつ自閉症児らの発達支援に従事しておられますが、2001年に日本音楽療法学会を発足させた時以来、私は土野先生と親交を重ねてきました。

　2006年に出版された『声・身体・コミュニケーション　障害児の音楽療法』が、このたび8年を経て初版の内容を検討され、かなり大幅に手を入れられ、改題されて増補改訂版を発行されることになりました。この本は、初版にも強調されていた「〈繋がり〉の根源へ」というテーマをより深く追求し、すべてが移り変わる中で、クライアントとのコミュニケーションにおいて変わらない核となるものは何なのか、をより鮮明にしたという特色をもっています。

　この増補改訂版で新たに言及されておりますが、スウェーデンで、大脳発育の障害をもつ子どもに対して固有の音楽療法が行われていることを知ってからは、私が土野先生に、スカンジナビア・ニッポン　ササカワ財団の助成金下付の推薦を行ったということもありました。土野先生は音楽療法のみならず、スウェーデンにおける歌曲や発声法にも興味をもたれ、声楽家としての探求の努力をつづけられ、現在もなおリサイタルを開催しておられます。

　私は、先生が日本大学芸術学部で行っておられる音楽療法の教室を訪れ、知的障害児への音楽療法の実際のセッションを見学したことがありま

すが、音楽療法士とクライアントとのこころが一体化した情景を見て、感動したことを覚えています。

　私は、日本の代表的な音楽大学において音楽療法の講座が設置されることを希望し、私学としては日本では最高の音楽教育を行っている桐朋学園大学の三善晃学長にお願いして夜間の音楽療法講座を開講していただいた経緯があります。

　その後も一貫して、私は日本音楽療法学会の会員増加とその質的向上のために諸企画を考えてきました。今後も指導者の養成と学会発展のために力を尽くすつもりです。

　本書が、日本の音楽療法士の認定資格者の間で広く読まれることを私はこころから希い、推薦のことばとします。

（2014年4月）

はじめに

　現代はコミュニケーション不毛の時代である。しかし書店には「日本語」「声」「身体」といったテーマの本が多く積まれている。それは一種の社会現象といってよいが、やはり私たちが日常「身につまされる」人間としての根源的な問題への危機感のあらわれでもある。

　本書は、障害児の音楽療法の専門書である。これまでの音楽療法のセッションを通して、障害児から学んだこと、気づかされたこと、日頃考えていることを、声と身体、コミュニケーションを軸にまとめたものである。今日的テーマとしてはさらに「環境」があげられるが、これについても、障害児にとって音楽療法がどのような資源（リソース）になりうるか、私見を述べてみた。セッション場面も障害児にとっては重要な発達促進の「環境」である。

　また本書では、障害児教育の中で音楽がどのように位置づけられ実践されてきたかを概観する一章をもうけ、障害児の音楽教育に足跡を残した先人を紹介することにした。

　1979年（昭和54年）4月に文部省（当時）は養護学校義務制を施行し、さらに「完全参加と平等」をテーマとした1981年（昭和56年）の国際障害者年は、障害児教育についての社会的認識を高めることになった。1995年（平成7年）には障害者プラン（ノーマライゼーション7ヵ年計画）が策定され、2003年（平成15年）に文部科学省が告知した「今後の特別支援教育の在り方について（最終報告）」により、障害児教育は大きな転換期を迎えることになった。さらに2004年（平成16年）には「特殊教育」が「特別支援教

育」に名称が変更されただけではなく、養護学校の存在理由を揺るがすような、質的な転換を迎えた。社会の障害児に対する認識も、保護者が養護学校に期待する内容も変わり、これまで以上に「障害児教育」に専門性を求めるようになってきた。養護学校を特別支援センター化し、コーディネーターをおくことで、地域のリソース（資源）を有効に活用することが社会的な要求になっている。2006年（平成18年）には、新しい障害者自立支援法が施行された。

　障害児をめぐるこのような大きな変化のなかで、音楽療法は今後、障害児者のニーズにどのように応えられるかという課題に直面している。また、地域とどのように連携できるのか、他職種ともどのように連携をとり、音楽療法の専門性を生かしていくのかが大きな課題となっている。

　現在、音楽療法が社会的な注目を集め、児童から高齢者、老化の予防や健康の維持など、対象領域が多様化するのに伴い、音楽療法の内容・方法、音楽療法士の資質も議論され、音楽療法もまた大きな転換期を迎えている。日本音楽療法学会が認定する音楽療法士は2500人（2013年度）を超え、大学や専門学校でも音楽療法を専門に学べるようになった。音楽療法は学際的であり、臨床を重ねるほど、難しさと奥深さを実感する。音楽療法士にとっての最大の武器は「音楽」であると思うが、その音楽をどのように提供するかによって、音楽療法がより効果的なものになるかどうかが決まる。セラピストには、その場の雰囲気やクライエントの反応を身体で感じられる感性が不可欠になる。

　筆者は、1978年（昭和53年）に肢体不自由養護学校に赴任して以来23年間、肢体不自由養護学校、知的障害養護学校、病弱養護学校において、音楽を柱として多くの障害児とかかわりを持ってきた。養護学校義務制前から、障害児教育のなかに身をおき、教育内容や教育方法の変遷を見てき

たが、1987年（昭和62年）を節目として、音楽療法を体系的に考えるようになった。

　2000年（平成12年）に村井を中心に行われた、音楽療法の臨床的効果に関する研究報告では、音楽療法の対象として、障害者・児領域の実施全施設のうち、自主グループが25.6％、通園施設21.6％、養護施設11.1％、作業所7.8％、養護学校は5.6％であった。この結果から見ても、学校教育に音楽療法を組み込むことの難しさが理解できる。

　さらに2002年（平成14年）には、丸山・平林によって「特別支援教育における音楽活動の役割――盲・聾（ろう）・養護学校に関する実態調査」が報告されている。全国の国公私立盲・聾・養護学校987校を対象に、音楽活動の実態と音楽に対する教職員の意識調査を行ったものである。結果は、「音楽療法を取り入れている」が26.1％、「取り入れていない」が49.2％、「取り入れたい」が28.6％となっている。取り入れていない理由として、「専門性の不足（知識不足）」が圧倒的に多かった。このような調査結果を見て、障害児の療育・教育に携わっている人たちに、音楽療法の基本的な考え方を伝えたいということも本書執筆の契機になった。

　2000年（平成12年）に刊行された前著『心ひらくピアノ』は、自閉症と呼ばれた一人の子どもとの14年間のレッスン記録であり、私の音楽療法の一部であった。本書では、それ以外のセッションについて詳しく述べた。2001年（平成13年）に養護学校の現場を離れ、大学に職場を移したが、引き続き学内の音楽療法室において臨床を行っている。かつての養護学校とはまた異なった環境でのセッションから、多くの事柄を学んでいる。

　筆者の音楽療法では、音楽を介したクライエントとセラピストの関係性はもちろんのこと、「声」と「身体」が大きな柱となっている。これまでのセッションを通して、「声」と「楽器」では表現媒体が異なるだけではなく、本質的にクライエントとの音と身体の在りようが異なることを考えて

きたからである。それは私が声楽科の出身であること、遅々とした歩みではあるが現在も演奏活動を行っていることに深く関与している。音楽療法を勉強しはじめた20代のころ、ジュリエット・アルヴァンの「音楽療法士はプロの音楽家でなければならない」という言葉に出会い、音楽療法の本質を感じ、以来、その言葉に支えられてきた。音楽療法にとって音楽が重要な意味を持つならば、セラピストの音楽も常に磨かれるべきであると考えている。

「身体」については、障害児教育の出発点が肢体不自由養護学校であったことが大きく影響している。子どもの身体に触れて自分の身体で感じたことが臨床の原点となっている。知的障害養護学校や病弱養護学校に移っても、子どもの身体について考えることが多かった。特に自閉症児の場合、身体の在りようが発達に大きく影響していることを常に考えてきた。身体を考える底流には、学生時代にバレエ団の練習ピアニストをした経験も関係している。そこでは身体の基本動作と身体を通した表現の深さを毎回実感した。

音楽療法において「コミュニケーション」は、最も重要で基本となる営みである。それは声や楽器を介してだけでなく、表情や身ぶりなど身体を通して行われる。この営みをセラピストとしてどのように捉え、コミュニケーションを繋げていくのか、私なりに考えてみた。

音楽療法の概説書として、肌理の粗さはあると思うが、臨床家としての声は盛り込めたように思う。忌憚のないご意見ご批判を賜りたい。

(2006年2月)

増補改訂にあたって

　前著『声・身体・コミュニケーション——障害児の音楽療法』が出版されてから数年が経過した。その間に多くの方が前著を手に取ってくださり、貴重な意見もいただいた。この数年間で音楽療法をとりまく環境は変容し、障害児への音楽療法においても、新たな方法論が紹介されてきた。教育現場においても音楽療法が広がりを見せてきたといえる。2013年（平成25年）に、これまで障害児の診断基準となっていたDSM-ⅣがDSM-5に改訂され、従来「広汎性発達障害」と呼ばれていたものが、「自閉症スペクトラム」という用語に改められた。教育現場ではLD（学習障害）やADHD（注意欠陥／多動性障害）を抱える子どもが、通常学校に少なからず在籍するようになり、教育現場は対応に追われている。特別支援学校のコーディネーターには、地域にどのような発達支援のためのリソースがあるのかを把握し、情報を提供するという任務が課せられた。

　また近年、音楽療法が地域への社会的な発信となるように、コミュニティとのかかわりを前面に打ち出していく活動も展開されている。音楽療法がより社会的に意味あるものであることを発信していこうとする理念と、音楽療法の中心は「音楽」であるという主張からは、音楽療法を核とした社会との共存が主張されている。本書は、前著では副題としていた「障害児の音楽療法」を改めてメイン・タイトルとし、新しく第10章に「特別支援教育における音楽活動」を、第12章に「小児リハビリテーションとしての音楽療法」を増補した。第12章では、脳梗塞や交通事故などによる後天性脳損傷の子どもたちへの音楽療法について症例をあげながら検討した。さらに第1章では、宇佐川浩氏の「感覚と運動の高次化理論」を加筆し、

第7章ではスウェーデンで開発されたFMT脳機能回復促進音楽療法を新たに紹介した。第9章では、DSM‐5における自閉症スペクトラムについて言及した。

　宇佐川浩先生には、1987年（昭和62年）に埼玉県長期研究生として1年間、淑徳大学附属社会福祉研究所（現：淑徳大学発達臨床研究センター）で学ばせていただいた。先生の真摯な臨床研究の姿勢に大きな影響を受け、この経験が私の臨床の基盤となっている。スウェーデンのFMTは「身体動作」を中心とした方法論である。日本への紹介者である加勢園子氏とは当初から交流を持ち、2009年（平成21年）には日瑞音楽交流プロジェクトを発足させ、演奏と音楽療法による交流を継続的に行っている。2010年（平成22年）には、FMTの音楽療法士を養成しているスウェーデンのカールスタッド総合大学所属インゲスンド音楽大学を訪れ、FMTの授業も見学した。このプロジェクトはスカンジナビア・ニッポン ササカワ財団の助成により行われている。

　本書巻頭には、聖路加国際メディカルセンター理事長および日本音楽療法学会理事長である日野原重明先生に一文を賜った。前述のプロジェクトでもご尽力をいただいている。日野原先生の精力的なご活動・ご講演でその謦咳に接し、「生命とは時間である」という言葉を重く受け止めた。音楽療法を行っている「今、この時間」を子どもたちと共有することが、音楽療法士の役割でもあると考える。今の時間が次の時間へ、あるいは過ぎた時間へと行き交うなかで、今ある生命がより輝くように、願ってやまない。

（2014年3月）

目次

推薦のことば——刊行に寄せて（日野原重明） i

はじめに iii

増補改訂にあたって vii

第1章　日本の障害児教育と音楽の系譜 ─────── 3

1　障害児教育と音楽の系譜　3
2　視覚・聴覚障害児の教育の歴史　6
3　病弱児の教育　9
4　肢体不自由児の教育　10
5　知的障害児の教育　15

第2章　音楽療法の対象児 ─────────────── 23

1　さまざまな障害と音楽療法　26
　1）視覚障害児　27
　2）聴覚障害児　28
　3）肢体不自由児　31
　4）知的障害　35
　5）ダウン症児（ダウン症候群）　36
　6）病弱児　37
　7）自閉症（自閉症スペクトラム）　39
　8）重度重複障害児　41
2　施設・教育現場における音楽療法　42
　1）母子通園施設　42
　2）特別支援学級、盲・聾・養護学校　43
　3）作業所　44
　4）医療関係（病院）　44
　5）在宅・グループホーム　45

第 3 章　音楽療法の定義 ―――――――――――― 46

1　音楽の定義　46
2　音楽療法の定義　47
3　障害児と音楽療法　49
　1）障害児を対象にした音楽療法の意味　49
　2）障害児にとっての音楽の役割　50
4　音楽療法と関連領域　56
　1）理学療法　57
　2）作業療法　58
　3）言語療法　59

第 4 章　セッションの手順と展開 ―――――――――― 61

1　セッションの手順　61
　1）音楽療法の構造について（5Ｗ１Ｈ）　63
2　アセスメントの視点　69
3　使用する音楽　77
　1）メロディー、リズム、ハーモニーの治療的側面　78
　2）既製曲と即興演奏について　80
　3）音楽を用いたさまざまな技法　80
　4）選曲について　86

第 5 章　楽器 ―――――――――――――――――― 88

1　音楽療法で用いる楽器　90
2　楽器の役割　97
3　楽器演奏で行われる感覚間の統合　100
4　クライエントへの楽器の提示　102

第6章　声 ──────────── 108

1. 声の発達　108
2. 音韻の発達　110
3. 音楽療法における「声」の意味　111
4. 声による即興　114
5. 声と身体性　117
6. 歌唱について　118
7. 事例　120
   1) 肢体不自由・てんかんの障害を抱えるAさんの場合　120
   2) Aさんのセッションの概要　120
   3) 経過　121
   4) 考察　124

第7章　身体運動 ──────────── 127

1. **身体－運動**　127
2. FMT 脳機能回復促進音楽療法　131
3. 障害児教育における身体運動　135
4. 障害児にとっての身体運動　141
   1) 身体運動を組織化するということ　141
   2) 身体を任すという経験　143
   3) 外界への気づきと身体　144

第8章　コミュニケーション ──────────── 146

1. コミュニケーションの発達　147
2. 障害児のコミュニケーション　148
3. 音楽療法におけるコミュニケーション　150

1）セッションにおける〈音〉　150
　2）音楽療法の非言語的コミュニケーション　151
　3）コミュニケーションとしての「触れる・触れられる」　152
　4）音楽の表現を引き出す〈触れ方〉　154
　5）コミュニケーションにおける〈間〉　157
　6）気持ちをなぞる　158
　7）音楽療法におけるドラマ性　159

第9章　自閉症児の音楽療法 ——— 161

1　自閉症とはどのような障害か　162
　1）自閉症研究の系譜　162
　2）自閉症と音楽療法　165
2　事例　172
　1）対象児について　172
　2）音楽療法の構造　173
　3）治療目標　174
　4）音楽療法に対する保護者の願い　174
　5）プログラムと目標例　174
　6）初期の臨床像　175
　7）行動の仮説と手立て　176
　8）経過　177
　9）考察　183
　10）セッションでの声の意味について　191
　11）まとめ　192

第10章　特別支援教育における音楽活動 ——— 194

1　特殊教育から特別支援教育に移行した経緯　194

2　特別支援学校の音環境　196
3　音楽活動を行ううえでの配慮事項　198
4　音楽活動の留意点　199
5　各学部での目標　200
6　学校卒業後の音楽活動　202
7　音楽教育と音楽療法　204

第11章　病弱特別支援学校における実践 ── 206

1　病弱特別支援学校について　206
2　音楽を用いた自立活動　207
　1）実態に応じた取り組み　208
　2）自立活動の構造　210
　3）金管楽器自立活動　211
　4）経過と考察　217
　5）病弱特別支援学校での経験から──音楽と時間　217

第12章　小児リハビリテーションとしての音楽療法 ── 220
──後天性脳損傷児の音楽療法

1　リハビリテーションとチーム・アプローチ　220
2　小児リハビリテーションでの音楽療法の目的と音楽療法士の役割　223
3　保護者への対応　226
4　音楽を提供する際に配慮すべきこと　226
5　事例1　脳外傷後遺症（重度重複障害）　229
　1）対象児の概要　229
　2）治療構造と目標　229
　3）プログラムと目的　230
　4）経過　230

5) 考察　232
6　事例2　後天性脳外傷（高次脳機能障害）　232
　1) 対象児の概要　232
　2) 治療構造と初期の臨床像、目標　233
　3) プログラムと目的　234
　4) 使用した楽器と音楽　234
　5) 経過　235
　6) 評価　240
　7) 考察　240
　8) 今後の課題　243
7　事例3　脳梗塞後遺症、先天性心疾患　243
　1) 対象児の概要　243
　2) 治療構造と初期の臨床像、目標　244
　3) プログラムと目的　244
　4) 経過と結果　245
　5) 考察　246
8　事例から考えられる音楽療法の効果　247

おわりに　248

あとがき　253
参考文献　255

障害児の音楽療法
声・身体・コミュニケーション

混沌への陶酔でもなく、
秩序への安住でもなく、
混沌からの秩序形成の思考を！

丸山眞男

第1章　日本の障害児教育と音楽の系譜

　　　　　この子らを世の光に　　　　　　　　　糸賀一雄

　障害児教育は教育の原点であると言われる。それは子どもと教師が身体を触れ合いながら行われる教育であること、また健常児ならば速やかに経過してしまう発達段階を、障害児はつまづきを示しながらも、時間をかけて少しずつ発達するため、その意味をしっかりと考えられるからであろう。では、音楽療法もまた音楽教育の原点と言えるのだろうか。本章では、日本の障害児教育で音楽がどのように実践されてきたのか、障害児教育の歴史を概観しながら検討してみたい。

1　障害児教育と音楽の系譜

　障害児教育が大きく転換したのは、1979年（昭和54年）の養護学校義務

制の実施である。さらに、「完全参加と平等」をテーマとした1981年（昭和56年）の「国際障害者年」をきっかけとして、障害者問題が改めてクローズアップされ、それまで家庭に閉じこもっていた障害児者が、少しずつ社会に出始めた。1995年（平成7年）には、「障害者プラン・ノーマライゼーション7ヵ年計画」が策定された。

1999年（平成11年）3月に文部科学省が告知した学習指導要領では、盲・聾・養護学校は、「地域の実態や家庭の要請等により、障害のある児童もしくは生徒またはその保護者に対して教育相談を行うなど、各学校の教師の専門性や施設設備を生かした地域における特殊教育に関する相談のセンターとしての役割を果たすようつとめること」と明示された。特別支援教育では、対象児を学習障害（LD：Learning Disorders）、注意欠陥／多動性障害（ADHD：Attention-Deficit/Hyperactivity Disorder）、高機能自閉症それにアスペルガー症候群を含む支援を行うとしている。

2003年（平成15年）には、文部科学省は「今後の特別支援教育の在り方について（最終報告）」を答申している。

このように、障害児が家庭から社会に出て、地域社会の中でどのように交流を持つのかが今後の課題となる。

障害児教育の歴史を振り返る

視覚障害者は、歴史的にみて、比較的早くから音楽を手段として活躍の場を得ることができた。それは、視覚障害者が音楽的に高い感性と演奏力を示し、宗教音楽において活動の場を獲得することができたからだと考えられる。箏の演奏や作曲で有名な宮城道雄（1894〜1956）の例をあげるまでもない。室町時代の盲僧である明石覚一（1300頃〜1371）は、平曲の名手であり、平曲六派を統合して、琵琶法師の組織である「当道座」を結成した。また江戸時代前期の検校、八橋城談（1614〜85）は八橋流箏曲の大成者でもある。視覚障害者は失われた視覚の代償として聴覚をより鋭敏に

していく。現在でも琵琶盲僧が九州を中心に活躍している。これらの人たちは特別の才能と努力により、自分の地位を築いていったのである。^(註1)

津曲（1988）は、「発達に障害を持つ子どもを集め、その特性に応じた方法で教育を行うことを障害児教育と定義するならば、日本における障害児教育の成立は明治以降のことになる」と述べている。この観点から、障害児教育の周辺を見ていくと次のようになる。

1872年（明治5年）に東京都の福祉施設ならびに障害児学校のルーツとしての位置を持つ、東京府養育院が創設された。1879年（明治12年）同院内に設けられた精神病院が、1882年（明治15年）に東京府癲狂院として独立し、わが国第2番目の公立精神病院となった。現在の松沢病院である。

1886年（明治19年）4月に小学校令により、就学義務制度が制定された。また疾病・家計困窮その他、やむをえない事故によって就学させることができないと認定された場合は、府知事県令は、その期間を定めて就学猶予を許すこととし、はじめて就学猶予の制度が制定された。1947年（昭和22年）の学校教育法にいたるまでの、就学猶予・免除規定の変遷を見てみよう（次頁　表1）。

1886年（明治19年）には、帝国医科大学（現東京大学医学部）が精神医学講座を開講し、榊　俶（さかきはじめ）が担当した。1902年（明治35年）に日本神経学界（現日本精神神経学会）が創立されたが、これらの動きの時代背景として、児童研究が内外で取り上げられたことがあり、1917年（大正6年）の第16回学会では、精神薄弱児問題が取り上げられている。なおそれ以前の1898年（明治31年）には、『児童研究』が創刊されている。

第1次大戦（1914～18）後の国内状況の好転により、教育は拡張・充実していった。1907年（明治40年）には改正小学校令により小学校の修業年数が6年になった。国際的に民主主義や社会主義運動が導入され、国内では大正デモクラシー思想が台頭していった。

表1 就学義務の猶予・免除規定の変遷

勅令／法令	就学義務の猶予	就学義務の免除
第一次小学校令 (1886年4月)	事由：疾病、家計困窮、其他止ムヲ得サル事故 (府知事県令の許可)	なし
第二次小学校令 (1890年10月)	事由：貧窮、疾病、其他已ムヲ得サル事故 (監督官庁の許可を受けて市町村長が)	
第三次小学校令 (1900年8月)	事由：病弱又ハ発育不完全	事由：瘋癲白痴又ハ不具廃疾
	事由：保護者ノ貧窮 (いずれも監督官庁の許可を受けて市町村長が)	
国民学校令 (1941年3月)	事由：病弱、発育不完全其ノ他已ムヲ得サル事由 (市町村長は地方長官に報告)	事由：瘋癲白痴、不具廃疾 (地方長官の認可を受けて市町村長が)
学校教育法 (1947年3月)	事由：病弱、発育不完全その他やむを得ない事由 (監督庁の定める規程により、都道府県教委の認可を受けて市町村教委が)	

中村満紀男、荒川智編著『障害児教育の歴史』(明石書店、2003)

2 視覚・聴覚障害児の教育の歴史

　ここでは、視覚障害児・聴覚障害児の教育の歴史的な流れを年表ふうに追いながら、この分野において音楽がどのような役割を果たしてきたかを見てみたい。

はじまり——明治時代

　1866年（慶応2年）、福沢諭吉がその著書『西洋事情』において、ヨーロッパの盲院・唖院・痴児院を日本に紹介する。

　1880年（明治13年）、東京で、キリスト教の宣教師であったフォールズ Henry Faulds（1843〜1930）の呼びかけに応じて、中村正直（まさなお）（1832〜1891）、津田仙（せん）（1837〜1908）らが、『西洋事情』を範とした、楽善会訓盲院を創設

した。また1878年（明治11年）には、古河太四郎（1845〜1907）、遠山憲美（不明）らによって京都盲唖院が開設され、翌年には府立になった。1889年（明治22年）には神奈川県横浜市に、Mrs. C. P. ドレーパー Draper（1858〜1951）により盲人福音会が設立された。これは1900年（明治33年）になって神奈川県により私立学校として認可され、横浜基督教訓盲院として改称された。

1890年（明治23年）、第2次小学校令によって、盲唖学校が各種学校として位置づけられた。

1900年（明治33年）、長野盲人教育所（現長野県長野盲学校）が開設され、翌年、私立学校令に基づいて認可され、私立長野盲学校と改称された。

1906年（明治39年）には、盲唖学校は全国で官公立2校、私立29校を数え、点字法の紹介や普及が行われた。

音楽活動の導入

1920年（大正9年）に、横浜基督教訓盲院では、成人盲教育から盲児教育に転換された。1922年（大正11年）から、横浜ポピュラー・ハーモニカバンドの指導者であった横浜二中の川本教諭がハーモニカの指導にあたり、以後ハーモニカバンドによって、放送出演や慰問演奏を行うようになった。戦後はさらにそれが器楽合奏に発展していった。指導には当時ハーモニカ演奏では第一人者であった川口章吾があたり、横浜刑務所慰問演奏は大きな反響を呼んだ。川口は今村幾太院長から、「盲人の中には我が強く、自分の殻に閉じこもってしまう人がよくあります。音楽を愛し、協調性のある人間づくりのために、ハーモニカ合奏を指導していただきたい」という理念を聞き、指導を引き受けたと語っている。

長野盲人教育所では、開校当初から教科に唱歌（オルガンやハーモニカ）が組み込まれ、高松良が担当した。また市民の理解を深めるために「盲人月並研究会」を組織し、盲人教育（当時）の啓蒙活動を行い、7月には「慈

善演奏会」が催された。

　1906年（明治39年）、長野盲人学校と長野唖人教育所が併設され、私立長野盲唖学校となった。盲本科の唱歌を藤沢清美が担当した。

　1920年（昭和9年）には口話法の基本訓練として、リズム的訓練、感覚の訓練などを取り入れた。教育内容にリズム的訓練として「身体的全体的訓練より始め感覚的訓練に及ぼす。リズム体操、遊技、リズム的感覚的訓練などが必要。視覚的な物では線の長短、細太、曲直、大小、濃淡等」、感覚の訓練として「特に触覚、視覚、振動感覚（体、足の裏、手）の訓練が大切。拡声器その他の機械を使い、蓄音機、ピアノ、シロホン、太鼓、笛、肉声などで聴覚の訓練をする」とある。また、太鼓を利用したリズム訓練が始まった。太鼓の振動が身体に伝わり、リズムを取ることがねらいだが、あくまでもことばのリズムを助けるためであり、音楽的な意味は持たなかった。以後、時代を経て、音楽鑑賞会による情操教育にも力を入れていく。昭和36年頃には、生徒による自主的な音楽サークル、箏曲合奏など、音楽活動が盛んになっていった。

　1923年（大正12年）、盲学校及聾学校令が制定される。

大正から昭和への動き

　1903年（明治36年）に、伊沢修二（1851〜1917）が吃音矯正のための楽石社を開設した。吃音矯正と聴覚障害とでは障害の違いはあるが、発声、発音に関することの共通性を見出している。

　前述した楽善会訓盲院（フォールズの呼びかけに応じて、中村正直・津田仙などが参画した）では、1880年（明治13年）に授業が開始された。この2校を先駆として、全国各地に私塾的の盲唖学校が開設された。手島精一、小西信八などによる点字法の開発、伊沢修二、橋村徳一らによる口話法の紹介と普及、教育方法の工夫などが、障害児教育に大きな貢献を果たしている。

　1920年（大正9年）に、アメリカの長老教会宣教師A. K. ライシャワー

博士夫妻とアメリカの福音教会宣教師ロイス・F. クレーマーが協力して、日本聾話学校を開設し、米国式の口話法で教育を行った。口話法とは、唇を読むことで音声言語を理解するものであり、基本的な考え方として、自分の意思は自分で伝えようとするものであった。口話法の基本には、リズム的訓練、感覚の訓練などがある。日本聾話学校は、1921年（大正10年）には、学校経営のために日本聾唖学校維持会（神耳協会）を設立し、1925年（大正14年）には東京丸の内倶楽部で管弦楽演奏会を行っている。

　1948年（昭和23年）には聾教育が義務制になり、名称が聾学校と改まった。リズム訓練は律唱科という教科として行われ、発音訓練の目標から、情操を培う音楽教育の方法へ移行していった。

　1968年（昭和43年）には、音楽科の名称になり、打楽器の演奏や身体表現をリズムに合わせて行うといった、音楽的なリズム指導に拡大された。音楽の振動、リズムの秩序性や躍動性を身体で音楽を受け止めることにより、自己内のリズムを知覚させ、それに声やことばを重ねていくことで、より明瞭な発音とより大きな声量、志向性のある自己表現としての声・言葉になっていくことを期待したといえる。聾学校の和太鼓演奏は全国的に有名である。聴覚障害児に対して音楽は多く用いられる。音の高低や楽器の種類などを感じとり、外界を知覚していく中での空間把握や、受けとめる身体部位（高音域が頭部、中音域が胸部、低音域が足・脚部）への身体意識、楽器演奏による運動協応を高めることに意味がある。

3　病弱児の教育

　1889年（明治22年）に、三重尋常師範学校で、脚気の生徒に対して、伊勢の国菰野の山地で戸外学校による分校形式で教育が行われた記録がある。これは世界的に見ても最も早く行われた病弱教育の例の一つと言え

る。この頃の記録としては、1853年（嘉永6年）のデンマークのコペンハーゲン市郊外で身体虚弱児に対して、また1876年（明治9年）にスイスで休暇を利用して虚弱児に団体教育を試みた教育などがあげられるが、三重の例はそれに次ぐ最も初期の病弱教育の例である。

　明治初期の病弱教育は、コレラ、天然痘、腸チフスなどの急性疾患と、脚気、結核、ハンセン病、癲癇に分類されている。第2次世界大戦前の国民体位向上施策として、結核対策は、障害児教育の中で最も発展していく。

　1905年（明治38年）に小原頼之の企画による休暇集落、1917年（大正6年）には林 止（はやしとどむ）（1865～1945）が創設に尽力した結核予防団体の白十字会により、わが国初の林間学校が神奈川県茅ヶ崎市に開設された。1910年後半に起こった民族衛生（優生学）的見地から、人口の量的質的管理と能率主義の徹底という考え方を背景にしている。戦後、結核は減少し始めた。

　病弱教育において音楽が顕著に用いられたのは、喘息児に対してである。呼吸の意識化と発作のコントロール、また音楽活動によって自信と協調性を経験させることが、その大きな目的となっている。

　現在は、薬の進歩によって、通院治療でも病気が著しく改善されるようになり、また、入院による家庭との別離が与える心理的な問題も含め、入院生徒数の減少につながっている。また心身症や不登校などの児童・生徒の増加など実態も多様化している。結果として、学校の統合や病院閉鎖など、病弱養護学校の存続の難しさが表面化している。

4　肢体不自由児の教育

歴史的な流れ

　1921年（大正10年）に、柏倉松蔵（1882～1964）が、肢体不自由児施設

柏学園を開設した。しかし、肢体不自由児は、学校教育の中では、表1（6頁）のように、改正小学校令の猶予・免除規定によってその対象外とされていた。

1932年（昭和7年）には、病弱教育の経験から、結城捨次郎（1890~1939）を初代校長として東京市立光明養護学校（現東京都立光明養護学校）が設立された。昭和27年度の学校舎運営組織には、指導研究に治療教育と情操教育が設置されている。佐藤千代子（1920～　）は『肢体不自由児の学校と教育』第1号に、「1950～52年に於ける光明学校の音楽科の経過」を研究報告している。

1942年（昭和17年）、医師の高木憲次（1888～1963）がドイツのクリュッペルハイム構想により整肢療護園を設立する。1952年（昭和27年）、整肢療護園の要請を受けて東京教育大学附属小学校より2名の教師が派遣され、同園の教育が開始された。

1958年（昭和33年）、整肢療護園に東京教育大学附属養護学校（現筑波大学附属桐ヶ丘養護学校）が開校する。1970年（昭和45年）と1972年（昭和47年）の教育課程審議会の答申を受けて、盲・聾・養護学校の学習指導要領が改訂された。大きな特徴として「養護・訓練」が特殊教育独自の領域として設定された。「養護・訓練」の指導内容16項目の中には、

・人との関わりを高めたり、情緒の安定を図ること
・感覚遊び、運動遊び、リトミックや歌と手遊びなど感覚と運動の強化と連合を図る活動
・粗大運動を中心に身体像（ボディイメージ）の基礎づくりの活動
・音および音声の弁別、記憶、分離など聴知覚の能力を高める指導

などがあげられている。

1969年（昭和44年）に、松本和子、碓氷朝子らが「リズム音楽を用いての書字能力訓練の効果について」を、1981年（昭和56年）には竹内光春、斉藤秀元他が「脳性まひ児の知覚　運動学習研究（5）リトミック的展開に

よる運動分析について」を発表している。

　障害児教育は、これまで見てきたように、私立から公教育へ、就学猶予から養護学校義務制へと変遷を遂げてきた。盲教育、聾教育は比較的早くから義務化されたが、知的障害児教育や肢体不自由児教育は義務化までの時間を要してきた。それは、障害の特性による教育の難しさ、国策や社会的な障害児への認識なども大きく関係している。

　次に、肢体不自由児教育で音楽教育の基盤を築き上げた先人に触れておきたい。

音楽を用いた先駆者たち

　昇地三郎（しょうち）（1906〜2013）は、1954年（昭和29年）4月に「しいのみ学園」を開設した。教育を受ける機会を保障されない2人のご子息（脳性マヒ）のために、「科学には限界があるが、愛情には限界はない」という信念により開設された。

　昇地の治療教育は、「しいのみ学園の22年」とサブタイトルがついた『脳性マヒ児の治療教育』（1976）に集大成されている。昇地は、治療教育が成立するためには、ホメオスターシスの機構がその基本となると述べている。ここに書かれた理論と実際は、脳性マヒに限らず多くの障害児にも適応する。　下記に、昇地の文章からいくつかを紹介したい。

　　脳性マヒ児の障害重責深化過程と、それに基づいて、子供たちの生き生きとした小集団活動の力動的関係の中から治療教育の十大教育原理を、子供たちが作り上げてくれた。これが教育の原理としての法則性をもてば、障害児の教育の世界ばかりでなく、幼児教育の原理ともなれば、普通学校における教育原理としても成立するものである。

　　……（中略）……

本書を脳性マヒの教育に当たる教師とその親ばかりでなく、精神薄弱、学習遅滞、病虚弱、視覚聴覚障害、情緒障害など、特殊教育に関係する人たち、また福祉や教育に関心をもつ多くの方々に読んで頂き、そしてただの一人でもよい教育や福祉の日かげに泣いている子どもを救い出すために役立つことになればと念願してやまない。

(いずれも序文より)

　また昇地は、治療教育の概念を「何らかの作用によって障害されたり、欠陥を生じているものに対して、正常に復元させる作用を意味し、教育は、現在時点からよりよく伸ばそうとする作用の働きを意味している。他のことばで表現すれば、－(マイナス)を０にする作用が治療であり、０を＋(プラス)にする作用が教育である」と述べている。

　しいのみ学園では、治療教育として音楽療法活動が導入されている。ほかに創作活動療法、作業療法、言語治療法、親の心理療法があげられている。音楽療法活動の意義を、「音楽はいろいろな機能的療法に役立っているが、一番重要なことは、児童がそれを通して自分自身の最も幸福な、最も実り豊かな情動的水準を発見させ得る緊張緩和的、または刺戟的な要素として用いられることである」と述べ、鑑賞療法、動作誘発音楽療法、音楽活動集団療法などの方法を紹介している。

　佐藤千代子は、終戦後の昭和20年から国立教育研究所へ勤務し、付設された精神薄弱児(当時)の学級において教育方法を研究したのち、昭和25年に都立光明養護学校音楽教科担当として実践を行った。昭和41年には都立王子第二養護学校で言語障害児の指導に携わった。1971年(昭和46年)に出版された『脳性まひ児の壁に挑む』では、副題に「ある音楽教師の孤独なたたかい」とあるように、脳性マヒの子どもに真摯に向き合いながら、自己の実践を振り返っていく様子が綴られている。それは音楽教育の枠を

超え、障害児のあらゆる場面を経験したものにしか書けない深さがある。
　佐藤は音楽教育の方法として、
　　1）教師の能力は高ければ高いほど効果的である
　　2）技術の習得のしかたが分析的に体験されている教師の実力がものをいう
　　3）子どもの表現能力の水準に教師の表現を合わせる努力
　　4）個別指導と一斉指導と
　　5）この教育はプラスとマイナスがいつも同居していることを勘定に入れる
　　6）音楽の生活化
など、20項目をあげている。
　佐藤は、脳性マヒ児の教育について、教育は教育科学だと思っていると述べ、「一朝一夕に、はなばなしい業績が出ることを好む人には、向かない仕事です」「少なくとも目的が子どもの幸福ということから逸脱して、研究のための研究とか野心のための研究ということは、教師には許されないと思うのです」と結んでいる。

　竹内光春（1929～2004）は、筑波大学教育学部付属桐ヶ丘養護学校通学部教官から整肢療護園隣接の入院部に移り、音楽教育を実践した。竹内はケファート N. C. Kephart（1911～73）やフロスティッグ M. Frostig（1906～85）らの理論や方法を研究し、斉藤秀元らとともに1972年（昭和47年）、「入門期のレディネス形成に関する研究」を発表した。また1976年（昭和51年）には、肢体不自由児にダルクローズ E. J. Dalcroze（1865～1950）のリトミックを応用して「リトミック的展開」を実践し、のちの「リズム運動法」の原型をつくりあげた。さらにこれは重度重複障害児に対して、オリジナル曲を歌いながら子どもに働きかける方法として発展した。

5 知的障害児の教育

歴史的な流れ

知的障害児は、比較的遅く教育施設が整った領域である。

知的障害児教育は、明治20年代から、長野県の松本尋常小学校「落第生学級」(1890年〔明治23年〕開設、1894年〔明治27年〕廃止)や、長野尋常小学校「晩熟生(鈍児)学級」(1896年〔明治29年〕開設)において先駆的に取り組まれた。

1891年(明治24年)には、石井亮一(1867〜1937)が滝乃川学園を「孤女学院」として出発させ、1899年(明治32年)白痴教育施設として体裁を整えた。

1906年(明治39年)、大阪師範学校附属小学校に「教育治療室」が開設された。

1909年(明治42年)、脇田良吉(1875〜1948)が白川学園を開設した。

1911年(明治44年)、川田貞次郎(1879〜1959)が日本心育園を設立した(1919年〔大正8年〕に藤倉学園と改称)。川田は、障害児が彼を取り巻く世界との関係において、自己を認識する力「心覚」を発達させることを目的として、一連の訓練法を構築し、このような視座から「心練」に代表される教育的治療法(学)が創造された。

1928年(昭和3年)、八幡学園が開設する。画家の山下清で知られる施設だが、創設期より歌、遊戯の時間を設定している。昭和20年代には造形教育、昭和45年には音楽運動、昭和50年代にはリトミック性や演劇性を含む教育活動を行っている。

1946年(昭和21年)、滋賀県大津市に、当時街頭にあふれていた戦災孤児、

極度の貧困家庭の子どもたちとともに精神薄弱児をも収容して、特別な保護と教育を行う目的で「近江学園」が発足した。1947年（昭和22年）は、児童福祉法公布のもとに県立の施設となった。公立の精神薄弱児施設としては、日本で最初のものである。園長は糸賀一雄（1914～68）である。糸賀は「この子らに世の光を」ではなく「この子らを世の光に」という名言を残している。1963年（昭和38年）には近江学園を基盤に重症心身障害児施設「びわこ学園」が開設された。糸賀を中心に医療と教育を統一させ、その理念と成果は『発達保障論』に結実した。

1947年（昭和22年）文部省教育研修所内に品川区立大崎中学校分教室として誕生した。これは最初の精神薄弱養護学校である東京都青鳥養護学校（1957年〔昭和32年〕）の前身となった。

1950年（昭和25年）、旭出学園が目白の徳川邸の一隅に開設された。昭和27年の日課表には、午後1時に集団的教科または集団遊びとして、「音楽：ゆうぎ、うた、リズム（打楽器合奏）」が組まれている。

1958年（昭和33年）1月に多摩藤倉学園が設置され6月に開設した。学園の治療方針は、治療教育法に基づき、心練という教授法であった。心練とは、人としての心を練り鍛えることを意味している。重度児に行う心練の課題として「音楽遊戯」が設けられ、ラジオ、オルガン、レコード、電蓄器、タイコ（大・小）、カスタネット、タンバリングが教材としてあげられている。目標としては、次のことがあげられている。

- 楽しい気分を味わせ、リズムに馴れさせる
- リズムを利用して心身の活動を促す
- リズムと動作の協応活動をはかる
- リズムの静動を利用して精神集中を行わす

指示事項としては次のことがあげられている。

- 音楽を聞く、自由に歌う

・跳躍、歩く、走る、止まる、たたく等、感じたままのリズム表現
・リズムに合わせて歩く、走る、止まる、たたく等の動作を行わす

　この多摩藤倉学園と同時期に国立重症心身障害児施設、秩父学園も開設された。1972年（昭和47年）には、富士旭出学園を経営主体とする授産施設「富士厚生園」が開設した。「感性・個性・才能の発見」と「自己表現活動の援助」として、「音感」「ミュージックバンド活動」「絵画」「陶芸」が行われた。

音楽を用いた先駆者たち
　これまで、教育現場と福祉現場での音楽活動について述べてきたが、次に、知的障害児教育で音楽を用いた人をあげてみよう。

　伊沢修二（1851～1917）は、1875～78年（明治8年～11年）に「師範学科取調」のため米国に留学し、帰国後に東京師範学校雇から学校長に、1886年（明治19年）に文部省編輯局長となり、1888年（明治21年）には東京音楽学校長を兼務する。1890年（明治23年）には3ヶ月間東京聾唖学校長を兼任した。伊沢は聴覚障害児教育にも業績を残し、グラハム・ベル B. A. Graham（1847～1922）との親交からハイニッケ S. Heinicke（1727～90）の口話法を日本に伝えた。1903年（明治36年）には、前述の通り楽石社を結成し、吃音矯正運動を展開する。この吃音治療は、実弟の吃音が動機になっている。ハヘホ練習と呼ばれる方法で、呼吸と口形をしっかり作って発声することを基本とした吃音治療法であった。また米国で得た視話法を軸として、英語、支那語、台湾語の教授研究も行った。

　石井亮一（1867～1937）は、1891年（明治24年）に、濃尾地方大地震の被災児の救済に始まる「孤女学院」を設立し、新しい事業の展開として滝

乃川学園での白痴教育の実践を行った。以後、石井はこの福祉と教育の2つの仕事を両立させていく。敬虔なキリスト教者であったことが、信仰的動機と合わせて、当時の児童問題に対する深い洞察による社会福祉への理念と、考えを同じくする同士たちの理解を強め、彼らの精神的支柱になっていたと考えられる。また石井は、白痴問題が「放置と切捨て」であった当時に、アメリカに研究の場を求めた。1896年（明治29年）には渡米して研鑽を積み、1904年（明治37年）、わが国で最初の専門書となる『白痴児、其研究及教育』をまとめた。エドワード・セガン Edouard Onesimus Séguin (1812～80) の生理学的教育法の導入を行っている。

　1934年（昭和9年）、石井は日本精神薄弱児愛護協会を結成し、初代会長に就任した。

加賀谷哲郎（1911～83）は、音楽療法を早くから実践した一人である。1972年（昭和47年）には、日本精神薄弱者愛護協会から『音楽療法』が刊行されている。この本には、音楽の発生と歴史的変遷として、日本音楽史の概要、庶民の生活の中から生まれ、民衆の生活を支えた歌と踊り、子どもの生活とわらべ唄などの記述がある。外国からの情報が乏しい中で深く考えられた、芯のある真摯な取り組みが展開されている。加賀谷は「ただ、外国人の研究したものをそのままそっくり無責任に輸入することだけは慎む心づもりである」と述べている。1958年（昭和33年）に文部省主催の特殊教育研究協議会の実演授業で中度精神薄弱児に行った、模擬楽器によるテンポ感と渦巻きの描図という旋回運動を使った、テンポ変換の指導は、音楽教育の新しい取り組みを参加者に示した。また加賀谷は水上生活者の子供たちへの無認可の学校を開設した。1968年（昭和43年）、NHKで「はだかの教室」がドキュメンタリーとして紹介され大きな反響を呼んだ。1967年（昭和42年）には、日本音楽療法協会を設立した。

望月勝久（1924～2002）は戦後、シベリアでの生活から帰国し、その後中学校教員を経て、精神薄弱児教育に専念した。埼玉県内の特殊学級では、生活単元学習を中心に実践を行った。また埼玉県立教育センターでことばの教室を中心とした教育相談を行った。埼玉県立川口養護学校長として、知的障害児教育に大きな業績を残した。また1974年（昭和49年）に『精神薄弱児のためのリトミック』を著し、障害児教育におけるリトミック指導の意義を紹介した。望月はこの書の中で、アヴェロンの野生児の担当医で、聴能学と耳科学の先駆者でもあったイタール Jean Marc-Gaspard Itard（1774～1838）が行った感覚教育から、エドワード・セガンの生理学的教育への移行を述べている。

　望月は、1971年（昭和46年）に改正された、養護学校（精神薄弱教育）学習指導要領に新たに組み込まれた「養護・訓練」に着目した。「養護・訓練」のA～Dの内容に示されたB「感覚機能の向上」にリトミックを位置づけ、「精神薄弱児の教育にリトミックを取り入れるにあたって、それを感覚訓練のひとつの領域として考えるが、感覚訓練としてのリトミックが、あくまでもそこから精神の発達を引き出せることを期待する感覚訓練の意味においてである」と結んでいる。[註2]

　高橋八代江（1926～）は、公立中学校、民間託児所、保育園の保母を経て、1958年から81年まで（昭和33年から56年まで）、筑波大学附属大塚養護学校で実践を行った。その後、自宅に「鳩笛リズム教室」を開き、音楽指導を行った。ダウン症児や乳幼児に対しての実践から『障害をもつ子のリズムあそび』（1985）等を著している。オリジナル曲や既製曲に合わせ、子どもに向かい合い、リズム感を養い、音楽により人間の基盤を作ることを目的としている。

　松樹偕子（1933～）は、東京都立小金井養護学校や芸術教育の会等で音

楽指導を行った。エドワード・セガンや、さくら・さくらんぼ保育園の実践を学び、音楽活動に反映させていった。1984年（昭和59年）に芸術教育研究所編として、『障害児の音楽指導』を著している。障害児の発達を幅広い視点で捉え、

・主に粗大運動としてのからだを動かすこと
・微細運動としての手あそびや楽器操作
・主に人間関係、大人との情動的関係を基盤にした"見る、見つめる"から模倣する力、そして認識へ

という三つの視点で展開されている。

宇佐川浩（1947～2010）の「感覚と運動の高次化」理論（以下、宇佐川理論）は、淑徳大学発達臨床研究センターにおいて、石井みや子、後藤裕幸とともに、30数年にわたる臨床研究から構築された理論である。宇佐川は、伝統的な発達論への疑問から人間理解型発達臨床的視点の重要性を主張し、子どもの発達を第一と考え、臨床研究を重ねてきた。また上智大学の恩師である霜山徳爾や重複障害研究所の中島昭美から強く影響を受けている。研究がとかく研究者のアカデミック・スキルのために行われているのではないかと問題提起をし、何よりも事例研究が重要であることを強調してきた。宇佐川理論が学校教育現場で大きな共感と支持を得ていたのは、臨床実践へのこの真摯な姿勢が基盤となっている。

　宇佐川は、障害の重いといわれる子どもたちから軽度発達障害の子どもまで、多くの創作教材を用いて臨床を重ねた。ステップ可変型といわれる教材により、子どもの目の使い方、目と手の協応を重視し、音や光などにより「始点－終点」を理解しやすいような教材開発を行った。教材は緻密に考えられ、子どもたちの発達促進に大きく貢献した。発達支援の基盤として、外的志向性と自己調整性の統一性を保って育つことが、人や物にかかわる力を育むことになると主張し、知恵（認知）、情緒、対人、身体など

の発達がどのように絡み合い、個人内差と呼ばれる子どもの発達のアンバランスを調和的な発達に導くかを検討した。

　宇佐川は、障害児の臨床実践から、自己の内的矛盾・質的転換・ヨコ系を発達の構造性とし、さらに①発達の構造性の重視、②発達の全体性の重視、③発達の意味性の重視、の3点を臨床の理念としている。また発達的視点としては、

　　1) 行動を肯定的に捉えながら発達的意味を探る。
　　2) 発達の水準を理解する。認知発達の大まかなプロセスを理解し、適切な発達課題を見つけ出す。
　　3) 発達の個人内差と全体性を理解する。発達のアンバランスさを考慮しつつトータルに捉え、発達の要因間の絡み合いを理解する。

という3点を挙げている。宇佐川理論は、1986年に「感覚と運動の初期発達と療育」として提示されたが、その後改定を重ね、最終的に、Ⅳ層Ⅷ水準に構造化されている。また「発達の四層からみた音楽療法の配慮点」は、音楽療法場面での子どもの発達を捉える視点になる。

　宇佐川理論は、障害を抱える子どもの発達状況や全体像を考えるうえで多くの示唆を与えてくれる。また一般的に問題行動と呼ばれる、指しゃぶりや物投げなどの背景を考える視点を見つけることができる。指導仮説や子どもの調和的な発達促進の方策も、発達的な視点を持たなければ見いだせないことを述べている。宇佐川の伝統的な発達論への問いかけは、長年地道に積み重ねられた臨床研究から発せられたものであり、揺るぎない理論として、今も現場で強く支持されている。

　一つの方法論は、時代とともに新たな方法論が加えられて発展していくが、大切なことは、理論が構築された背景を理解し、創始者の理念や精神を継承することである。それは音楽療法においても大きな課題といえる。音楽は明確な構造があるために、活動しているとそれらしく見えてしまう。音楽を媒介として子どもと真摯に向かい合えているかを洞察すること

が、セラピストと子どもとがより深い部分で繋がっていく分岐点になる。

　　(註1) 海外では、近年映画にもなった中途視覚障害者でジャズ・ピアニストのレイ・チャールズ Ray Charles の活躍が挙げられる。また聴覚障害者ではイヴリン・グレニー Evelyn　Glennie が素晴らしいマリンバの演奏を披露し、自叙伝や LD が刊行されている。現在の日本では、ヴァイオリニストでは先天性の全盲である和波孝禧、中途視覚障害者の川畠成道、ピアニストの梯剛之、辻井伸行らが見事な演奏を披露している。本人の才能と努力はもちろんだが、ご家族の献身的な愛情も支えとなっている。演劇の分野においては、日本各地で公演を行っている演出家かつ教育者の竹内敏晴は、青年期の自らの聴覚障害の経験から、声と身体のワークを行い、演劇人や教員に大きな影響を与えている。また障害児の発声や言葉の問題にも深く係わっている。
　　(註2) 望月勝久は、リトミックの意義について、「音楽は神経組織に影響を与え、嗜好を目覚めさせ、敏速に、持続させるのに役立つのである」と述べている。セガンは『障害児の治療と教育』(1907　邦訳：末川・薬師川1973)のなかで「筋肉組織に対する正しい訓練」と繰り返し述べているが、触覚や身体へのアプローチがその他の感覚器官を統合させることに大きく関係していることを指摘している。ダルクローズのリトミックは、単に音楽能力を高めることに留まらず、何か起きたときに自分で判断し行動する力を養い、最終的に生活への般化を目的としている人間教育である。障害児教育においても、その視座が求められるのは当然のことである。望月は後年、吃音治療に専念し、電話を用いた、日本語リズム効果法による吃音治療法を構築して大きな成果をあげ、『リズム効果法による吃音治療教育』(1985) を著している。吃音治療は、望月自身が吃音であった経験と、大人の吃音治療への悲願ともいえる研究である。ヴァン・ライパー Van Riper らの治療法も試みたが、その後、日本語の持つリズムやフレーズに合わせて、日本人特有の話し方の特徴を踏まえたリズム効果法を考案した。さらに遠隔地のクライエントのために、電話による治療サービスも行い、大きな成果をあげた。

第 2 章　音楽療法の対象児

> いつだったか子宮の中で
> ぼくは小さな小さな卵だった
> それから小さな小さな魚になって
> それから小さな小さな小鳥になって
>
> それからやっとぼくは人間になった
> 十ヶ月を何千億年もかかって生きて
> そんなこともぼくら復習しなきゃ
> 今まで予習ばっかりしすぎたから
>
> 谷川俊太郎（「朝」より）

　医学と教育の進歩によって、障害児の生命維持、早期の療育・教育が可能になった。本章では、音楽療法の対象となる児童について、障害種別にその特徴や、考えられる音楽療法の目標を検討したい。

　障害は、
- 先天性によるもの
    - 遺伝子病（進行性筋ジストロフィーなど）
    - 染色体異常（ダウン症候群など）
    - 胎芽期・胎児期における環境からの発生異常
- 出産に伴う周生期に起こるもの
    - 脳性マヒなど
- 中途障害
    - 髄膜炎後遺症

事故による後遺症など
　　・進行性の障害
など多岐にわたっている。
　保護者が子どもの障害に気づく時期は、障害種により異なるが、乳児検診、1歳6ヶ月検診、3歳児検診、就学時検診などがきっかけとなる。
　多くの保護者は、病院や児童相談所、教育センターなどで発達相談を受けている。特に就学時検診は、通常学校に進学するか、それとも特別支援学校や特別支援学級に進むのかの分岐点になる。都道府県の教育委員会が行う巡回相談では、子どもの発達が少し遅れている、言葉をあまり話さない、落ち着きがない、歩き方がおかしい、などの相談も多い。そこでは親の切実な思いを聞く。相談員は子どもを観察しながら一緒に活動し、保護者にアドバイスを行う。
　最終的に子どもの進路を決定するのは保護者である。視覚障害児や聴覚障害児の場合、拡大鏡や補聴器などの進歩により、地域の通常の小学校に入学する子どもが増えてきている。次頁の図1は、京都市児童福祉センター療育課が作成した「障害児・者療育施設体系（発達遅滞関係）」(1993)を参考に、障害児が関係する療育・教育の各機関と専門職を示したものである。
　1979年（昭和54年）に養護学校義務制が施行されたが、障害の重度化・重複化が顕著になり、単一障害の子どもは非常に少なく、多くは知的障害を伴うようになった。近年は、通常の小・中学校に、知的障害を伴わない視覚障害児や聴覚障害児、あるいは学習障害、アスペルガー症候群、高機能自閉症などの子どもが在籍していることが多い。その現状を背景に、養護学校が地域の特別支援教育センターとして、コーディネーターの役割をも担うことになったと考えられる。

図1　障害児者をめぐる医療・療育・教育・福祉の各機関と専門職

0歳	1歳6ヵ月	3歳	6歳	12歳	15歳	18歳	20歳　30歳　40歳
乳児検診	1歳6ヵ月健診	3歳児健診	就学児健診				
(早期発見)	(早期の発達支援)		(特別支援教育)			(就業支援)	
保健所	母子通園	保育園	小・中学校特別支援学級			通所施設(授産・更正)	グループホーム
病院	発達支援センター	幼稚園				入所施設	
児童相談所		(統合保育)	盲・聾・養護学校				
家庭児童相談室			小学部　　中学部　　高等部			専攻科	
児童入所施設							
重症心身障害児施設							

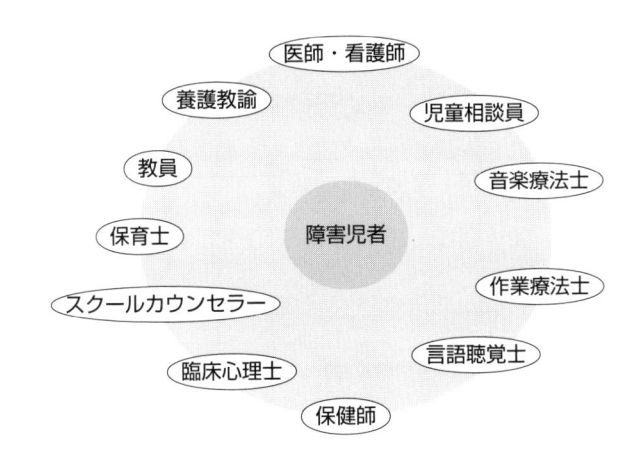

障害児者を囲む専門職：
- 医師・看護師
- 養護教諭
- 児童相談員
- 教員
- 音楽療法士
- 保育士
- 作業療法士
- スクールカウンセラー
- 言語聴覚士
- 臨床心理士
- 保健師

表2　子どもに障害があることがわかったときの親の反応

I	ショック期	子どもの障害状況を見聞きし強いショックを受ける
II	否認期	ショックのあまり現実から目をそむける
III	悲しみ・怒り・不安の時期	現実は消し去ることができず、深い悲しみに陥る
IV	適応期	強い感情的反応や不安が次第にやわらいでくる
V	再建期	社会的に引きこもることもあるが、子どもに対する愛情も芽生える

菅野敦・橋本創一他編『障害者の発達と教育・支援』(山海堂、2003)

　親にとって、わが子の障害を受容するには時間が必要である。ドロターD. Drotar(1964)らによると、子どもに障害のあることがわかったときの、親の反応は**表2**の5つの時期に分けられる。また、上田（2003）は、「ショックの時期→否認の時期→混乱の時期→解決への努力の時期→受容の時期」を示している。

　音楽療法は、このいずれの時期にも、子どもや保護者と寄り添いながら進められなければならない。それは家族も含めて、子どもが置かれている生活環境にも大きく関係する。障害児の音楽療法は、子どもへのアプローチはもちろんのこと、保護者への支援にも大きな役割を持つ。なによりも健康な母子関係を形成することが重要である。そのことが、子どもの情緒発達、認知発達、身体発達、社会性の発達などにも大きく影響する。

1　さまざまな障害と音楽療法

　ここでは、障害種別に、その特徴と、考えられる音楽療法の目標を検討してみたい。

1) 視覚障害児

　視覚障害は、程度によって盲と弱視に、また先天的全盲と中途失明に分けられる。障害の程度により、日常生活から学校教育まで、子どもをとりまく環境が大きく異なっている。

　両眼の矯正視力が0.1未満、両眼の矯正視力が0.1以上0.3未満、視野狭窄など視力以外の視機能障害をもつ児童は、「点字による教育を必要とする者、または将来点字による教育を必要とすることとなると認められる者」が盲学校の対象とされている（石川・鈴木　1998）。ほかに障害の状況に応じて、弱視特殊学級、通級による指導などが考えられる。近年は拡大鏡などの視力補正によって、弱視特殊学級や通常学級で学ぶ子どもが多くなっている。またIT機器の進歩により、弱視児の教育環境も整ってきている（図2）。

　櫻林（1983）はシーショア（Carl Emil Seashore　1866～1949）の音楽才能テストを用いて、視覚障害者と健常者、視覚障害者音楽専攻者と音楽専攻健常者を対象に実験を行った。結果は、視覚障害音楽専攻者も音楽専攻健

図2　視覚障害のある子どもの教育の場（文部省「生きる力をはぐくむために―障害に配慮した教育」より）

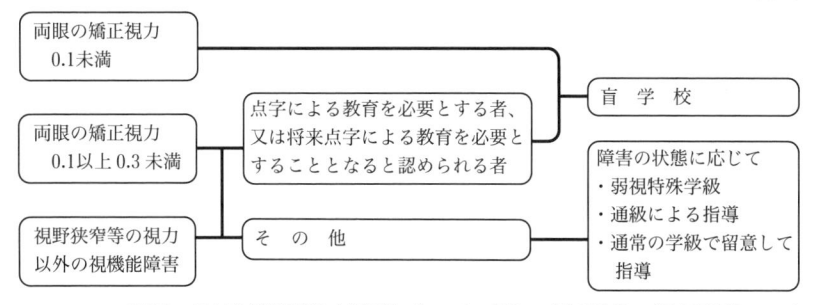

両眼の矯正視力 0.1未満	点字による教育を必要とする者、又は将来点字による教育を必要とすることとなると認められる者	盲　学　校
両眼の矯正視力 0.1以上0.3未満		障害の状態に応じて ・弱視特殊学級 ・通級による指導 ・通常の学級で留意して指導
視野狭窄等の視力以外の視機能障害	その　他	

石川大、鈴木亘「視覚障害（盲学校）」『こころの科学81「特殊教育」』（日本評論社、1998）

常者も他に比べて優れており、両者の差は認められず、また一般視覚障害者と、一般健常者との間にもその差は認められなかった。若菜（1983）は、千葉県立千葉盲学校の小学部入学時の音楽的感覚の調査を行い、その結果として、音の高さの弁別については健常者に比べ優れているが、声域については、レベツのデータを参考に行い、高音域が健常者に比べやや低く、リズム形の記憶および身体反応は健常者よりも劣っていると報告している。

視覚障害児の音楽療法における目標としては、以下の点が挙げられる。
1) 生活リズムを整える
2) 情動の発散と安定
3) 触覚受容を高め、外界をとらえやすくする
4) 発声と発音および歩行のための空間意識と身体意識の向上
5) 他者との空間を意識した明瞭な言語表出
6) 楽器演奏による身体意識と協応動作の向上
7) 音楽による自己表現の拡大

2) 聴覚障害児

聾学校の対象児として、両耳の聴力レベル60デシベル以上、両耳の聴力レベル100デシベル未満60デシベル以上、両耳の聴力レベル100デシベル以上の者で、補聴器の使用によっても通常の話声を解することが不可能または著しく困難な者、補聴器を使用すれば通常の話声を解するに著しい困難を感じない者、補聴器を使用しても通常の話声を解することが困難な者、とされている（図3）。ほかに、難聴特殊学級または通常の学級で、留意して指導を受けることもできる。

補聴器の進歩により聴覚障害児が通常の学級で教育を受ける機会が拡がったことで、大学進学者も多くなり、個々の学習者の環境により、社会に

出るまでの動態は多様化した。佐藤はまた、学校制度と学習者の働きを次頁の図４のように示している。

　佐藤は、聴覚障害が言語習得期以前に起きた場合、適切な指導と環境が用意されていないときに起きやすい特徴を６つあげている。

1) 母子間にコミュニケーション障害を起こして、意思の伝達度は落ちる
2) 母子双方にフラストレーション状態が起こり、生活の中で頻発する
3) 生活がスムーズに流れない
4) 言語発達遅滞を起こし、言語による抽象的理解が高まらず、知識、情報が偏り、幼児期の人格形成に問題が残る
5) 視覚的な情報に頼りすぎる結果、曖昧な理解、判断が多くなる
6) 大人の規制（しつけ）が伝わりにくくなり、その場にふさわしくない自分勝手な行動が多くなる

図３　聾者および難聴者の教育措置 (文部省「我が国の特殊教育」より)

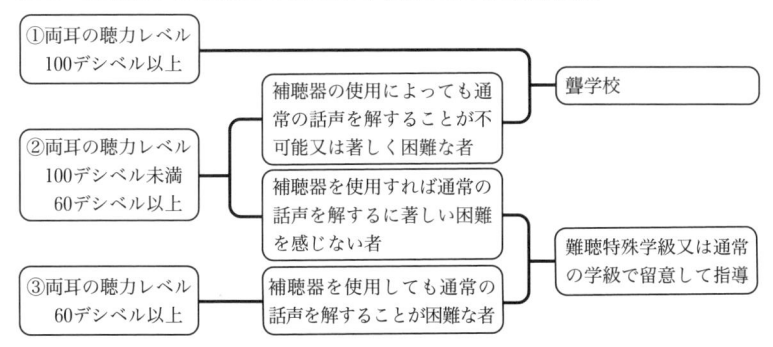

聴力レベル	補聴器使用時の状態	教育措置
①両耳の聴力レベル 100デシベル以上	補聴器の使用によっても通常の話声を解することが不可能又は著しく困難な者	聾学校
②両耳の聴力レベル 100デシベル未満 60デシベル以上	補聴器を使用すれば通常の話声を解するに著しい困難を感じない者	難聴特殊学級又は通常の学級で留意して指導
③両耳の聴力レベル 60デシベル以上	補聴器を使用しても通常の話声を解することが困難な者	難聴特殊学級又は通常の学級で留意して指導

佐藤忠道「聴覚障害（聾学校）」『こころの科学81「特殊教育」』（日本評論社、1998）

図4 聴覚障害児を対象とした学校制度と学習者の動き

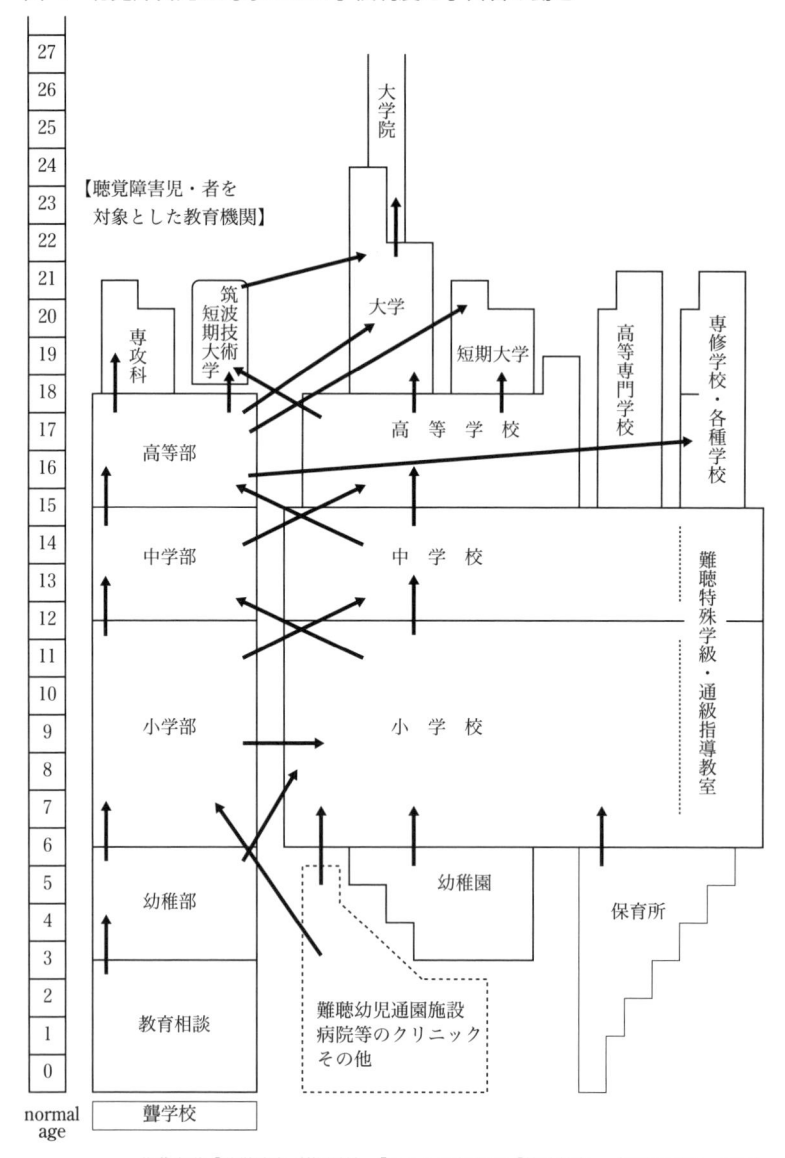

【聴覚障害児・者を対象とした教育機関】

normal age 区分:
- 0〜2: 教育相談
- 3〜5: 幼稚部
- 6〜11: 小学部
- 12〜14: 中学部
- 15〜17: 高等部
- 18〜19: 専攻科
- 筑波技術短期大学
- 大学院・大学・短期大学・高等専門学校・専修学校・各種学校
- 難聴特殊学級・通級指導教室
- 幼稚園・保育所
- 難聴幼児通園施設・病院等のクリニック・その他
- 聾学校

佐藤忠道「聴覚障害（聾学校）」『こころの科学 81「特殊教育」』（日本評論社、1998）

聴覚障害児は、乳幼児にとっての伝達手段である声のコミュニケーションが行われにくいことから、母子間の意思伝達や情動交流が乏しく、望ましい養育環境が形成されない。音楽療法では、子どもの調和的な発達の基盤を形成し、母子関係を樹立することが大きな目標となる。

聴覚障害児の音楽療法の目標として、以下の7項目が考えられる。
1) 音の有無に気づかせる（振動を通して外界を捉える）
2) 音の振動から、音の高低を身体を通して聴き分ける
3) 言葉の基礎となるリズム感を養う
4) 声や楽器、身体運動を通して感情表現の幅を広げる
5) 声や歌唱や楽器演奏を通して、身体意識を向上させる
6) アンサンブルを通して自己の役割意識や秩序性を高める
7) 社会性を高める

3）肢体不自由児

岩崎（2001）は作業療法の立場から、発達障害を①身体・運動機能の低下を主とするもの、②知的・精神的機能の低下を主とするものに分けている。そして姿勢・運動機能の低下を主とする障害として、以下の3項目で分類している。
1) 脳の損傷に起因する障害
    ・脳性マヒ　　　・脳血管障害
    ・脳炎後遺症　　・てんかん
    ・頭部外傷　　　・その他
2) 脊髄および末梢神経の損傷に起因する障害
    ・二分脊椎　　　・末梢神経マヒ
    ・分娩マヒ　　　・その他
3) 骨・筋肉レベルの疾患に起因する障害

・奇形　　　　　・神経・筋疾患
・切断　　　　　・進行性筋ジストロフィー症
・骨系統の疾患　・その他

脳性マヒ

　脳性マヒは大脳の運動領域に損傷を受けて発生する障害であり、非進行性で、動作と姿勢に異常の見られる疾患である。主に出産期に発生することが多い。その分類は、子どもの筋緊張の内容によって、痙直型、アテトーゼ型、失調型、低緊張に分けられる。また筋緊張の分布による分類では、四肢マヒ、両マヒ、片マヒに区別される。しかし、実際にはこのように単純に分類できず、多くの場合はさまざまな組み合わせがあり、結果としてアテトーゼを伴う痙直型のような分類も出てくる。

　脳性マヒの音楽療法の目的として、タウト Michael Thaut（1992　邦訳：栗林 1998）は、教育、リハビリテーション、発達の3領域をあげているが、筆者は脳性マヒの音楽療法の目標を次のように考える。

1）心身のリラクゼーション
2）情緒の安定
3）呼吸の安定と意識化
4）身体動作および姿勢の改善
5）コミュニケーション能力の改善
6）楽器演奏や身体運動による自発的表現の経験

　脳性マヒの子どもを対象とした音楽療法では、身体的援助に特に配慮する。子どもが自発的な運動を起こせるような姿勢や身体部位を見つけること、運動の支点を作ることで、自発的な運動表現が出現する。配慮すべき点としては、音や音楽を提示するときに反射的な緊張を起こす場合があるので、音量と音質に気をつけることがあげられる。楽器は、子どもの運動

の状況に合わせて、創作楽器を使用したり、撥を太くして持ちやすくする工夫も必要である。

[エピソード]
　四肢体幹機能障害のA君にオートハープを提示するとき、はじめに弦に軽く触れさせてセラピストが弦を弾く。柔らかい音と手指の振動から、A君は一瞬手を引くようにするが、次第に手指の振動を受けとめていく。次にセラピストが手首を支えると、指先だけ動かして自分で弦を弾き始めた。セラピストはA君の指の動きに合わせて、既知の曲を歌いかけた。

[解　説]
　A君のような運動障害がある場合に多く行われるのが、手首を持って動かして「ああ、いい音が出たね」と声をかけて、音の出たことへの賞賛や共感を言語化することである。しかしそれでは、確かに音は出ているが、A君の自発的な運動表現は取り残されている。それよりも運動の支点を作り、少しでも自発的な表現を引き出したほうが、時間がかかっても満足感を経験できる。またクライエントの動きに合わせて歌いかけることで、音楽と運動の一致や、動きに意味を持たせることができる。

二分脊椎と筋ジストロフィー
　二分脊椎は、胎児期に発生する障害であり、脊髄神経と髄膜が身体の外部に露出したまま発達する。この障害を持つすべての子どもに、膀胱や泌尿機能をつかさどる筋肉のマヒが見られ、脳水腫も90％の子どもに発生している。近年、背柱の外科的手術や膀胱機能への尿検査などに関する医学的進歩は著しく、子どもたちの生活の質が向上した。
　筋ジストロフィーは、「筋線維の変性・壊死を主病変とし、進行性の筋力低下をみる遺伝性疾患である」と定義され、以下のように分類される。

1) X (性) 染色体劣性遺伝
　　（デュシャンヌ型、ベッカー型、エメリ・ドレフュス型）
2) 常染色体劣性遺伝（肢帯型、先天型：福山型・非福山型）、小児重症型、遠位型（三好）
3) 常染色体優性遺伝（顔面・肩甲・上腕型、肢帯型、眼・咽頭型、眼・咽頭・遠位型）

　二分脊椎では、障害の状況により、移動手段が松葉杖や歩行補助器具、車椅子に分かれる。下肢に障害が残るが、上肢は運動の自由度は高い。筋ジストロフィーは、歩行などが次第に不自然になり、姿勢のゆがみや爪先だった歩行により、発病が確認される。歩行の変化から車椅子へ、車椅子移動も手押しから電動車いすへと変わる。この病気そのものより、心臓の筋力低下による心臓病、呼吸に必要な筋力の低下による呼吸器系の感染などの二次的な要因で死亡に至ることが多い。

　二分脊椎や筋ジストロフィーの子どもの音楽療法の目標として、以下の5つが考えられる。
1) 心身のリラクゼーションを促進する
2) 音楽活動によって身体機能を維持する
3) 音楽による自己表現を促進する
4) 作曲などの創作活動を通してQOLを高める
5) 音楽により創造・連想を広げる

　肢体不自由養護学校や病弱養護学校の中学部・高等部では、パソコンを用いてオリジナル曲をCD化したり、バンドを結成して音楽活動を楽しむことも行われている。特に筋ジストロフィーの子どもたちにとっては、音楽療法という枠を超え、生きた証として自分の足跡を音楽に託すことが、家族や友人にとって大きな意味を持つことになる。

4）知的障害

『DSM−Ⅳ：精神疾患の分類と診断の手引』の分類では、幼児期、小児期または青年期に初めて診断される障害を次のように分類している。
- 精神遅滞
- 学習障害
- 運動能力障害
- コミュニケーション障害
- 広汎性発達障害（自閉性障害、レット障害、アスペルガー障害）
- 注意欠陥および破壊的行動障害
- 幼児期または小児期の哺育、摂食障害
- チック障害
- 排泄障害

DSM−Ⅳでは、精神遅滞（Mental Retardation）については表３のように分類していた。しかし改訂されたDSM−5では、第２章Ⅲの「神経発達障害」で、「精神遅滞」から「知的障害」に変更された。DSM−Ⅳでは、精神遅滞において、知的障害と適応障害の両者が存在し、知能の高低によって重度分類が行われてきたが、DSM−5では、この経緯をふまえながら、重症度評価の指標として生活適応能力が重視され、単に知能指数での分類ではなくなった。

なお、精神発達遅滞については、かつて「精神薄弱」という用語が用いられていたが、医学・教育学・看護学・心理学などでは「精神遅滞」が共通に使われていた。一方、福祉（1993年）、行政（1994年）の領域では「知的障害」という用語が用いられるようになった。

精神遅滞（知的障害）児の指導の取り組みとして、遠山（2005）は６項目をあげている。

1） 外界からの情報を受容できる能力として感覚を育て、物事に対す

表3　DSM-Ⅳによる「精神遅滞」の分類

	IQレベル
軽度精神遅滞	50 － 55 からおよそ 70
中等度精神遅滞	35 － 40 から 50 － 55
重度精神遅滞	20 － 25 から 35 － 40
最重度精神遅滞	20 － 25 以下

『DSM-Ⅳ』高橋三郎他訳（医学書院、1995）

る集中力を高め、もって認知の能力を育んでいくこと
2) 日常生活が円滑に進むように、基本的な諸動作（ADL）を身に付けさせること。その上で、子どもたちはその子なりにできるだけ自分の力で取り組めるように導くこと
3) 子どもが置かれた環境の中で、安全に動けるような運動能力を身につけさせること
4) 情緒の安定を図ること
5) コミュニケーション能力を育てていくこと
6) 社会の一員として参加できるための諸能力を身につけさせること

遠山はまた、音楽療法の目標として次の4項目をあげている。
1) 基本的学習態度を身につけさせる（認知能力の育成にも関係する）
2) 運動能力の発達を促進する
3) 情動に関する諸能力を育む
4) 社会性に関する諸能力を育む

5) ダウン症児（ダウン症候群）

　ダウン症は 1866 年にイギリスの医師ダウン Longdon Down（1828～96）により報告された、先天性の染色体異常である。出産時に心臓疾患を伴う

ことが多い。ダウン症の身体的特徴としては、低身長、短頭、扁平な鼻、両眼の間隔が広くまぶたが切れ上がった目、また手の小奇形として短指、特に第5指短小、足では第1・2指に開離が見られる。舌は厚く長いため発音が不明瞭になる。一見人なつこいが頑固なところもある。歌唱やリズム運動を好み、音楽的な活動はよく行うが、微細運動は不得意なことが多い。

　ダウン症の子どもの音楽療法の目標は、以下のように考えられる。
1) 音楽を介して身体運動を促進させ、身体運動を向上させる
2) 手指の巧緻性や両手の協応など運動を向上させる
3) 歌唱や吹く楽器を通して、呼吸を意識化し口腔感覚を統合することで構音を明確化する
4) アンサンブル等により協調性を高める
5) 自己選択や自己表現能力を高める

6) 病弱児

　病弱特別支援学校に通学する子どもの疾病は、急性の病気、慢性の病気、進行性の病気に分類できる。疾病によっては再発・再入院も多く、特に退院後のケアが重要である。**表4**は平成11年の調査で、病弱養護学校に在籍する子供たちがどのような疾病をもっているかを示したものである。

　病弱特別支援学校に在籍する子どもの疾病は、時代とともに変化し、現在は、以前にくらべて、入院による気管支喘息児が減少し、心身症や起立性調節障害などが多くなってきている。しかし、このような心理的要因による疾患に対しては、全国的に児童精神科医が不足しており、適切な診断や精神療法を受けにくいのが実情である。病弱児は、個々の疾病により入院期間や日常生活での配慮事項が大きく異なる。服薬の管理、食事制限、運動制限など、多くの制約の中で生活しなければならない。また入退院を

表4 病弱教育対象児の疾患等の実態
（平成11年5月1日現在　全国病弱虚弱教育連盟の調査による）

疾患等名	病弱養護学校（小・中学部および高等部）	小・中学校病弱・身体虚弱特殊学級	合　計
結核など感染症	18 （ 0.4）	14 （ 1.3）	32 （ 0.6）
腫瘍など新生物	228 （ 5.6）	187 （17.4）	415 （ 8.0）
貧血など血液疾患	53 （ 1.3）	50 （ 4.6）	103 （ 2.0）
糖尿病など内分泌疾患	113 （ 2.8）	24 （ 2.2）	137 （ 2.7）
心身症など行動障害	756 （18.5）	51 （ 4.7）	807 （15.6）
筋ジストロフィーなど神経系疾患	718 （17.6）	42 （ 3.9）	760 （14.7）
眼、耳、鼻疾患	7 （ 0.2）	7 （ 0.6）	14 （ 0.3）
リウマチ性心疾患など循環器系疾患	124 （ 3.0）	62 （ 5.8）	186 （ 3.6）
喘息など呼吸器系疾患	509 （12.5）	127 （11.8）	636 （12.3）
腫瘍など呼吸器系疾患	47 （ 1.1）	33 （ 3.1）	80 （ 1.5）
アトピー性皮膚炎など皮膚疾患	39 （ 1.0）	39 （ 3.6）	78 （ 1.5）
ペルテス病など筋・骨格系疾患	125 （ 3.0）	41 （ 3.8）	166 （ 3.2）
腎炎など腎臓疾患	241 （ 5.9）	99 （ 9.2）	340 （ 6.6）
二分脊椎など先天性疾患	204 （ 5.0）	36 （ 3.3）	240 （ 4.6）
骨折など損傷	66 （ 1.6）	21 （ 2.0）	87 （ 1.7）
虚弱・肥満など	187 （ 4.6）	149 （13.8）	336 （ 6.5）
重度・重複など	517 （12.6）	19 （ 1.8）	536 （10.4）
その他	136 （ 3.3）	77 （ 7.1）	213 （ 4.1）
合　計	4,088 （100.0）	1,078 （100.0）	5,166 （100.0）

注：表中の数字は人数および比率（かっこ内）を示す。

小宮三彌他編『障害児発達支援基礎用語事典』（川島書房、2002）

繰り返すことによって学習空白が生じ、学習不振から不登校に至るケースも見られる。気管支喘息児の場合は、日ごろ元気にしていても、発作が起きると休息や運動制限を課せられるために、健常児からはわざと発作を起こしているのではないかという誤解を受けやすい。いずれにしても、子どもの抱える疾病を理解し、生活習慣を整えることが大きな課題となる。また入院生活でのストレスなど子どもを取りまく環境は複雑になる。

病弱児の音楽療法の目標は次のように考えられる。

1) 生活リズムの改善・向上・維持
2) 呼吸の意識化と安定
3) 心身のリラクゼーション
4) 情動の発散と安定
5) 歌唱・楽器演奏、身体運動による自己表現の拡大と自信の回復
6) アンサンブルによる音楽・友人との一体感による役割意識、自己決定と自己責任

7) 自閉症（自閉症スペクトラム）

DSM-Ⅳは、自閉性障害（Autistic Disorder）を広汎性発達障害（Pervasive Developmental Disorders）に分類しており、その他に、レット障害（Rett's Disorder）、アスペルガー障害（Asperger's Disorder）などがあげられていた。

自閉症は、次のような特徴をもっている（改訂された DSM-5 では、広汎性発達障害が自閉症スペクトラムに変更され、下位の自閉性障害、レット障害、アスペルガー障害などが、自閉症スペクトラムに一本化された。本書では自閉症と記載する）。

1) 相互的対人交渉の質的な欠陥
2) 言語・非言語コミュニケーション、想像的活動の質的欠陥
3) 活動や興味の範囲の著しい狭まり

4) 3歳以前の発症

　自閉症の早期の徴候は、深刻な触覚防衛——たとえば母乳を与えられる際に嫌がる傾向、抱っこされたときに不快を示すなどの反応を示すことである。また、臨床的発症については2つのタイプがあるといわれる。1番目のタイプは生後数時間も経たないうちから自閉症の徴候を示し、2番目のタイプは、12ヶ月から24ヶ月まで正常に発達するのに、その後退行して以前獲得した機能を失い、特異的な自閉症の徴候を示すようになる。保護者からの報告では、小さい時に抱かれにくかったことや、しばらくすると一人遊びが始まったので、母親との係わりをあまり持たなかったという例があげられる。自閉症については第9章で詳述するが、障害児の音楽療法のなかでも自閉症は多くの実践が行われている。また音楽療法以外のさまざまな試みがなされている。

　自閉症の音楽療法の目標としては次のことがあげられる。
1) 音楽により外界の刺激を快の刺激として受けとめる
2) 健康的な情動発散
3) 音楽を介したコミュニケーション
4) 触覚－視覚－聴覚－運動など各感覚を統合し組織化する
5) 声・楽器・身体運動を通した自己像の形成
6) 表現力の拡大

　自閉症児は、外界からの刺激に過敏なので、提供する音楽はシンプルで複雑でないもの、また音自体を脅威に感じるので、音色・音量などにも十分配慮する。

8) 重度重複障害児

　重度重複障害児とは、肢体不自由と視覚障害のように主障害と他の障害を抱える児童を指す。重度重複障害児の音楽療法は、多くの事例研究が報告されている（八重田 1997、西巻 2001、2004 など）。また超重度児といわれる子どもの報告も増えてきている。障害の状況に対して、適切なアセスメントを行い、音楽療法の目標を設定していくことが重要である。子どもの細かい表現（たとえば舌を動かす、かすかに目を動かす、顔の向きを変えるなど）の意味を捉えることが、障害児理解につながる。

　障害の重い子どもの音楽療法での目的は以下のように考えられる。

1) 音楽により快・不快の情動を表出させる
　　→ 生理的な感情を引き出し意識化させる。笑う・泣くなどの感情を引き出す
2) 生活リズムを安定させる
　　→ 夜と昼の逆転や睡眠リズムが整わない場合、音楽により適切な情動の発散と運動により生活リズムを整える
3) 前庭感覚や固有感覚を整理する
　　→ 揺れる・回る、手を動かす・足を動かすなど、原始感覚に刺激を入れることで感覚を統合する
4) 触感覚を整理する
　　→ 受けとめやすい身体部位に触れていくことで外界を受容させる
5) 〈始点−終点〉の原則を経験する
　　→ 初期のルール化を促進する
6) 自発的な運動表現を引き出す
　　→ 動きを止める・音の方を向く・耳を傾けるなどの行動を促進する

重度重複障害児の音楽療法では、提供する音や音楽の質・量・時間に十分配慮する。また子どもの疲労度にも配慮し、音楽活動が負担にならないように心がける。

2　施設・教育現場における音楽療法

次に、障害児が関わる施設や教育現場などで考えられる、音楽療法の目標を整理してみたい。

1) 母子通園施設

母子通園施設の存在意義は、第一に子どもの発達援助であるが、母親への心理的支援も大きな役割を担っている。通園してくる子どもたちは、視覚障害、聴覚障害、ダウン症、発達障害、脳性マヒなどの運動障害、自閉症などである。特に自閉症児の割合は多い。

母子通園施設の音楽療法では、まず施設サイドの音楽療法へのニーズを十分に話し合う必要がある。施設が音楽療法を入れる目的は何か。保護者の理解や協力は得られるのかなども、セッションを円滑に進めるうえでは不可欠である。

通園施設では母子セッションが基本になる。音楽療法を療育活動としてプログラムに組み入れている施設は増えてきている。しかし、頻度としては月1回や隔週などといった施設が多いのも実情である。

セラピストには、音楽療法を通して、子どもの障害の正しい理解と子どもの持つ可能性、適切な援助方法を母親に気づいてもらうことが課せられている。また保育士や理学療法士、言語聴覚士などもセッションに参加す

る機会が多いために、それぞれの立場から音楽療法についての意見を聞くことも必要になる。その場合、保育士には日常生活の目標や様子および援助方法、理学療法士には運動動作面の課題や配慮点、言語聴覚士には発語やコミュニケーション等について情報交換することが、セッションをより効果的に進めるうえでは重要である。

この時期の音楽療法は、非常にシンプルな構造の中で、音や音楽をより受けとめやすい環境を作ることで、情緒の安定を図ることが目標となる。留意点としては、セッションルームの構造をシンプルにすること。自閉症児のクラスでは、写真カードなどでプログラムを提示すると、場面の予測がつきやすいので、子どもが安定してセッションを受けることができる。

比較的軽度の子どもの場合は、地域の統合保育を行っている保育園や幼稚園に通園することも多い。また通園施設で発達が促進され、地域の保育園等に移ることもある。

2)特別支援学級、盲・聾・養護学校

特別支援学級は一般の小中学校に設置されている。知的障害、情緒学級、肢体不自由など障害種も考慮されている。また盲学校、聾学校、養護学校（肢体不自由・知的障害・病弱の3つの障害種）に分けられているが、近年は肢体不自由と知的障害が統合されたり、軽度障害児の職業訓練的な高等養護学校が新設されるなど、養護学校も統廃合が進んでいる。

母子通園施設から、特別支援学級および養護学校に入学した子どもたちは、学校の環境に適応するまでにかなり時間を要する。小学部段階では、情緒の安定と対人関係の促進、および学習態度の形成が大きな目標となる。中学部では、セラピストとクライエントとの二者関係から、クライエント同士の関係性へ拡大し社会性を向上させる。また思春期による自我の高まりに対して、適切な情動表出の場面を提供することが重要になる。高

等部段階では、自己決定の場面を提供し、自己表現や音楽のレパートリーを広げることが、卒業後の楽しみとしての音楽につながる。

3) 作業所

　作業所には、障害が比較的軽度で生産を目的とする授産施設と、生活訓練を目的とする更正施設がある。音楽療法をレクリエーションやクラブの時間に設定している作業所は多い。音楽療法を行う場合は、作業所のニーズを踏まえながらも、発達について考慮し音楽療法を体系化する必要がある。

　使用する曲目は、利用者の年齢層と生活年齢を考慮する。また時代との接点として、現在流行している曲や利用者からのリクエストなど、自発性、自己決定の場面を設定することは必要である。音楽療法は、指導員の気持ちもほぐすことが多い。また時として、作業中のBGMについて、より効果的な選曲のアドバイスを求められることもある。作業所の音環境をどのように作っていくのか、そのことが利用者の作業効率や対人・情緒面にも大きく影響する。

4) 医療関係（病院）

　国内では、医療現場で児童の音楽療法を行っているケースは少ない。それは、音楽療法士が国家資格でないこと、EBM（エビデンス）が不足している点が考えられる。また小児精神科医の不足に加え、理学療法士、作業療法士、言語療法士などとチームを組んで、クライエントに取り組む体制が、成人や高齢者ほどできにくいことも考えられる。しかし、中途障害や長期入院のクライエント、あるいは引きこもりや児童のうつ病など、今後はさらなる医療関係との連携が望まれる。

5) 在宅・グループホーム

　養護学校等高等部を卒業して在宅になっても、保護者主催による自主グループで音楽療法を行ったり、クライエントの自宅でセッションを行うことも増えてきた。セラピストへの報酬などの個人負担も増えてくるが、それだけに生活の質の向上が望まれている。また地方自治体が施策として提唱している、施設の解体やグループホームの推進により、音楽療法のニーズも今後大きく変容することが予測される。2006年度（平成18年）からの障害者自立支援法施行も大きく作用すると思われる。

　在宅やグループホームでの音楽療法の目標は次のようなものである。

1) 生活リズムの維持・改善
2) 身体機能の維持・改善
3) 情動の発散と安定
4) 介護者とクライエント、クライエント同士の情動的交流場面の提供
5) 地域との連携

　以上のように、障害児者を取りまく地域の様々な場面で、音楽療法をより効果的に導入し体系づけることが、音楽とコミュニティーという今後の課題である。

第3章　音楽療法の定義

> 魂とは他人の存在に目ざめたとき——すなわち世界という、私にとって対象的なものの存在に目ざめたとき——はじめて気付かれる自分自身のことであろう。音の魂とは、他の音と呼びあうことによって音が見出す関係的秩序のことであろう。
>
> 大岡　信（「接触と波動」より）

1　音楽の定義

　音楽は各国の長い歴史による文化や土壌で培われてきたものである。社会人類学者であり多くの民族について調査を行なったジョン・ブラッキング J. Blacking（1973　邦訳：徳丸 1978）は、「音楽とは人間によって組織付けられた音響である」と音楽を定義した。南アフリカのヴェンダの人々がブラッキングに与えた影響は大きく、「音楽が物自体ではありえず、人々の間の関連がなければ、音楽が伝達もされえず、意味も持ちえないという意味で、すべての音楽は民族音楽であるということを教えてくれた」とも述べている。ブラッキングが、音楽はその国や地域の歴史や文化、人間の相互関係や言葉とともに「組織付けられた」と定義したことは意味深い。詩人の大岡信は「音は大気のあるところにしか存在しない。大気が消滅したら、

音も死ぬ、ということを、音で表現できるだろうか。……（中略）……抽象的なものほど、実は人間的なのではないか、といいたいくらい」と音の本質を表現している。

2　音楽療法の定義

　ブルーシア K. Bruscia（1998　邦訳：生野 2001）は、「音楽療法は時代により定義も変化する」と述べている。音楽もまた社会的な時代背景を如実に反映する。音楽が時代を作り、時代もまた音楽を作る。ここではまず、これまでに提示されてきたさまざまな音楽療法の定義を見てみよう。

日本音楽療法学会による音楽療法の定義
　「音楽療法とは、音楽の持つ、生理的、心理的、社会的働きを、心身の障害の回復、機能の維持改善、生活の質の向上、行動の変容などに向けて、意図的、計画的に行なわれる治療技法である。」

ブルーシアによる定義
　「音楽療法とは、クライエントが健康を改善、回復、維持するのを援助するために、音楽とそのあらゆる側面——身体的、感情的、知的、社会的、美的、そして霊的——を療法士が用いる、相互人間関係的プロセスである。」(Bruscia 1991, p.5)

バントによる定義
　「音楽療法とは身体的、知的、社会的、感情的ウェル・ビーイングを支え、促進するために、クライエントと療法士の間で展開する関係の中で、組織化された音や音楽を用いることである。」(Bunt 1994, p. 8)

アルヴァンによる定義

「音楽療法とは、身体的、知的、あるいは感情的障害を負っている子どもや成人の治療、リハビリテーション、教育、および訓練において、音楽を管理された方法で用いることである。」(Alvin 1975, p. 4)

世界音楽療法連盟 (World Federation of Music Therapy) による定義

「音楽療法とは、コミュニケーション、関係性、学習、動き、表現、そして組織化（身体的、感情的、知的、社会的、および認知的）を促進かつ増進するよう計画・設計されたプロセスであり、音楽療法士とクライエントあるいはグループによって、音楽および／あるいは音楽的要素（音、リズム、旋律、そして和声）が用いられる。その目的は、その人がより良い内的人格的、および外的人格的な統合を達成し、結果的にはより良い生活の質を達成することができるように、その人の潜在力を開発し、機能を発達あるいは回復させることである。」(Ruud 1998, p. 53)

このように音楽療法の定義は非常に多面性を持っているが、共通項をまとめると、「音楽の持つ機能（生理的・心理的・身体的・社会的働き）をクライエントとセラピストとの相互関係性の中で、意図的・効果的に用いる技法」となる。音楽療法は、音楽の技術向上や作品理解ではなく、あくまでも音楽の機能を効果的に用いる治療技法である。重要なことは、音楽を媒介としてのクライエントとセラピストとの相互関係性の変容である。しかし、前項の「音楽の定義」で述べたように、音楽は各国の国民性や文化背景により捉え方も異なってくるため、各国の国民性や音楽的背景を考慮しながら、音楽療法を展開することは重要である。

3 障害児と音楽療法

1) 障害児を対象にした音楽療法の意味

　それでは障害児を対象とした音楽療法は、どのような意味をもっているのだろうか。障害児の療育・教育は、発達援助方法の進歩から早期療育が進められ、障害の改善や軽減を目標に実践されている。また医療の進歩により早期発見が可能になり、適切な診断と治療および療育が受けられるようになった。その中でも音楽療法への期待は大きくなっている（丸山 2002）。さらに障害児の発達を子どもの全体像から捉えようとする考えが強くなってきた（宇佐川 1984）。

　筆者は、障害児の音楽療法の意味を、音楽を介して障害児の抱える社会的ハンディキャップを軽減させ、少しでも社会生活が営みやすくなるように援助すること、と考えている。障害児を取り巻く環境は時代により変容する。社会的ハンディキャップの捉え方もまた時代により変化する。ITの発達により、コミュニケーションが可能になった重度重複障害児や、バリアフリーやユニバーサルデザインにより、移動手段が軽減された例は少なくない。しかし障害児が特別支援学校卒業後に、社会の中でその人らしく生きていくことが本当にできるのか、卒業後にも適切な発達援助が受けられるか、音楽療法が地域社会とどのように結びついていけるかは、今後の課題でもある。

　音楽療法に対する保護者の願いとして、①楽しい時間を過ごさせたい　②将来音楽を楽しめるようになってほしい　③情緒を安定させたい　④身体運動を改善させたい　⑤言葉を出してほしい　などがあげられている。特別支援教育において、文部科学省が明示しているITP（Individualized

Education Program：個別教育計画）の作成も、基本理念はノーマライゼーションであるが、保護者のニーズを反映させたものである。

そこで、前述の音楽療法の定義をふまえて、障害児への音楽療法の目標を考えるなら、次の6項目があげられるだろう（土野　1998）。

1) 心身の調和的な発達の促進
2) コミュニケーション能力の改善
3) 表現力の拡大
4) 対人コミュニケーションの円滑化
5) 運動機能の調整
6) 社会性の向上

2)障害児にとっての音楽の役割

次に、障害児にとって音楽がどのような役割をもつのかについて、具体的に考えてみよう。

①音や音楽を通して外界に気づかせる

障害児はその子どもの発達状況や発達水準に従って外界を捉え、何らかの方法で自己表現を行っている。しかし、初期発達段階の子どもたちは、自己と外界とが明確に分化できていないことが多い。そのため外界に気づかせる手段として「音・音楽」を活用する。また、直接に他者（セラピスト）と接触することが不得意な自閉的な子どもの場合にも、音への気づきから、外界や他者（セラピスト）の受容に繋がっていく。外界に気づくことにより自分自身にも気づき、自己像を形成する基盤を作ることができる。

「音・音楽に触れる」という経験は誰にでもある。しかし、その音が聴くものにとって「心地よい」「耳障りにならない」「今の自分の気持ちとフィットしている」ことが、まず音に耳を傾ける前提になる。もちろん反対に

「耳障りな」「今の自分の気持ちと異質な」音もある。自閉症児の音楽の受けとめ方を見ると、耳をふさいだり声をあげてしまうことも多い。また脳性マヒ児の場合には、音を提供したときにビクッと身体に力を入れてしまうことが見られる。いかに受けとめてもらえる音を提供できるかがセラピストに課せられている。しかし、子どもに外界（音）を受け止めてもらう作業は、セラピストの音・音楽の質に深く係わっていることを忘れてはならない。

② 対人コミュニケーションを円滑化する

コミュニケーションは幅広い内容を持っている。またコミュニケーション手段も言葉・文字・動作・表情・音楽などが考えられる。障害児の多くが言葉でのコミュニケーションが行えず、そのために心理的なストレスを抱えることも多い。また言葉は出るがコミュニケーションにならずに、一方的に話し続けたり同じ言葉を繰り返すことで、かえってコミュニケーションに支障をきたすこともある。文字についても同様に、非常に難しい文字が書けても、日常で活用できない子どもは多い。いずれにしてもコミュニケーションの基本となるのは、他者との〈やり－とり〉である。音楽療法では、このやりとりの原則を音楽を介して学習する。音楽療法は non verbal communication（非言語コミュニケーション）と言われるが、障害児の場合は、pre verbal communication（前言語コミュニケーション）の意味合いが強い。この前言語コミュニケーションは、外界（音・他者）とのやりとりを通して、自分自身に気づいていく作業である。

③ 秩序形成を促進する

〈やり－とり〉の原則から、さらに秩序形成を促進させていく。秩序とは順序性や法則性のみを示すものではない。子どもの自発性や自主性を尊重しながら、社会的な規範に適応できることを意味している。社会的規範は

常に変化を示しているが、その変化に柔軟に対処できることが、本来の秩序性であろう。そのために音楽療法では一定の法則を持ちながらも、音楽の持つ柔軟性を盛り込みセッションを進めることができる。クライエントはこの柔軟性に適応することでより秩序形成を促進される。パターン的なリズムや歌唱から、クライエントとセラピストとの音楽を介した相互関係によって柔軟性を高めていく。またグループセッションでは、順番に楽器を叩いたり、順番を待つことなども秩序を形成するうえで重要であり、社会性の向上にも繋がる。

④ 情動を発散させ安定させる

　子どもの抱えている攻撃性やエネルギーを音楽とともに発散させることで、情動の調整を図り、沈静化と安定をもたらす。特に自閉傾向で多動的な子どもの場合は、より健康的な発散方法を経験させる。自傷行為が強い子どもの場合、その攻撃性を太鼓を叩くことに置き換えていき、社会的に容認される形で情動を発散させることができる。あまり活動的でない子どもには、静的な活動から徐々に情動を高めていく。子どもが、自分自身にとって安定した調整的な状態を経験することが重要である。音楽療法は、発散と安定という両極の中でうまくバランスをとっていく場面を提供できる。

⑤ 触覚－視覚－聴覚－運動などの各感覚を統合する

　初期発達段階の子どもを見ると、歌いかけても目をつぶったり、斜め上方を見ていることがある。また太鼓を叩き始めると横を向いてしまう子どもも多い。しかし、見ながら叩いたり、聴きながら叩くことは、視覚と聴覚を統合させながら運動を行うという複雑な活動になる。音楽療法では、声、歌唱、楽器演奏、身体運動など、子どもの発達水準に合わせて、音楽活動を行う中で、各感覚を統合していくことができる。そのためにはその

子どものどの感覚器官が外界を受容しやすいのかを的確に把握する必要がある。

⑥ 行動の自己調整能力を高める

自己調整能力は障害児の発達援助の核でもある。周りの状況にいかに適応できるかは、障害児にとって大きな目標でもある。音楽療法では、伴奏に合わせて楽器を演奏したり、人の動きに合わせて動作を行うこと、音楽のテンポ、強弱、雰囲気を感じて、自分の演奏を調整することが、相手に合わせた運動や情動を自己調整することに繋がる。セラピストは子どもが適応できる場面設定を提示することが使命である。

⑦ 安心感・満足感・達成感を経験する場面を提供する

情緒に不安を抱える子どもにとって、音楽は予測のつかない刺激になる。特に自閉症スペクトラムの子どもにとっては、他者と同様に、音楽もまた脅威となる。音楽療法では、音楽が子ども自身にとって、自分を侵害しない存在であること、脅威の対象ではないことを経験させることが、外界や他者を受け止める鍵になる。そのためにセラピストは最大限の配慮のもとで音選びを行う。音はセラピストそのものである。またクライエントとセラピストの空間を音で繋いでいく作業でもある。音楽によって、音楽療法が安全な場面であることを経験することが重要である。霜山（1989）は、「心理療法にとってもっとも基本的な原則は primum non nocere（害を与えざること第一なり）」と述べている。さらに「これは基点であり目標でもあり、決定的に忘れてはならないものである」とセラピストに警告を与えている。音楽療法では、特にセッション開始時には、音楽が過度の刺激にならないことが最大の課題である。

障害児が日常生活で、満足感や達成感を味わう経験は多くはない。物理的・時間的制約の中で、子どもが「〜できてよかった」という実感を味わ

う機会は少ない。それは援助者の都合や「待つ」時間の確保が難しいことが要因として考えられる。音楽療法では、音楽の特性から子どもに音楽を合わせることや、子どもの発達水準に適した場面状況を提供しやすいため、満足感や達成感を経験させることができる。前述の安心感の中から生まれた満足感や達成感の経験によって動機を高め、新しいものにチャレンジする意欲へと繋げられる。

　クライエントの発達水準に合わせた音楽を提供することで、音楽に包まれた安心感を経験できる。たとえばクライエントのリズムにセラピストがメロディックな音楽を提供することでアンサンブルが成立する。このような音楽との一体感を経験させることは非常に重要である。また、音楽との一体感をセラピストも共有し、共感することが最も重要である。

⑧ 身体自己像を形成する

　障害児の身体的特徴としては、脳性マヒなどの運動障害の子どもに見られるマヒの部位や状況、ダウン症児の低緊張による身体の柔軟や姿勢の不安定さ、自閉症児特有の尖足(せんそく)やロッキングなどの常同行動、喘息児の胸を狭めた姿勢、などが考えられる。

　音楽療法における表現活動には必ず身体運動が伴う。発声や楽器演奏(楽器に触れることも)、姿勢の変換やまなざしの向け方も、すべて身体運動であり運動表現である。クライエントの示す特異的な運動（たとえば自閉症児の常同行動など）に音楽を提供し、クライエントの運動に意味を持たせていくことは重要である。

　自己像は、他者との関係性の中で促進され発達する。同様に身体像も、音楽活動に見られるクライエントとセラピストとの声や楽器、身体運動を通した相互関係により、促進し形成される。音楽療法においては、他者に向けられた声や、歌唱での姿勢保持、楽器を両手で振る、左手で楽器を持って右手で叩くことなどの楽器操作による、身体の左右・上下・前後のバ

ランス、重度重複障害児の楽器の追視など、自分自身の身体に気づき、身体運動を組織することが行われる。それは音楽療法場面という環境（音楽・声・歌唱・楽器・身体運動・セラピスト・アシスタント）にクライエントが適応することである。そのプロセスに身体自己像の形成が深く関与する。自己身体像の形成は、提供された環境において、偶然ではなく必然である。

⑨ 社会性を向上させる

　障害の状況にかかわらず、個人セッションでは、セラピストとクライエントとの二者関係で、「社会」が構成される。集団セッションではさらに対人関係が広がり複雑になる。社会性とは、自分の役割を認識しその責任を果たすこと、順番に演奏したり、人の演奏を見たり聴いたりする態度を身につけること、自分の行った行動が他者を喜ばせることに気づくことである。セラピストとクライエントの関係性から、さらにクライエント同士の関係性に発展させることが、社会性をより促進させる。集団の規模や発達の状況を工夫することで、集団セッションは大きな効果を生む。

⑩ 表現力を拡大する

　前述したように、障害児の音楽療法は、発達の促進を基盤として、

自己と外界（他者）を区分ける
↓
音楽を通してセラピストに気づき
↓
セラピストを受けとめながら
↓
コミュニケーションを広げて
↓
社会性を身につける

というプロセスをたどる。

　さらに、音楽療法によって表現力を拡大することで、感情の健康的な発散方法を身につけることができる。感情表現には、泣き・笑い・怒り・喜びなどがあげられるが、子どもによっては、まだ感情の分化が明確でないため、曖昧な笑いですべての感情を表現することもある。よく見られることに、幼児のセッションで、手遊び歌や身体接触のかかわりの中で、クライエントをくすぐりながら表情を見ると、曖昧な笑いの中に「迷惑」や「困惑」という感情を読みとることもできる。子どもの発達において声は、単なる生理的な声から始まって、やがて母親の存在を認識し、声に意味を持ち感情表現の手段として声を用いるという発達をたどる。感情は次第に分化していくが、障害児の場合にも、音楽を適切に用いることで、より明確に感情表現を行うように援助できる。そのことが結果として、表現力の拡大と情動の調整・組織化に繋がるものと考える。

4　音楽療法と関連領域

　音楽療法は、芸術療法・心理療法の一分野である。しかし、音楽療法がすべての障害児によい効果を与えるとは限らない。セラピストが音楽療法に万能感を持つことは危険である。

　障害児の発達援助として、遊戯療法、理学療法、作業療法、言語療法、感覚統合など、さまざまな治療方法をあげることができる。音楽療法も、それらの治療方法の一分野である。近年、療育現場や学校教育現場においても、理学療法士や言語聴覚士が導入されることがある。ここでは、第2章で示した障害児の成長過程にかかわってくる関連領域について説明し、音楽療法がそれらとどのように連携を図るかを検討したい。

1) 理学療法

理学療法（Physical Therapy）とは、次のように定義されている。

「検査、測定／評価に基づき、何らかの疾病、傷害（スポーツ含む）などに起因する、機能、形態傷害に対する運動療法による筋力、関節可動域、協調性といった身体機能、および温熱、水、光線、電気などの物理療法による疼痛、循環などを図る治療科学である」（日本理学療法士協会）。

障害児に対しては、医療サービス（病院や診療所）、行政サービス（市・区役所や養護学校）、福祉サービス（障害者福祉センターや障害児〔者〕通所・入園施設）として、さまざまな場面で理学療法が行われている。それは主に、脳性マヒ等の運動障害児に対して行われており、姿勢改善や歩行などの身体機能への治療援助となっている。

バント L. Bunt（1994:邦訳1996）は、理学療法士との連携アプローチについての一般的特徴を理学療法士がまとめたものを紹介している。セッションの特徴は、①音楽療法士は子どもの身体的な動きの速さをよく理解しており、そのことは理学療法士の取りくみを大いに助けるものであった。②音楽療法士との合同活動は子どもが自ら身体技能を高める気持ちを促進する。すなわち音楽療法は、理学療法のようにセラピストの技術にすべてまかされるものではなく、子どもの自己動機づけを強調する。③音楽療法は重度の障害をもつ子どもと気持ちをかよわせる手段として有効である。身体を動かすことは、時としてこのような子どもたちにとっては大きなストレスとなり不快感をともなうものであるが、理学療法と音楽療法を組み合わせると動きは快適になり、子ども自身も楽しむことができる。

このほかに、理学療法で改善された運動動作を音楽療法で楽しみながら応用していくことも考えられる。また音楽療法での声・楽器・身体運動を通して、クライエント自身が、運動をコーディネーション（協調）させて

いくことは、各感覚を統合し身体運動を組織化するうえでも意義深い。音楽活動は、クライエントの身体的・運動特性をより効率よく組織化する一助になることは確かであろう。その場合、セラピストがどのように身体の問題を捉えるかにより、アプローチも異なってくる。

2) 作業療法

作業療法 (Occupational Therapy) とは、「身体または精神に障害のある者、またはそれが予測されるものに対してその主体的な活動の獲得をはかるため、諸機能の回復、維持および開発を促す作業活動を用いて行う治療・指導・援助を行うこと」と定義されている。また発達障害児の作業療法について、岩崎 (2001) は、「発達時期に障害を受けた子供たちに対して、遊びを中心とした色々な活動を利用して、個々の子供の発達課題 (運動機能、日常生活技能、学習基礎能力、心理社会性など) や現在、将来にわたる生活を考慮した治療を行う。またたとえ障害があっても家庭や社会で生き生きと生活できるように指導・援助を行う」と説明している。

現在、作業療法を実施している施設は、一般病院、小児病院、リハビリテーションセンター、肢体不自由児施設、知的障害児施設、重症心身障害児施設、養護学校、幼稚園、保育所などである。

障害児の作業療法の目的は、以下のようにまとめられる。
  1) 粗大運動機能の発達を促す
  2) 巧緻運動機能の発達を促す
  3) 日常生活の活動能力の発達を促す
  4) 学習基礎能力の発達を促す
  5) 心理・社会性の発達を促す

作業療法と音楽療法は、密接な関係を持つ。特に日常生活技能面で、食

事における嚥下およびスプーンや箸の持ち方、衣服の着脱における身体動作、学習意欲、集団での社会性などを、音楽活動に置き換えると、楽器演奏における操作性の向上、吹く楽器や声（歌唱）を通した呼吸の調整や口腔機能の改善、身体運動での情動の発散と調整、集団活動を通したルール（順序性・自己選択）などが考えられる。

3）言語療法

言語療法（Speech Therapy）は、「音声機能、言語機能または聴覚に障害のあるものについて、その機能の維持向上を図るため、言語練習その他の練習、これに必要な検査および助言、指導などを行う療法である」（日本言語聴覚士協会）と定義されており、医療機関、保健・福祉機関、教育機関など幅広い領域で行われている。

障害児の言語療法では、発音練習だけではなく、認知を高める視覚教材を用いて、弁別課題・記憶課題・遊具や玩具を用いた遊戯療法的アプローチも行われている。最終的には表出された言葉がコミュニケーションの手段となるように指導されている。

音楽療法では、前言語として発声や歌唱での構音および吹く楽器を効果的に活用した、呼吸の調整、口腔機能の改善及び統合を目標として実践されている。またメロディやリズムの表現により、言葉の抑揚、フレーズ（言葉のまとまり）、情緒的交流から他者への志向性など、自己認識や他者認識の発達に関しても音楽療法の意義は大きい。言語発達に必要なことは、自分の声や発音を聞き分ける力を高めることである。音楽活動を通して音や音楽を傾聴し、メロディ、リズム、ハーモニーなどを聴き比べることで、より自分の声、発音、抑揚、伝達の意思などに気づくようになる。

ここまでに、音楽療法の近接領域である3つの治療方法について概説し

てきた。これらの治療方法との比較で考えられる音楽療法の特質は、情緒性であろう。音楽による情動の発散と鎮静から、情緒の調整に繋げられる。バランスのよい発達促進や対人関係の形成においても重要な「情緒安定の基盤」を音楽療法で培い、他の治療への意欲向上や動機づけが可能になることが、音楽療法の特質ではないだろうか。他の治療方法との連携をさらに深め、チームの一員としてクライエントを援助できるかどうかは今後の課題である。

また、このほかに近年の新しい動きも紹介しておく。滝坂（2005）は、国立特殊教育総合研究所が平成14年に行った調査から、盲・聾・養護学校の6割が教育活動の中で、動物との触れ合いを行っていると報告している。また4校に1校以上が大型動物である馬と触れ合う機会を設けていると報告している。

このようないわゆる「乗馬療法」は、Therapeutic Riding（治療的乗馬）あるいは Riding for the Disabled（障害者乗馬）と呼ばれており、次のような効果が報告されている（滝坂他 2005）。

1) 全体的な健康の増進
2) 循環系機能の向上
3) 消化器や排泄など他機能への適度な刺激
4) 脊髄の支持
5) 平衡感覚の発達
6) 筋力および運動機能の発達
7) 頭部と躯幹の統制

音楽療法と乗馬療法は、無関係のように見られるが、「触れる」「情緒を安定させる」「自己身体像を組織する」「場面適応を柔軟にする」「社会性を高める」など、共通項が多く考えられる。今後さらに研究を進めることで、より密接な関係を持つことができるものと考える。

第 4 章　セッションの手順と展開

> とにかく続けること
> そうすれば必ず何か見えてくる　　　　　　　　　酒井雄哉

1　セッションの手順

　音楽療法においてセッションはクライエントとセラピストが出会う空間であり、音楽療法のすべてがこの時間に集約される。どのような理論もセッションなくしては語れない。本章ではセッションの展開を具体的に述べてみたい。
　音楽療法で最も重要なことは正確な査定（Assessment）を行うことである。障害児の場合には、障害名・家族構成・生育暦・発達の状況・音の好みなど、事前に知り得る情報を把握しておくことが必要である。しかし、障害名にとらわれず、目の前にいる一人のクライエントと向き合うことが音楽療法士の基本姿勢である。そのためには音楽活動を通して見えてくるクライエントの状態を的確に捉えることが必要となる。事前資料とは異な

った反応や行動を示すクライエントは多い。

　スーザン・ハンサー Suzanne B. Hanser（1999　邦訳：2005）は、一般的に起こりうるデータに基づく音楽療法の過程として、以下の10項目で説明している。

1) 音楽療法への依頼
2) 最初のセッション：関係の形成
3) アセスメント（査定）
4) 長期目標、短期目標、対象とする行動
5) 観察
6) 音楽療法の方法
7) セッション・プラン
8) 実践
9) 評価
10) 終了

　第2章で紹介したように、障害児が通園・登校する施設や学校で音楽療法が取り入れられている場合は、週1回から隔週で音楽療法が受けられることが多い。しかし、最近は個人で音楽療法を希望する家庭も増えてきた。個人音楽教室、親の会などでも音楽療法が実践されている。現在はまだボランティアで多くのセラピスト、あるいはセラピストを目指す学生等がセッションを行っているのが現状である。

　音楽療法への最初の依頼の段階では、現実問題として、音楽療法のニーズ、目標、評価、終了については曖昧になっている。セラピストの説明責任、目標達成によるセッション終了などは、今後さらに検討する必要があろう。依頼に際しては、場所、時間、目標、期間、報酬も含めて契約（約束）を交わすことが必要になる。報酬が生じることで、セッションに対してより大きな責任を持たされる。また依頼者の側でも、そのセラピストが

ニーズに応えられなければ（クライエントに変容が見られなければ）、一定期間後にセッションを打ち切るか、または他のセラピストに依頼することも今後は行われるようになるだろう。

1）音楽療法の構造について(5W1H)

音楽療法セッションで重要なことは、音楽療法の構造を明確にしておくことである。また、前述した音楽療法の過程をよく理解する必要がある。特にセッションの期間については、長期目標にも関係する。ここで、音楽療法の構造について説明を行いたい。

セッション時間について（いつ行うのか）

セッションをいつ行うかについては、セッション時間（セッションの長さ）とその時間帯との2通りが考えられる。

セッション時間は、幼児の場合はおよそ30分くらいが妥当である。セッションの長さを決める際には、クライエントの疲労度や集中時間を考慮する。幼児の場合は、親子セッションでも30分から40分くらいである。保護者への説明も含めて60分以内に収めることが望ましい。

時間帯は、依頼者（施設など）の物理的・時間的な意向で決められることが多い。個人で行う場合は、クライエントの障害の状況とともに、兄弟の学校などの家庭環境によるので話し合いで決定する。降園や下校後の時間設定になることが多い。

週1回行うか、隔週行うかなどの頻度についても決めておく。障害児の場合、繰り返すことによって治療効果が高まり、より大きな学習効果に繋がる。頻度により定着度も変わってくる。

セッション場所について（どこで行うのか）

セッションを行う場所は、病院、施設、学校、セラピストの自宅、公民館、クライエントの自宅など、依頼者やクライエントのニーズおよび社会的・物理的状況で決定される。セッション場所について細心の配慮をはらうことは、セッションを円滑にする鍵になる。

セッション参加人数と部屋の大きさとのバランス、窓の有無、カーテン等による遮断、外部の音の遮断、天上の高さ、壁の色、掲示物の有無、個人セッションか集団セッションかあるいは障害の特徴によっては、部屋の広さにも配慮が必要である。

しかし、セラピストの思い通りには行かないことがほとんどであり、限られた空間でどのようにセッションを展開できるかは、セラピストの手腕にかかっている。広すぎるときはパーテーションで区切る工夫も必要である。

机や椅子の使用についても検討する。多動的なクライエントの場合、机を置いて自分の場所を理解させることも重要である。机と椅子を用意する場合は、高さにも注意する。机が高すぎると、クライエントの自発的な動きやセラピストとの関係性にも影響する。机と椅子のバランスが悪いと机に膝がついてしまい、机を上下に動かすなど集中力が損なわれる。また足が床につかないと、足を踏みしめ腰で上体を支えることができず不安定な姿勢になり、セラピストや楽器に向かう態勢が作りにくい。机は肘をつけて上体を支えたり、楽器を叩く際の運動の支点を作る大事な要因となる。またセラピストとクライエントとの関係性の形成で、適切な距離を構築する意味でも重要である。ピアノおよびキーボードの配置にも配慮する。

クライエントについて（だれに行うのか）

〔人的構造1〕 クライエントの状況を把握しておくことが前提だが、セ

ッション中に出現するクライエントの姿も重要である。発達水準や目標に合わせ、個人セッションか集団セッションかの構造を決める。集団は6～7名くらいが適切である。集団セッションでは、障害の状況や発達水準が近いレベルの集団が望ましい。あまり発達水準に違いがある場合には、プログラムやグルーピングを工夫し、セッション中にセラピストとのコンタクトが取れるような場面を設定することが必要だろう。

セラピストについて（だれが行うのか）

〔人的構造1〕 音楽療法士（ミュージックセラピスト）が行うのが基本である。しかし、日本の状況では、セラピストとしての雇用が難しいことから、教員、保育士、介護職、音楽教室の先生などを専門職としながら、セラピストとしてセッションを行っていることが多い。しかし障害児の音楽療法では、セッション場所以外で、どのような様子が見られるのか、日常生活動作の状況を知っておくことが、より音楽療法を充実させることにつながる。また他職種の人たちの活動内容を知っておくことが、チームで行う場合に他職種との協力関係を作る視点をもつことになる。

〔人的構造2〕 音楽療法の構造は、セッションの構成メンバーによって変わる。障害幼児の場合は、親子セッションを行うことが多い。また参加者に保護者、保育士、教員、指導員、音楽療法を学ぶ学生、保育を学ぶ学生などがよく見られるが、クライエントと大人の人数比を考えて、クライエントにとって大人の存在が圧力にならないように工夫をする。

アシスタントが加わる場合は、音楽療法の目的、個人目標、プログラム、援助方法などをあらかじめ説明しておくことが必要である。

音楽療法について（なぜ行うのか）

査定（アセスメント・セッション）を経て、クライエントの目標設定を行う。音楽療法の目標は、長期目標と短期目標を設定する。長期目標はおよ

そ1年、短期目標は3ヶ月程度で考える。セッションの頻度、期間などを考慮して目標を決定する。月に1回と週に1回のセッションでは、音楽療法の定着度やセラピストとの関係性も異なる。また施設で行う場合には、卒園などの時間的な制約もあるため、4月から3月までの1年を目安として、具体的にどのような目標を設定するかを考える。

　大切なことは、目標設定の際に、なぜ音楽療法を行うのか、音楽療法で何を行うのかを明確にすることである。音楽療法士には、クライエントの抱える課題に音楽療法でどのようにアプローチするのかを、施設サイド、保護者、そのほかアシスタントや他職種の人たちに説明する責任が課せられている。その場合、わかりやすい言葉で説明することを心がけることが、音楽療法への理解を深めることにもなる。セラピストのコミュニケーション能力が問われるところでもある。

プログラムの工夫（どのように行うのか）

　セッションに提供された時間を効果的にするために、プログラムを工夫する。クライエントの年齢・集団の規模・集中度・疲労度・セッション時間等を十分に考慮する。

　松井（1980）は、セッションのタイプとして、①中央山型　②二山型　③前半山形　④後半山型　の4タイプをあげている。また宇佐川（1984）は、図5のような3タイプをあげている。

　多動的なクライエントの場合は、少し身体を動かす身体運動により、発散的で活動的な内容から導入し、次第に静的な活動へ誘導する。肢体不自由児や重度重複障害児の場合は、静的な活動から導入し、次第に活動的にする。よく行われるのは、セッション開始や終了時の音楽を決めて、毎回セッション開始時に提供する、Call-Technique（呼びかけ技法）を活用することである。クライエントは提供された音楽によって活動の予測がつけられるため、セッションがスムーズに開始される。

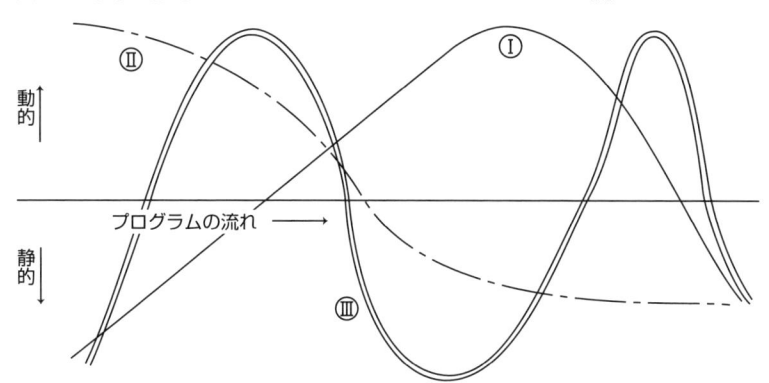

図5 動的・静的アクティヴィティからみたプログラムの流れ

―――Ⅰ 基本型プログラム、又は緊張不安のつよい子どもの場合
―・―Ⅱ 多動的な子どものプログラム
＝＝＝Ⅲ 多動的な子どものプログラムの変型、とくに静的な活動を苦手とする場合

宇佐川浩「音楽療法の発達論的検討」『障害児の成長と音楽』（音楽之友社、1984）

　音楽療法では、声・歌唱、楽器、身体運動などでプログラムが構成されることが多い。クライエントの状況に合わせて、プログラムのバランスを考える。歌唱では、身体接触を伴う曲や身体動作に表情をつけてクライエントを惹きつけるような表現で、また楽器はクライエントの好む音色や楽器の特性、およびクライエントの運動操作性や疲労度も考慮してプログラムを設定する。集中力を持続させるためには、音色や操作性の異なった楽器の配列や、視覚的要素の強い提示（カードや表情・身振りなど）、セラピストの音楽的な力（音色・ニュアンス・音楽性）と〈間〉の取り方が大きなポイントになる。

　プログラムを組み立てる際に最も大切なことは、セッションが成功体験になるように工夫することである。セラピストは、クライエントの課題解決に向けて、音楽の受容や音楽との一体感、音楽でのコミュニケーション、対人あるいは自分自身との葛藤と融和、集団力動の凝集性などをそのセッションの中に盛り込めるように配慮する。

結果・評価（どうなったか）

　音楽療法を行った結果、クライエントがどのように変容したのか。クライエントの目標についての達成度を評価し、考察する。その場合、セラピストだけの評価ではなく、アシスタント、保護者、保育士、他職種の人たちをも納得させられるような評価と考察がセラピストに求められる。セラピストのいわゆる思い込みや満足感ではなく、いかに客観的な評価を行えるかどうかが課されている。そのためには音楽面の変容と、対人関係、情緒、認知、言語、身体運動を総合的（全体的）に考えていく視点を持つことが必要である。最も重要なことは、セッションでの変容が日常生活にどのように反映されたのかという点である。最終的な評価は日常への般化である。

考察（どうしてそうなったか）

　音楽療法の目標がどのような経過で達成されたのか、どのような理由で達成されなかったのかを考察する。特に保護者や他職種の人たちに対して、適切に言語化・文章化することは、セラピストの最終的な責務である。それは保護者・施設・作業所などのニーズに応えるために、また協力を得るために、必ず行わなくてはならない。同時にそれは、音楽療法の理解を促進させ、地域に音楽療法を定着させるためにも重要である。

　その際、あらかじめ了解を得られた長期目標と短期目標に対して、どのようなアプローチがとられたか、その結果と理由、次への目標設定やアプローチについてわかりやすく説明する。特に重度重複障害児の場合は、クライエントの細かい変容を見逃さず、音楽療法との関連について説明することが望まれる。

　しかし、セラピストが陥りやすい問題は、クライエントの変容ばかりに目を向けてしまい、セラピスト自身についての洞察を深めないことであ

る。前章「音楽療法の定義」でも触れたように、音楽療法は、クライエントとセラピストの相互人間関係性が重要であり、クライエントだけの変容だけを重視するものではない。セッションを振り返り、スーパーヴィジョンを受けることで、セラピスト自身への振り返りとなり、セッションをより客観的に整理することもできる。スーパーヴィジョンの意義はこの点にある（図6）。

図6　セッションの流れ

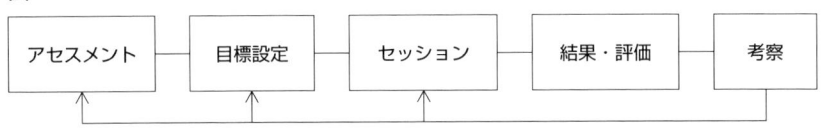

アセスメント → 目標設定 → セッション → 結果・評価 → 考察

2　アセスメントの視点

宇佐川（2001）は、障害児の発達臨床に必要な視点として、①アセスメントの重要性　②個人内差的な発達理解の重要性　③発達の全体を捉える発達アセスメント　④発達のつまずきとしての発達水準の理解　⑤行動の発達的意味を理解した発達アセスメント　⑥生涯発達を意識した発達アセスメント　をあげている。

音楽療法で出現するクライエントの行動が、発達上どのような意味を持っているのかという視点を、セラピストは常に考えていかなければならない。たとえば、叩く楽器（タンバリン）は行えても、吹く楽器（クワイアホン）は行えない、押す楽器（卓上オルガン）は行えても、弾く楽器（オートハープ）は行えない場合、その理由を仮説立てていくこと、行動の意味を考えていく姿勢が必要である。

〈叩けた－叩けない〉〈吹けた－吹けない〉という結果ではなく、どのよ

うな「吹けなさ」があるのか、なぜ吹けるようになった過程があったのかを、ていねいに考えていくことは、障害児の発達支援を適切に行うためには欠かせない。

　音楽療法アセスメントについては、ボクシル H. E. Boxhill（1985　邦訳：2003）やバント Leslie Bunt（1994　邦訳：1996）、ハンサー Suzanne B. Hanser（1999　邦訳：2005）に詳しい記述がある。

　アセスメントは、事前の資料によるクライエントの障害名、障害のわかった時期、障害の状況、発作・服薬の有無、生育暦、家族構成、これまで受けてきた治療法や現在受けている治療法、障害者手帳の有無、音楽歴や音楽の傾向などが考えられる。図7は、筆者が昭和音楽大学および日本大学における音楽療法実践で使用しているアセスメント表である。

　それに加えてセッションを通して見られる、クライエントの状況とを総合的に捉えていく。セッション場面で見られるクライエントの反応は、事前資料からはうかがえない行動も多い。ADL（日常生活動作　Activities of Dialy Living）領域の、移動（運動特性）、排泄、衣服の着脱、コミュニケーション領域の、表出言語、言語理解、非言語コミュニケーション（動作・身振り・補助器具）、対人・情緒領域の、表情、パニック、他者との関係、生活リズム（睡眠リズム）などを把握しておくことが必要である。逆に、音楽活動の中にも、日常生活の様子を見ることができる。

　アセスメント・セッションは2～3回行い、クライエントの興味や集中度、表現様式などを観察し目標を考えていく。また依頼者からの音楽療法へのニーズも必ず聞いておく。障害児の音楽療法では、毎回のセッションがアセスメントであると言っても過言ではない。音楽活動の様子を見ながら常にアセスメントを行っていく姿勢が望まれる。そのことがクライエント理解とセッション内容をより深めていく。

図7　アセスメント表の例

[生育歴・生活・家庭]

この個人票は音楽療法を行う際の参考にします。ご記入いただける範囲でお書き下さい。

[平成　　　年　　　月　　　日記入]

保育園　・　幼稚園　・　学校　　　年	フリガナ 氏名　　　　　　　　　（　　歳　　ヶ月） （記入者：　　　　　　　　　　　　　　　）

I　生育歴

出生期	出産期の状況	熟産・早産（　　　ヶ月：保育器の使用）・過熟産 分娩（正常・異常） 出産時の体重（　　　　　g）身長（　　　　　cm）	
乳児期 0～1才	栄養	母乳・人工乳・混合	
	発育	歩き始め　　　　　　　　　才　　　ヶ月頃 片言の言い始め　　　　　才　　　ヶ月頃	
	育てるうえで 心配だったこと 相談した機関名		
幼児期 1～6才	発育の状況	身体の発達：　　早い　　普通　　遅い 言葉の表出：　　早い　　普通　　遅い	
	就学前の状況	通園施設名：　　　　　　　　　　　才～　　才	
	通園状況	喜んで行った　　　あまり行きたがらなかった	
	遊びの状況	好んだ遊び： 　　階段登り　すべり台　ケンケン　積み木を積む 　　三輪車　小さいものを親指と人差し指でつまむ 　　ボール蹴り　いないいないバーがわかる (ex　　　　　　　　　　　　　　　　　　　　　) 親や友達との遊び (ex　　　　　　　　　　　　　　　　　　　　　)	
	育てるうえで 心配だったこと 相談した機関名		
児童期 6才～	小学校・養護学校 の様子	喜んで行っている　　　あまり行きたがらない	

Ⅱ　生活の様子

障害名		障害者手帳	ある　　　ない
		種類	

生活の様子
・睡眠：　　規則正しい　　　　夜よく起きる
(ex　　　　　　　　　　　　　　　　　　　　　　　　　　　　　　　　　)
・食事：　　何でも食べる　　　偏食が多い
　　一人で食べられる（　手つかみ　　スプーン　　フォーク　　はし　）
　　一部介助が必要（　　　　　　　　　　　　　　　　　　　　　　　）
　　全介助
(ex　　　　　　　　　　　　　　　　　　　　　　　　　　　　　　　　　)
・排泄：　　失禁がある　　サインで知らせる　声をかける　一人で行く
(ex　　　　　　　　　　　　　　　　　　　　　　　　　　　　　　　　　)
・移動：　　独歩　　　　一部介助　　　　全介助
　　車椅子の使用　　　　あり　　　なし
(ex　　　　　　　　　　　　　　　　　　　　　　　　　　　　　　　　　)
・衣服の着脱：　　一人でできる　　　一部介助　　　　全介助
(ex　　　　　　　　　　　　　　　　　　　　　　　　　　　　　　　　　)
・模倣：　　　手遊び　　　バイバイ　　　バンザイ　　「3.5.7」の復唱
(ex　　　　　　　　　　　　　　　　　　　　　　　　　　　　　　　　　)
・コミュニケーション
　　表現：働きかけを喜ぶ　　動作で表現する　　指差しで表現する
　　　　　声で表現する　　簡単な言葉で気持ちを伝える
　　　　　場に応じた言葉で表現する　　文章で表現する
(ex　　　　　　　　　　　　　　　　　　　　　　　　　　　　　　　　　)
　　理解：自分の名前を理解している　　声や言葉の調子を聞き分ける
　　「〜とって」「やめて」などの指示が理解できる
　　２語文が理解できる
(ex　　　　　　　　　　　　　　　　　　　　　　　　　　　　　　　　　)
・遊び：一人遊び　友達とのかかわり　ルールのある遊び　かくれんぼ
(ex　　　　　　　　　　　　　　　　　　　　　　　　　　　　　　　　　)
・じゃんけんの理解：　　　できる　　　　できない
・数の理解：（　　つ）まで数えられる
　　（　　個ちょうだい）がわかる
・どのような絵を書きますか
(ex　　　　　　　　　　　　　　　　　　　　　　　　　　　　　　　　　)

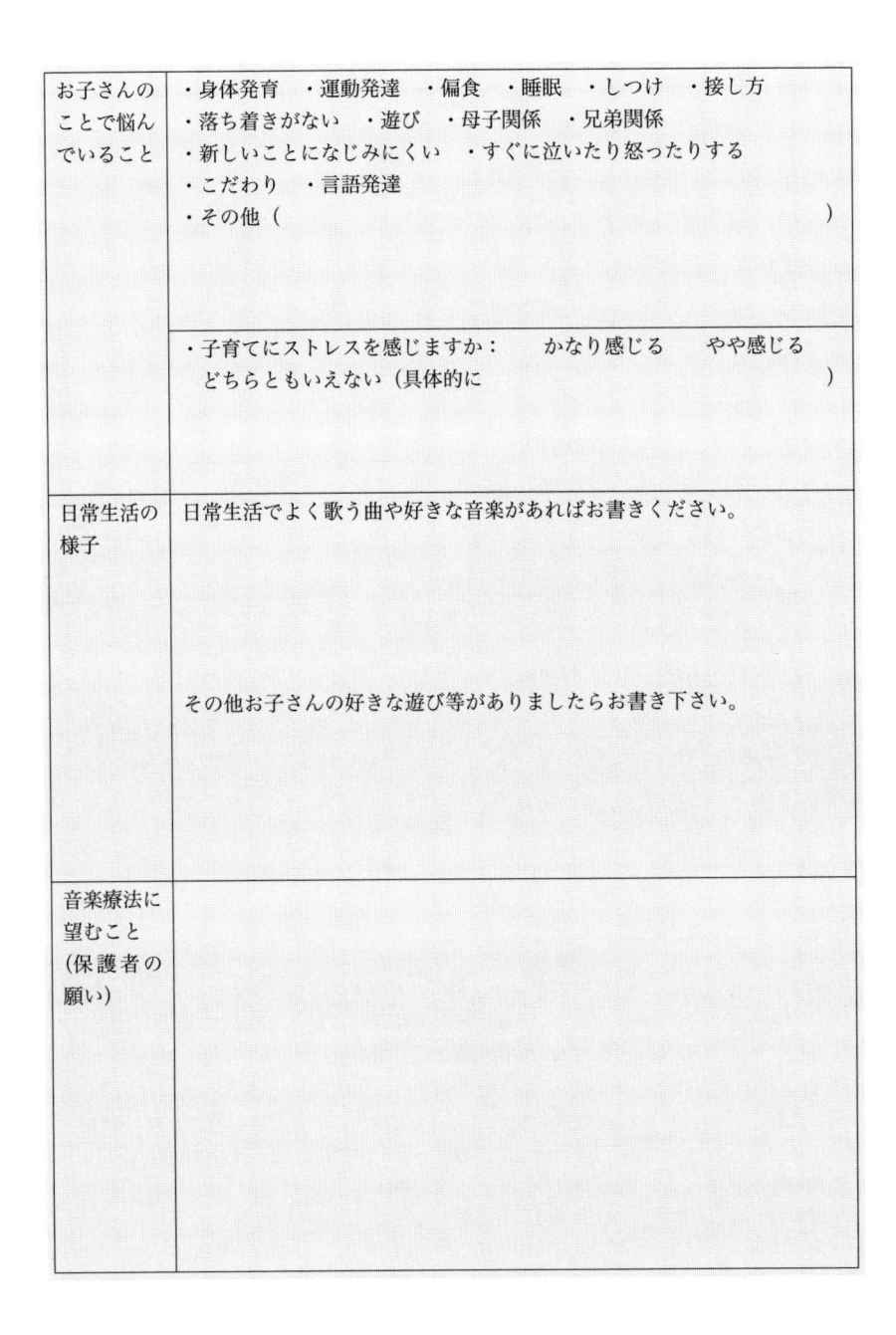

お子さんの ことで悩ん でいること	・身体発育　・運動発達　・偏食　・睡眠　・しつけ　・接し方 ・落ち着きがない　・遊び　・母子関係　・兄弟関係 ・新しいことになじみにくい　・すぐに泣いたり怒ったりする ・こだわり　・言語発達 ・その他（　　　　　　　　　　　　　　　　　　　　　　　） ・子育てにストレスを感じますか：　　かなり感じる　　やや感じる 　どちらともいえない（具体的に　　　　　　　　　　　　　　　）
日常生活の 様子	日常生活でよく歌う曲や好きな音楽があればお書きください。 その他お子さんの好きな遊び等がありましたらお書き下さい。
音楽療法に 望むこと (保護者の 願い)	

アセスメントの視点としては以下の項目が基本となる。
　1) 音楽療法を受け入れているか
　2) 音（声・楽器）に気づくか
　3) 音を受けとめようとするか
　4) 楽器に触れようとするか
　5) 楽器で音を出そうとするか
　6) 楽器を選択できるか
　7) セラピストを受け入れているか
　8) 一人だけで音を出すか
　9) セラピストと共に音を出せるか
　10) 伴奏と一緒に音を出せるか
　11) 伴奏に合わせて音を出せるか
　12) 友達の演奏を意識しながら音を出せるか
　13) 音楽を楽しんでいるか

　以下の表5は、音楽療法セッションの流れに沿って、アセスメントの具体的な視点をあげたものである。

表5　アセスメントの具体的な視点（セッションの流れに沿って）

挨拶 ・始まりの音楽 ・終わりの音楽	1) 体調（顔色・表情・呼吸） 2) 返事の様子（名前の理解：声の強さ・声の高さ・声の伸ばし方・まなざしの向け方） 3) 対人・情緒（安定性、集中度） 4) 身体（姿勢・手の挙げ方）
声・歌唱 ・手遊び歌 ・模倣遊び歌 ・既製曲 ・声の即興	1) 呼吸のテンポ、口のあけ方、声質、声の高さ、声の強さ、唇の動き、舌の動き、声の持続時間、唾の飲み込み 2) 母音の様子、子音の様子 3) 歌詞の発音（構音の特徴、構音の明瞭性） 4) 曲の理解（始点―終点）

	5) フレーズの理解（フレーズの記憶） 6) ピッチ（声域、音程） 7) リズム（テンポの保持、リズムの特徴） 8) 歌詞の内容理解（言葉の理解） 9) 交互性（曲の構造理解、順序性） 10) 共感性（情緒性） 11) 歌い終わった時の表情
楽器（楽器例） ・鍵盤ハーモニカ ・クラリーナ ・スライドホイッスル ・ペットホン ・ハーモニカ ・オカリナ （声を出しながら吹く） ・カズー	1) 楽器の持ち方（片手〔左・右〕で持つ・両手で持つ、肘が体幹から離れる、肘を机等につける〔右・左・両肘〕） 2) 楽器の吹き方（楽器を唇に付けられる、適切な付け方ができる、楽器を喉の奥まで入れてしまう、口の中で転がすようにしてしまう） 3) 音の出し方（息の強さ、いっぺんに息を出してしまう、長く伸ばせる、一定の強さで吹ける） 4) アシスタントが息を入れれば鍵盤を押して音が出せる 5) アシスタントが楽器を支えれば自分で鍵盤を押して音が出せる 6) 鍵盤を押しながら吹ける 7) 一定のテンポで吹ける 8) 伴奏に合わせて吹ける 9) 強弱を付けて吹ける
叩く楽器 ・コンガ ・ボンゴ ・スリットドラム ・音積み木 ・タンバリン ・トライアングル ・ザイロホン	1) 手で叩ける、擦るようにする 2) 撥（バチ）を持って叩く（片手〔右・左〕・両手） 3) 撥の持ち方（指先だけで持つ、撥の先を手前に向ける、しっかり持てる） 4) 左右交互に叩く 5) 左右が交差できる 6) セラピストと順番に叩く 7) 強弱がつけられる 8) 特徴的なリズムパターンがある 9) 伴奏に合わせられる
振る楽器 ・鈴 ・鳴子 ・ミュージックベル ・トーンチャイム	1) 指先だけで持つ 2) 掌でしっかり持つ 3) 片手で振る・両手で振る 4) 両手同時に振る・左右交互に振る 5) 肘や手首が運動の支点となっている 6) 身体の前で振る動作が止められる

弾く楽器 ・オートハープ ・ライヤー ・ギター	1) 弦の振動を指や掌で感じる 2) 指先で弦を弾く 3) 方向性を持って弦を弾く 4) ピックを持って弦を弾く 5) コードを押すが弦は弾けない 6) コードを押しながら弦を弾く	
身体運動 ・歩行 ・スキップ ・ジャンプ ・走る ・ジャンピング台 ・バランスボード	1) 身体運動の特徴 2) 身体意識 3) 協応運動 4) 方向性 5) 音楽の有無による運動の停止 6) 音楽と運動の一致 7) 運動による発散 8) 創造的な運動表現 9) 集団参加	
クライエントの居場所 とセラピストとの関係	1) 部屋中を動き回っている 2) 椅子に座るがすぐ立ち上がる 3) 自分の居場所を見つけてそこから動かない 4) 楽器や活動によりセラピストとの距離を変える 5) 椅子に座っていられるがセラピストが近寄ると席を立つ 6) 適切な距離が保てる	
子ども同士の関係	1) 友達に興味を示さない 2) 友達に興味を示し時折見る 3) 友達に触れようとする 4) 友達と一緒に楽器を演奏する 5) 友達と交互に楽器を演奏する	
その他の特徴	1) 音楽への気づき・好み（テンポ・リズム・ハーモニー・曲目・調整） 2) 楽器への興味（音色・形態・操作性・色・提示方法・余韻・振動） 3) クライエント・アシスタント・友達との関係（対人関係）	

3　使用する音楽

　音楽療法に使用する音楽は、発達援助の道具として用いられなければならない。レスリー・バント（1996）は、音の基本要素を「音色」「音の高さ」「大きさ」「長さ」の４つに分類している。さらに、楽器を演奏したり声を出したりするときには、共鳴ということを意識すると述べている。人間の身体、あるいは楽器は、共振を起こし、共鳴箱の役割を果たして、音色、音の大きさ、高さ、長さの変化に関与するというのである。この言葉は、音楽療法が、クライエントとセラピストとの音楽を介した相互関係性の上に成り立っていることを端的に現している。

　バントはさらに、「音楽的であるということは音に対して共鳴的である」というアルヴァンの言葉も紹介している。筆者は、音楽療法士の「音質」がクライエントに一番深く関与すると考えている。セラピストは、クライエントの状況に合わせて「音質」を決定する。音の量、音の強度、音の響き、音の幅などをクライエントや集団の状況に合わせて瞬時に決定する。提示する音はセラピストを象徴している。クライエントは音楽を聴くと同時に（あるいは音楽以前に）セラピストの音を聴く。提示された音そのものが、クライエントや集団との空間を繋ぎ、セッションの文脈を生成する。

　音楽療法において、音楽の３要素であるメロディー・リズム・ハーモニーの機能を考えることは重要である。たしかに音楽は、非常に複雑な要素をもち、純粋に一つの要素だけで構成されるものではない。しかし、セラピストが意図的に音楽の３要素や構造を活用することで、クライエントの課題解決を促進し、セッションの意図と音楽の構造を明確に提示することができる。クライエントの表出する音楽的特徴や音楽的表現をセラピストが活用し、音楽を組織する中で、相互関係性を深め、音楽的形式を整えて

いくことが重要である。そこで次に、メロディー、リズム、ハーモニーについて、その治療的側面を述べてみたい。

1) メロディー、リズム、ハーモニーの治療的側面

メロディー

メロディーは、音楽の始点と終点とを明確にするものであり、その間、クライエントとの時間の共有が行える。また繰り返すことで記憶にも繋がる。メロディーは認知と深く関与する。記憶から、安心感や場面の予測が生まれ、それはやがて期待に繋がる。メロディーの記憶の典型的な例は子守唄であろう。また、記憶は一番近い過去、つまり曲の終わりの部分から行われるのが一般的である。その仕組みを利用したものが、あとで述べる「未解決技法」(84頁参照) である。

メロディーはGestalt (ゲシュタルト) として、まとまった形態を示すことができる。フレーズがひとまとまりとして意味を持ってくる。メロディーの音型を利用することにより、上昇音型では緊張を、下降音型では弛緩をもたらす。上昇音型でのクレッシェンド (音量をだんだん強く) や、下降でのデクレッシェンド (だんだん弱く) も効果的に活用することで、情動の発散・鎮静に繋がっていく。

リズム

リズムは人間が生きていくための根本理念である。1年のリズム、春夏秋冬の四季のリズム、昼夜の交替、1ヶ月、1週間など、時間的秩序があげられる。呼吸や歩行なども一定のリズムにより成立する。

音楽におけるリズムは、一定の時間内を規則性を持って分節していくことである。リズムは身体運動を誘発し、集団凝集性を高める働きがある

が、一定のリズムやテンポを保持するには、身体にも運動の秩序が必要である。セッションでは、クライエントのテンポやリズムにセラピストが合わせることが基本となる。共にリズムを味わう経験が、高度で複雑なリズムを表現する基盤となる。

　一定のリズムあるいはテンポに規則的なアクセントを付けることで、拍子が生まれる。

ハーモニー

　ハーモニーは2つ以上の音が組み合わされることであり、音楽に彩りを加える。〈協和−不協和〉によりハーモニーは情動を調整し、また心理的・身体的な緊張と弛緩をもたらすことが、ハーモニーの大きな働きである。

　音楽が不協和音で終わったときには、何か満たされないような不安を引き起こす。協和音での安心感と対比させ、心理的・身体的バランスを整えていくことが重要である。ここにホメオスターシス（84頁参照）の原理が働く。

　反面、複雑なハーモニーはかえって混乱を引き起こすこともあるので、シンプルな和音進行から導入するとよい。混沌とした複雑な心性をペンタトニック（五音音階）やモード（旋法）などを用いて表現することも多い。ペンタトニックでは、西洋の全音階から引き起こされる秩序性や規則性から開放され、より自由な表現が引き出される。自閉症のクライエントの常同行動などに活用できる。

　セラピストが伴奏を行うとき、弾きはじめにはメロディを強調することがガイドとなり、クライエントがより安心して歌いだすことが多い。またテンポが緩んできたら低音のリズムを強調し、音楽への集中力と凝集性を取り戻し、さらにハーモニーで音楽に彩りをつけて、表現をより引き出していく。またハーモニーの変化によって緊張と弛緩を繰り返し、情緒的なバランスを取りながら、音楽的な一体感を経験させる。

2) 既製曲と即興演奏について

障害児の音楽療法では、即興演奏が主流に思われがちであるが、既製曲も十分効果的に活用できる。既知の曲なので、クライエントに安心感をもたらしやすく、音楽によるパターン化も作りやすい。また音楽の構造が明確なので、フレーズや曲の終了、あるいは和声進行などの構造を治療に活用することができる。反面、秩序性が未発達なクライエントの場合には、音楽の構造を押しつけることになる。既製曲では、テンポ、調性、ハーモニー、雰囲気などを微妙に変えていくことで即興性が加わり、セッションでより効果的な活用ができる。

セッションで用いる音楽は、既製曲でも即興演奏でも、クライエントの状況と目標に即した曲であればよい。既製曲と即興演奏をうまく組み合わせていくことが重要である。また即興演奏も繰り返していくうちに、クライエントにとってのオリジナル曲になっていく。

3) 音楽を用いたさまざまな技法

次に、クライエントに音楽を提供するうえで、音楽がどのような意味を持つのかを、松井（1988）が提唱した「BED − MUSIC」から考えてみたい。松井は、音楽療法セッションで用いた音楽を採譜し、心理療法の治療技法として BED − MUSIC を考案した。これは主に児童領域で活用されることが多いが、他の対象領域でも大いに活用できる。

B：Background music（BGM　背景音楽）

背景音楽は、音楽活動以外の活動に専念しているときに、その活動をより促進するために用いる技法である。クライエントに聴き入らせない、聴

こえるという姿勢が望ましい。しかし、その中にはクライエントの状況に内在するIso（同質）の音楽的要素が必要である。音楽の構造がシンプルで複雑でないもの、歌であれば歌詞のないもの、情緒的に強い影響を与えない音楽の提示がセラピストに要求される。どちらかというと少し緩やかであまり起伏のない音楽が望ましい。

E：Echo-Technique（反響技法）

反響技法は、クライエントの発達状況に応じて出現する発声や行動を、セラピストが模倣してクライエントにフィードバックする技法である。早期の母子関係における母親の役割や、心理劇に用いる鏡映法に類似している。クライエントの起こした表現をより美的に秩序づけてフィードバックしていく。クライエントは自分の出した音や音楽が美的にフィードバックされることで、自分自身を肯定的に受けとめることができる。またセラピストが受けとめてくれたことを認識するプロセスで、二者間の信頼関係がより促進される。セラピストは、タイミングをみはからってエコーすることが必要である。エコーから始まって音楽の形式まで高めることができる。〈やり－とり〉の秩序形成の基盤を作る技法でもある。

D：Dialogue（対話）

音による応答が二者関係で行われ、音による対話を創造していく技法でMusical-Dialogueと呼ばれる。その方法は声と声、楽器と声、楽器と楽器、動作と楽器などのやりとりがある。クライエントの持っているテンポやリズム、人や楽器にかかわる特徴をよく把握することが重要である。その時の感情を音で表現していく。クライエントとセラピストとの駆け引きの場でもあり、後述の「刺激技法」も加味されるとより対話に広がりが出る。

M：Modeling（モデリング）

　クライエントに模倣行動が起こり始めたときに用いる技法で、音楽活動や言語のモデルを示すものである。クライエントによってはその場で模倣せず少し時間を経てから模倣することがあるので、クライエントの行動を細かく観察する。モデリングはクライエントの発達状況に即したものでないと、かえって興味を弱めたり、混乱を引き起こすことがあるので注意する。クライエントの集中時間、認知面、身体動作の特徴を把握しておく。

U：Unaccomplished-Technique（未解決技法）

　音階（ドċ〜ドċ̈）を弾いていき、シ（h）の音で止めると、最後のド（ċ̈）の音を歌いたくなるのはよく経験することである。また曲の最後の部分を歌わずに止めていると、歌わずにはいられない気持ちになる。このように、音楽の持つ完結性を活用し、クライエントの声や動作を引き出していくのが未解決技法である。曲の最後やフレーズの一部などを、クライエントに解決させることで、満足感や達成感を経験させる。また、不足したものを埋めていこうという欲求を引き出す技法でもある。

　人間は、暑ければ汗をかいて体温を調節したり、喉が渇けば水を飲むなど、内外の変化する状況に応じて、一定の状態を保とうとする機能を持っている。キャノン W. B. Canon（1932）が提唱したホメオスターシス（homeostasis　生体の恒常性維持・均衡）である。未解決技法はこの機能を活用したものである。メロディー、リズム、ハーモニーなどの音楽の要素を活用していく。音楽の提示は、テンポの変化や不協和音のハーモニーを提供するなど、未解決な部分までの音楽の作り方を工夫し、クライエントが解決したくなるような提示を行う。

S：Stimulative-Technique（刺激技法）

　障害児の表現に対して、常に受容しているだけでは、発達促進が行えない。クライエントが内的な質的転換を迎えるときに、クライエントの状況とやや異質な音楽を提供することで葛藤を引き起こし、クライエントが自分自身で解決できるような音楽場面を提供する。ただしこの場合、クライエントが解決できないような刺激を提供することは、かえって混乱を引き起こすので避けなければならない。

I：Iso-Technique（同質技法）

　BGMとして提供される音楽にも、このIso-Tの要素が含まれている。この技法はアルトシュラー Ira. M. Altshuler が提唱した同質の原理（Iso-principle）を拡大して、クライエントの情緒、欲求、テンポなどに同質な音楽を提供する技法である。BGMよりもさらにクライエントの内面に入り込んでいく音楽を提供する。

　セラピストはクライエントの小さな行動から、直感的にその内面を読み取る力が要求される。問題行動の背後にある情動や欲求を、問題行動に近い活動形態の音楽活動で発散させていく。どのような音作りをするのかは、セラピストの感性と演奏技術による。その際に、セラピストの提供する〈音の質〉がクライエントに作用する。つまり、クライエントにフィット感を持たせることができるかどうかである。〈音の質〉にも、包まれるような音、温かい音、冷たい音、刺すような音、硬い音、柔らかい音、などがあり、セラピストの音は、これまでに何度も述べたように、セラピスト自身を示すものであることを強く認識しなければならない。クライエントもまた直感的に音を判断する。

C：Call-Technique（呼びかけ技法）

Call-T は、セッションの開始時や終了時の挨拶などで同じ呼びかけを行ったり、活動をするときに同じ音楽による呼びかけを行う技法である。

この技法はある行動と音楽を結びつけていき、認知発達を促進させることや、音楽を反復することによる安心感の形成をねらったものである。場面を予測することで、情緒的な安定を図ることができる。音や音の配列の記憶が、言語獲得にとっても非常に重要になる。

以上にあげた BED － MUSIC は、特に順序性は持たず、1つのセッションでこのうちのいくつかの技法を用いることもある。セッションの全般に、BGM や、同質技法（Iso-T）、呼びかけ技法（Call-T）が用いられる。ほかにセッション開始の初期段階では、反響技法（Echo-T）とモデリングを、中期および中期以降は、対話（Musical-Dialogue）および未解決技法、刺激技法を用いることが多い。**譜例 1** は、筆者がセッションの導入でよく用いる曲である。呼びかけ技法（Call-T）である。

譜例 1　はじまりの歌（土野研治作曲）

実際のセッションでは、クライエントの状態を観察しながら、この音楽（Call-T）を提供するが、その際の観察の視点と、音楽的な工夫とを時間の流れにそって述べてみたい。

　まず、セッション前にクライエントについて保護者から情報を得ておく。そしてセッションルームでどのような行動を示すか、少し様子を見てからセッションを開始する。

　セッションルームには机と椅子が中央に用意され、部屋の端にピアノを設置してある。椅子に座るように導くが、クライエントの状況に合わせて、言語指示、指さし、椅子のポインティング、音楽などによって開始を指示する。テンポはアンダンテ（Andante）くらいに設定する。ピアノ演奏はテンポを変えずに、1〜4小節を前奏として弾く。クライエントの状況により前奏の長さを決める。クライエントの身体的な特徴（歩き方、肩の上がり方、手の振り方、座っている姿勢など）、視線の向け方、部屋にある遊具類への関心、窓やカーテンへの関心、着席までの動き、集団の場合は、クライエント同士の関係性などを観察しながら音楽を提供する。

　様子を見ながら1小節目の2拍から3拍にかけて、少し〈間〉をおくようにして、音楽による緊張感（クライエントの興味を惹きつける＝集中力の持続）とクライエントとの間に音楽で糸を張るような感じで弾く。この〈間〉が重要である。その頻度は、多すぎても緊張を弱めるので、場の空気（空間の状況）をよく読むことが大切である。

　4小節目で、「○○君」と呼びかけるが、この時はよくクライエントを見るようにする（クライエントにより見方を変える）。ピアノとクライエントとの位置や距離によって異なるが、声の質・強さ・方向性に注意する。声は大小ではなく〈質〉がクライエントにとっては意味を持つので、その時の状況により声の質を考える。また名前を呼ぶときに子音を立てるようにする。接頭語を明確に呼びかけることで意識が集中する。クライエントによっては、ピアノを止めて歌いかけながら、近づいていくこともある。6小

節目の3拍目は少し長く伸ばし、7小節目へ向かい、クライエントと一緒に歌うように導く。ピアノ伴奏は、テンポ・ルバートを微妙につけて、クライエントの心性に合わせる。

　小集団の場合も基本的には同様である。しかし、1人ずつ名前を呼ぶので、その他のクライエントの様子も同時に見なくてはならない。アシスタントがいる場合は、クライエントの援助方法について打ち合わせておく。クライエント同士、慣れてくると友達の様子をうかがうようになる。導入の音楽は、ここは安全な場所であるということを、音楽によって提示することが重要である。また場面の予測を促して期待を持たせ、音楽への態勢を整える。音楽に向かう気構え・姿勢を整えさせる意味も大きい。

4) 選曲について

　選曲は、セッションを円滑にし、クライエントの目標を達成するために行われる。また、生活年齢を考慮し、クライエントの好み、時代性も考える。特に思春期から青年期にかけては、使用する曲目が社会との接点にもなる。今、流行している曲が、クライエントと社会との共通財産であるととらえることができる。またその曲目によって、クライエントの生活年齢を援助者に意識させていくことにも繋がる。

> エピソード1
> 　筆者が養護学校に勤務していたとき、高等部2年の保護者参観日に音楽の授業を行った。身体運動（モデリングによる身体表現）で、当時流行していた、郷ひろみの「逢いたくてしかたない」を使用した。授業終了後にある保護者が、「うちの子どももこんな曲を聴く年齢になったのですね」と言ってきた。それは保護者に限らず、施設の職員や教員に対しても言えること

である。

[エピソード2]

　養護学校高等部2年のJ君は、自閉傾向が強く情緒が不安定で、強いパニックを起こす。音楽療法では、ディズニーの「星に願いを」を提供しながらトライアングルを叩かせた。トライアングルは美しいがややおどけた音色でもある。セラピストは4拍目から1拍目に移るところでテンポを少し揺らして、クライエントに叩くことを調整させた。始めは早く叩いたり1拍目に伴奏と合わないことが多かった。次第にテンポに合わせることが出来てきた。セラピストはルバートを多くしてより変化をもたせた。J君は叩く際に腰を左右に動かしたり、右足も少し上げて身体のバランスを取るように叩いていた。J君は次第に音楽的な発散とやりとりを楽しみ始め、音楽的な一体感を経験していった。このことが運動調整や自己調整を高め、相手に合わせることの楽しさ、自分が合わせることで相手が喜ぶということを経験し、社会性の向上に繋がった。結果として日常のパニックも軽減し情緒の安定も図ることができた。

　音楽療法では、使用する曲の持つ特徴（調性・拍子・テンポ・リズム・メロディー・ハーモニー・歌詞・全体の雰囲気）を活用して、クライエントの課題にアプローチする。選曲する際には音楽の構造を考える。

　音楽療法を効果的に行うためには、多くの配慮と経験が必要である。セラピストはクライエントに真摯な気持ちで向き合う姿勢が何よりも大切である。また音楽の構造を熟知し、適切な音楽を提供することが、より効果的にセッションを進めることにつながる。

　セッションに関係する、他職種の人たちや保護者とは常に情報を交換し、音楽療法で行われる内容や、セッション中に見られる行動に対し、ていねいに説明していくことが音楽療法の理解を深めていく。

第5章　楽器

> ヴァイオリンやピアノはあくまでも楽器としての尊厳を持っていて、演奏者が演奏するまでは、決して何もしないという仕組みになっている。　　　寺山修司

　楽器は、音楽療法のセッションにおいては重要な意味を持つ。特に、言葉や声が出にくいクライエントは、楽器を介してセラピストとコミュニケーションを行っていくことが重要である。それは非言語コミュニケーション（non verbal communication）であると同時に、前言語コミュニケーション（pre verbal communication）の意味が大きい。

　楽器の利点は、アクションを起こすと結果として音が表出されることである。しかし、運動障害や重度重複障害児の場合、聴く行為自体が楽器に関わることであることを忘れてはならない。要は、いかに楽器に向かう態勢を作ることができるかである。

　楽器演奏には、微細運動や粗大運動動作が必ず伴うので、楽器の音によってクライエントの身体動作に意味を持たせることができる。脳性マヒの子どもが歩行するときに、何も持たないで歩行するよりも、棒を持たせた

方が安定した歩行が行えると言われるが、楽器もまた、自己と外界との接点となり、運動や姿勢を整える拠りどころとなる。楽器演奏は全身の運動協応の上で成立する。

寺山修司は、「ヴァイオリンやピアノはあくまでも楽器としての尊厳を持っていて、演奏者が演奏をするまでは決して何もしないという仕組みになっている」と述べている。さらに寺山は声や歌唱について、「人間楽器も『楽器としての尊厳』を守っていて、演奏者がそれをつねったり殴ったり、のどをしめつけたりするまでは声を出さないという方が、より純粋音楽器的であると思うがどんなものであろうか？」と問いかけている。

セラピスト自身がセッションで用いる楽器は、もちろんクライエントに合わせて変えていくが、楽器選択はセラピスト自身の演奏力によって決められることが多い。それゆえに、クライエントの目標とそれぞれの音楽療法理念に沿ってではあるが、アルヴァン J. Alvin はチェロを、ポール・ノードフ P. Nordoff はピアノを、セッションの中心に据えたものと考えられる。

ゲルトルート・オルフ Gertrud Orff（1974　邦訳：丸山 1992）は、独自のオルフ楽器について、治療的にみて、触覚、視覚、聴覚の3つの感覚領域の結びつきが、治療効果を3倍に高めると述べている。言葉もまた、リズム的、音響的性質を備えた要素として取り扱われている。またシュタイナー R. Steiner（1861～1925）は、ライヤーを効果的に活用し、学年によって音程教育を規定している。

オルフやシュタイナーの楽器に共通することは、音色の美しさ（響き）と素材のよさである。質の高い音の余韻はクライエントに安心感を提供し、セラピストとの間の信頼感と共感性を高める。プロプスツ W. Probsts（1991）は、肢体不自由児の楽器演奏を円滑にするための補助具を紹介している。

1　音楽療法で用いる楽器

　松井（1980）は、音楽療法における楽器について、
　　①振ることによって音を出す楽器
　　②叩くことによって音を出す楽器
　　③押すことによって音を出す楽器
　　④吹くことによる楽器
　　⑤はじいて音を出す楽器（ハープ、ギター、マンドリンなど）
　　⑥弾いて音を出す楽器（ヴァイオリン、チェロなど）
という操作性による楽器の分類を行っている。
　遠山（1983）は、
　　①楽器の特質（弦楽器・リズム楽器・吹奏楽器・鍵盤楽器）
　　②演奏の際の動作（叩く・振る・吹く〔吸う〕・声・こする・はじく・ひねる・踏む）
　　③集団指導の際の楽器の位置づけ（対象児1人に1個ないしは数個持たせる／グループに1つしかないⅠ：セラピストが提示しその後1人ずつ触れさせる、Ⅱ：1人ずつ前に出て音を出す／同時に全員が接し音を出す／1人ずつ異なった楽器による合奏形態）
による分類を行っている。二俣（1998）は、この遠山の分類を、次頁のように表にして示している。

表6　音楽療法で使用される楽器の分類

			グループ・セッションの際の楽器の位置づけによる分類			
			対象児ひとりひとりに1個もしくは数個もたせることのできる楽器　またはひとりひとりに異なった楽器を与え、合奏形態で用いることのできる楽器	グループにひとつしかない楽器（Ⅰ）（療法士が提示するものを全員が見、聞く。または対象児ひとりひとりに触れさせている場合、他児は待つことを学ぶ）	グループにひとつしかない楽器（Ⅱ）（大きくて個々の子供の前に移動できない。この場合、子供ひとりひとり前に出させて演奏させる）	同時に全員が接し、音を出せる楽器
演奏の際の動作による分類	叩く動作	手で	タンバリン、カスタネット			
		撥で	タンバー、ウッドブロック、音つみき、トライアングル	タム、鉄琴、木琴、シンバル、タンバー	ティンパニ、ビブラフォーン、和太鼓、マリンバ、どら	ティンパニ、和太鼓、大きいシンバル
	振る動作		マラカス、鈴、タンバリン、ベル、トーンチャイム、柄のついたカスタネット			
	吹く動作		ホイッスル、オカリナ、リコーダー、ハーモニカ、鍵盤ハーモニカ、リードホーン			
	声を出す		カズー			
	こする動作		ギロ、カバサ	ツリーチャイム、ギター、クロマハープ、オムニコード	ビブラフォーン・マリンバのグリッサンド	
	はじく動作			ギター、クロマハープ		

二俣　泉「児童の音楽療法」『音楽療法入門（下）』（春秋社、1998）

次頁以降にあげた表7〜10は、筆者による楽器の分類である。

まず**表7**（93頁）は、操作性による分類をもとに、その使用目的とセッションにおける配慮点とを加えてまとめたものである。楽器の操作性は、クライエントの身体運動特徴を考慮して選択することが重要である。

表8（94頁）は、音色の点から楽器を分類したもので、余韻の長く残る楽器から短いものまで順に並べてみた。音色は、楽器そのものを象徴する。音を聴かせることによってその楽器を連想させることができる。また、どのような音色を選択するのかによって、セッション場面の雰囲気は大きく変容する。提示する音の質感は、セラピストが最も配慮すべき事柄である。金属的な音色を持つ楽器でも、高音域と低音域では響きが異なる。また、使用する撥(バチ)の材質によって、楽器の音色はかなり異なるので、クライエントに応じて使い分けることが望まれる（写真はさまざまな撥(バチ)の種類）。

表9（95頁）は音楽の要素の視点から楽器の特性を考えてみたものである。音楽的要素は前章で述べたとおり、メロディー、リズム、ハーモニーに分類できる。楽器を活用する場合にも、このような音楽的な要素を効果的に組み合わせることで、セッションを円滑に進めることができる。

また楽器の形態によって、クライエントに与えるイメージが変わってきたり、使用する際に特に配慮が必要になることがある。**表10**（96頁）では、形態という視点からセッションで使われる楽器を考えてみた。

表7 操作性による楽器の分類

操作分類	代表的な楽器	目的	配慮点
吹く	クワイアホン ペットホン クラリーナ オカリナ ハーモニカ 笛	・呼吸の調整 ・口腔感覚の整理 ・舌－唇の協応動作 ・自分の出した息を音により確認する ・身体の左右－上下のバランス	・なかなか楽器に口をつけられない時は強制的につけない ・フレーズや曲の最後だけでも音を出させるように誘導する
叩く	タンバリン トライアングル 音積み木 ドレミファベル 太鼓類 マリンバ	・手指の巧緻性 ・両手での同じ操作 （両手で同時に叩く） ・両手の異種の操作 （右手で撥を持って左手で叩く－その逆） ・身体の左右－上下のバランス	・子どもの叩き方を重視する ・バチの重さ、長さ、太さを配慮する ・手首や肘を支え自発的運動を誘導する
はじく	オートハープ ギター ライヤー ツリーチャイム カリンバ	・手指の巧緻性 ・運動の方向性（↑↓←→） ・運動の停止 （手のひらで振動を受容） ・左右の交互性 （左右同時から交互へ）	・運動を起こしやすい空間を提示する ・ピックの大きさを配慮する ・コードの組み合わせを配慮する
振る	ミュージックベル トーンチャイム マラカス 鈴	・握って振る動作の協応と統合 ・手首－肘－肩のバランス ・運動の方向性 （前－上－横の空間把握） ・運動の停止（前面で止める） ・身体の左右－前後のバランス	・子供の状況により1音か2音かを決める ・2音の場合は音程に配慮する ・手首や肘を支え自発的な動きを誘導する
押す （踏む）	卓上オルガン キーボード ピアノ フットシンバル	・初期の運動調整 （運動の停止） ・触れる－叩く－押す－スライド等の運動の拡大 ・身体の左右－前後－上下のバランス	・音を出す部位は指とは限らず肘や頬、足等も有効に用いられる ・音を出しながら外界と自己との区分けを明確にしていく

楽器提示の留意点
1. 楽器の機能や特色をセラピストがよく把握しておく
2. 楽器を提示する際は小さい音から行なう
3. 楽器を提示する距離－高さ、音の強さ－長さを配慮する
4. 楽器をよく見せ、触れさせ、音を出させる。強制して音を出させない

土野研治「学校教育における音楽療法」『音楽療法入門（下）』（春秋社、1998）

1 音楽療法で用いる楽器

表8 音色による楽器の分類

楽器の特徴	代表的な楽器名	留意点
余韻 ↑長い ｜ ｜ ↓短い	・トーンチャイム ・ミュージックベル ・鈴（りん・れい） ・シンバル ・ギター、オートハープ ・メタルフォーン ・シロフォーン ・フィンガーシンバル ・音積み木 ・トライアングル ・カリンバ ・ティンパニー ・大太鼓 ・和太鼓 ・パドルドラム ・スリットドラム ・コンガ ・ボンゴ	・提示は単音から和音へ移行する方が、クライエントが音に集中しやすい ・余韻が長い楽器は、音色を濁らせないことが重要である ・楽器の余韻をセラピスト・クライエントが共に味わう時間と空間が必要である ・楽器の余韻と音色（金属的音色の楽器や木管的音色の楽器、また音色として、柔らかい－硬い、温かい－冷たい、丸い－鋭い、など）を考慮して楽器選択を行う ・異なった音色の楽器を組み合わせてアンサンブルを行うことも有効である ・ペダルを踏むことで余韻が伸びるピアノなども効果的に用いられる

様々な撥(バチ)の種類

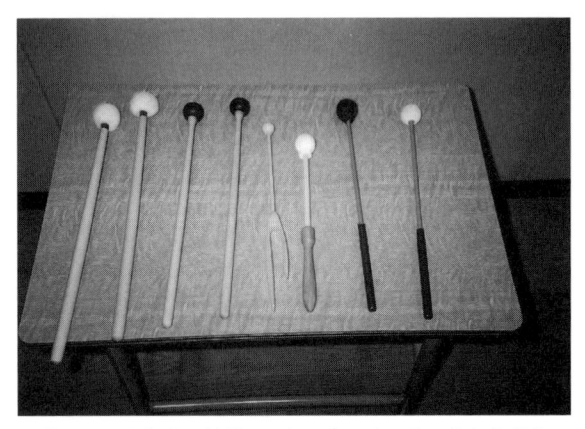

撥は、叩く部分の材質により、出てくる音が大きく変化する。柄の長さや太さにより子どもが叩きやすくなる。

表9　音楽の要素による楽器の分類

音楽的要素	代表的な楽器	留意点
メロディー	・ピアノ ・キーボード ・鍵盤ハーモニカ ・リコーダー ・音積み木 ・トーンチャイム ・ミュージックベル	・障害児にピアノやキーボードを用いてメロディーを弾かせることは、メロディーを弾く(物語を描く／物語を再生する)ことで、より高度の知的作業が行われる ・小集団セッションでは、メロディーの順番に音積み木やミュージックベルなどをクライエントに提示し演奏させる。障害の重いクライエントに最後の音を演奏してもらうことで、集団の中での役割を持つことが出来る ・配慮点としては、複雑でないメロディーを提示すること、上昇音型や下降音型を効果的に用いること
リズム	打楽器全般 ①和楽器 ②ラテン楽器 ・コンガ ・ボンゴ ・マラカス ・クラベス ・ギロ	・リズム楽器は運動の誘発や躍動感を与え、集団凝集性を高める ・和太鼓やスリットドラムは振動が大きく、セッションルーム全体(床にも)に振動が伝わる ・メロディー楽器と演奏することで、音楽的な一体感(音楽に包まれている安心感)を経験できる
ハーモニー	①弾く楽器 ・オートハープ ・ギター ・ライヤー ②振る楽器 ・ミュージックベル ・トーンチャイム	・音楽的な表現が定着してきたら、ハーモニーを効率よく用いて、音楽的な彩りを加える ・協和－不協和の構造を利用し、情動の高揚と鎮静を図り、情動調整を経験させる ・グループごとにハーモニー(I・IV・Vなど)を担当させ、クライエントが伴奏を行う場面を設定する ・ハーモニーの余韻を味わい共感性を高める

表10　楽器の形態による分類

形態	楽器名	展開・配慮点
四角い楽器	・スリットドラム ・箱太鼓 ・音積み木 ・鍵盤ハーモニカ	・楽器間の位置に配慮する ・楽器同士をつけようとする場合がある
丸い楽器	・大太鼓 ・ティンパニ ・タンバリン ・パドルドラム ・フィンガーシンバル	・丸い楽器も大きさや厚さにより手に持てる楽器、持てない楽器に分かれる ・立体的で存在感のある楽器から手に収まるものまで種類は多い
三角形の楽器	・トライアングル	・持って演奏するのが難しい場合はスタンドに固定する ・セラピストやアシスタントが楽器を持ってもよい
人間をイメージさせる楽器 (包み込むような楽器で音色も包まれるような余韻を持つ)	・チェロ ・ヴァイオリン ・ギター ・オートハープ	・チェロは人間の姿をイメージさせ操作性も人を抱くようになる。ギターやオートハープも膝や肘に触れ、人と接するイメージを持つ
棒状の楽器 (音の方向性が他者に向きやすい)	・トーンチャイム ・ミュージックベル ・クワイアホン ・クラリーナ ・スライドホイッスル ・カズー ・クラベス	・音の方向性が出やすい楽器でもあり、口の延長線とも言える楽器である ・楽器を持って机などを叩くこともある

2　楽器の役割

「自由即興演奏療法」における楽器

　ブルーシア（1987　邦訳：1999）は、アルヴァンの音楽療法を諸論文から体系化し、そのアプローチ方法が「自由即興」であることから「自由即興演奏療法」と命名した。アルヴァンは、音楽の構造（調性、リズム、ハーモニー、形式）などに拘束されず、クライエントが楽器を用いて「何か表現する」場を提供し、受容しようとした。そのためには楽器は、治療的機能を現実化するための主たる手段であり、非常に重要なダイナミックな力になると考察した。ブルーシアは、アルヴァンの楽器の役割として、

1) クライエントの感覚運動的な発達、認知的な状況、感情の状態の査定を行う
2) クライエントとセラピストの間の相互作用において、媒介物としての役割をすると同時に、安全なバリア、接点となる
3) 無意識の内容を象徴的に投影する

など15点をあげ、アルヴァンの音楽療法の精神分析的意味を考察している。また、これらの機能を達成するための楽器の特長として、以下の点をあげている。

　第一に、楽器には物理的な属性があり、さまざまな連想が、なかでも人間の身体との連想が引き出される。また楽器の形や音色が男性や女性を象徴すると指摘し、他のものに似た外見、音、感触を備えており、なかでも人間の身体の一部を連想させるものであることを強調している。

　第二は、楽器は操作と用途において自己の身体の延長として使われ、さらに象徴的意義を持つとした。ヴァイオリンは胸の上で抱え、ギターは膝

に抱えるためピアノよりも密接であり、吹奏楽器は口唇的である。このように楽器は、「口、手、指、膝、などを介した身体の延長であり、振動を生み出し、自己を投影するもの」と述べている。楽器演奏は、演奏者と楽器との物理的な親密さを表すものである。楽器の象徴的側面（形態や音色）は、自分や他者に対する認知、態度、感情、葛藤の投影を促す。

　第三に、楽器演奏の習得の学習プロセスは、他者との関係（自分に与えられた影響やコントロール）をマスターする闘いを象徴する。

　第四に、楽器を演奏するには、楽器の物理的な反発力を克服するために筋肉やエネルギーが要るため、特定の運動機能のリハビリに用いることができる。楽器が持つ反発力は、クライエントの治療に対する抵抗を象徴したり、自分の努力に対する物理的なサポート、肯定、制限を表している。

　第五に、自己や他者とのコミュニケーションの手段である。自分を音で表現し、他者と音でコミュニケートし、他者からの音によるメッセージを受け取る手段となる。

　ブルーシアは、アルヴァンの活動に見られる発達段階を、「自由即興演奏療法における自己と他者との発達段階」として図8（次頁）のようなモデルを作成した。

楽器の役割の３つの柱

　筆者は、音楽療法における楽器の役割として、①情動の発散と鎮静　②他者とのコミュニケーション　③運動促進あるいは運動協応による身体像の組織化　の３つの柱を考えている。特に運動促進、運動協応による身体像の組織化は大きな意味を持っている。

　障害児の楽器とのかかわりかたを見ていると、たとえば右手でコンガを叩く場合、ただ右手だけで叩いているわけではなく、右手で叩くことによる左手の使い方として、左右の身体バランスを取ろうとして左肘を体幹につけたり、また左肩をあげて身体バランスを取っている。さらに上体を起

こすために足を踏ん張るなど、ある動作を起こすことが、他の身体部位にも大きく作用する。結果として左手が次第に体幹から離れ上体と下肢のバランスが改善されていく。また右手の叩き方も調整されていく。このように楽器活動を通して身体運動の組織化が行われる。それは他動的に行うのではなく、クライエント自身が行っていることが重要な意味を持つ。

図8　自由即興演奏療法における発達段階

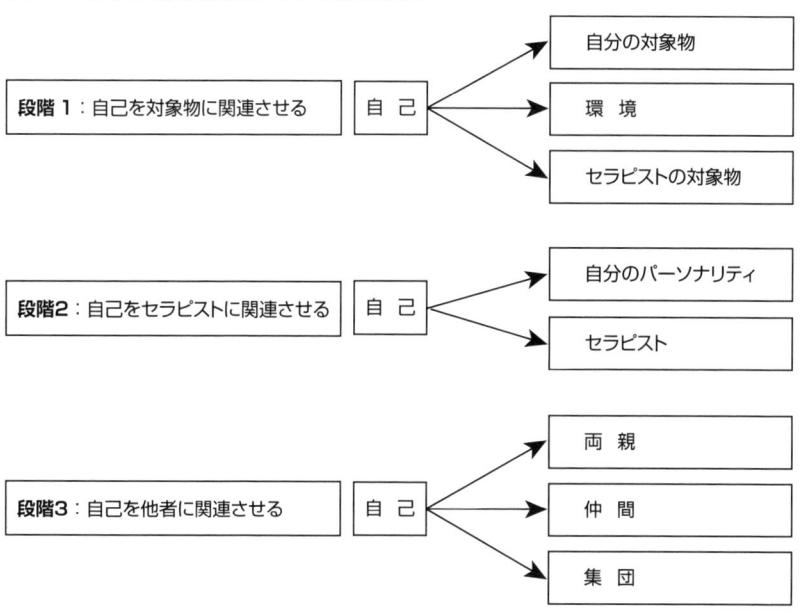

段階1：自己を対象物に関連させる　自己 → 自分の対象物／環境／セラピストの対象物

段階2：自己をセラピストに関連させる　自己 → 自分のパーソナリティ／セラピスト

段階3：自己を他者に関連させる　自己 → 両親／仲間／集団

ケネス・E・ブルーシア、林庸二監訳『即興音楽療法の諸理論（上）』（人間と歴史社、1999）

3 楽器演奏で行われる感覚間の統合

　ここで、音楽療法における楽器演奏で行われる感覚間の統合について考えてみたい。楽器の提示 → 楽器に触れる → 楽器・音楽と交わる → 音楽との一体感を経験する　というプロセスから見てみよう。

1) 楽器の提示：外界への気づき・傾聴
 （聴覚－視覚：どちらかに受けとめやすさが見られる）
2) 楽器に触れる：楽器との密着化
 （触覚－視覚－聴覚－運動：楽器による探索・遊び）
3) 楽器の音を出す：運動の方向性・楽器との距離化
 （触覚－視覚－聴覚－運動：音による探索・遊び）
4) 楽器と伴奏の一致：音楽との一体感
 （触覚－視覚－聴覚－運動：自分の出した音と提供された音楽との一体感により運動に意味を持たせる：運動の意識化および情動の発散と鎮静）

　楽器を介して感覚間の統合が進み、セラピストや音楽とのかかわりを通して、自己組織化が促進し自己像形成が行われる。特に、2) から 4) にかけては、時間をかけて行うことが大切である。
　宇佐川 (1982) は、認知系からみた音楽療法の発達論的検討を図9に示している。

第5章 楽器

図9 認識系からみた音楽療法の発達論的検討

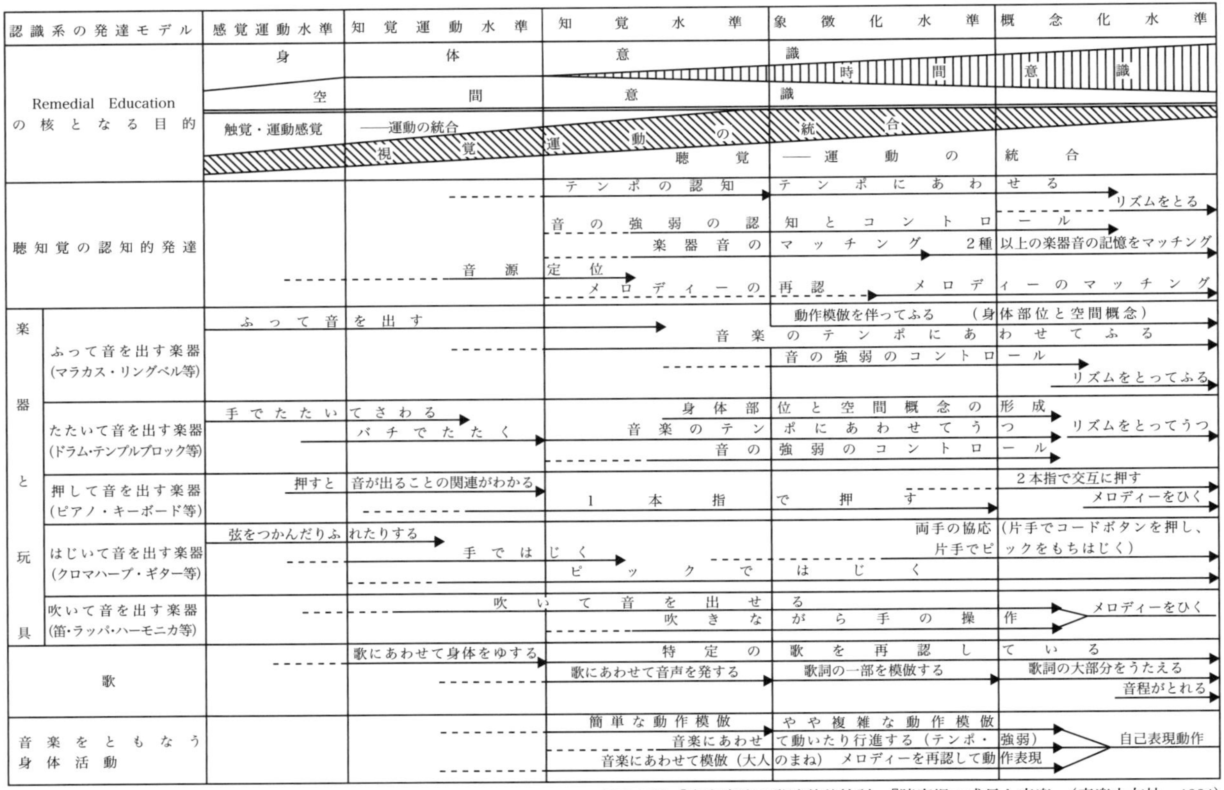

宇佐川浩「音楽療法の発達論的検討」『障害児の成長と音楽』（音楽之友社、1984）

4　クライエントへの楽器の提示

　楽器の選択は、アセスメントとして用いる場合、音色、操作性、大きさ、形態、感触などが異なる楽器を提示して反応を観察する。セッションで用いる場合は、クライエントの目標に沿って楽器を限定する。しかし、これまで述べてきたように、セッションではクライエントと音楽活動を行うのと同時にアセスメントも行えるのが、能動的音楽療法の特色でもある。

楽器提示の手順
　楽器の提示には以下の手順が必要である。

楽器を見せる・音を聴かせる
↓
楽器に触れさせる・音を出させる
↓
音楽と一体化する

　また、楽器提示では以下の点に配慮する。
1) タイミング
2) 音の強さ
3) 距離
4) 自由に触れさせ音を出させる
5) 余韻
6) 賞賛と規制

以下に、順を追って説明を加えておく。

タイミング

楽器提示では、声かけ（説明）はきわめて少ないほうがよい。楽器の説明をするよりも、まず方向性のある音で提示することを考える。声と同様に、どんなによい楽器でも、セラピストが音の志向性を持たなければ、楽器の音はクライエントには届かない。大切なのは音の強弱ではなく音の〈質〉である。クライエントの気持ちを楽器に集中させるタイミングを作る。

楽器に集中させるために、箱から楽器を出したり、アシスタントが楽器を持ってくるなどの工夫も必要である。言葉を発さず楽器を提示し、音を出すほうがより集中する。

自閉症児の場合には、写真カードや絵カードを提示してから、楽器を提示すると予測がつきやすく混乱が少なくなる。視覚的提示と聴覚的提示の割合を工夫する。できるだけシンプルに、わかりやすく提示することを心がける。視覚障害児の場合は、簡単に楽器の説明をしたり、楽器全体にしっかりと触れさせることを配慮する。

音の強さ

クライエントへ向けて、しかもクライエントが受け止められる範囲の音で提示する。なるべく小さい音から提示する。フォルテ（f）よりもピアノ（p）の方がインパクトが強い場合がある。単音での提示か、リズムやメロディーを用いた提示かはクライエントの状況による。楽器の提示はあまり長すぎない方がよいが、重要なことはクライエントにとって不快な音でないことである。楽器との出会いを大切にする気持ちを持つことである。

距　離

クライエントとの距離や提示する際の高さ（位置）に配慮する。個人セッションと集団セッションでは、距離のとり方も異なる。初めからあまり近づきすぎないほうがよい。音だけでなく楽器の形態にも注意を向けさせることが必要である。

自由に触れさせ音を出させる

はじめはどのように係わるのかを観察する。音の出し方を1〜2回ガイドしたり、肘や手首を支えて運動の支点を作ることも重要である。楽器を投げたり、舐めたり、口に入れたり、机に叩きつけたり、セラピストに渡したり、様々なかかわり方があるが、楽器を飲み込んだり頭を叩くなどの危険を伴わない限りは、少し様子を見ることが必要である。楽器を支えたり演奏しやすいように傾けるなどの援助も行う。セッションではセラピストの楽器に対する概念を押しつけず、クライエントの楽器へのかかわり方の意味を考えることである。

余　韻

音の余韻を共有する意識を持つ。その場合に楽器はあまり動かさず空間を共有し、音をともに味わうことが大切である。

賞賛と規制

音が出たときや伴奏と一体感を持ったときは、その場で音を一緒に聴き合う姿勢が重要である。また目で合図したり（共感）、表情豊かにクライエントに向かうことも行う。共感的に「できたね」「いい音だったね」など、簡単に言語化することも行う。またクライエントによっては「投げないで」「こうやってみようか」などの言語指示を行うことも必要である。その場合

は1〜2回の指示で、あまり多く言葉をかけすぎない方が、クライエントは理解しやすい。

エピソード1

　脳性マヒで運動障害があるG君にオートハープを提示すると、右手を弦に触れて手指から振動を受け止めているのがわかる。セラピストは1〜2回軽く手を持ってガイドし、手を弦の上に置かせた。しばらくすると指先だけを少し動かし、小さな音だが自分で音を出すことができた。セラピストが手首を支えるように手を沿えると、指先で何度か弦を弾くことができた。

エピソード2

　音楽を提示すると身体を動かしたり口ずさむKさんは、コンガを演奏するときにコンガの周りを走りながら楽器を叩く。セラピストの提示する音楽に合わせようとしたり、セラピストを見ながら叩いている。コンガの横に小さなマットを置いて「ここで叩いて」と指示すると、マットの上に立って演奏することができた。少しすると再びコンガの周りを走り出し始めた。セラピストが提示している音楽のフレーズに合わせて音楽を止めると、Kさんは音のないことに気づき、その場に止まった。活動を繰り返す中で、マットに立って演奏することが定着した。

役割意識を高める

　楽器は、伴奏に合わせて叩くことの他に、セラピストやアシスタントと

が向き合って、〈楽器を持つ役－楽器を叩く役〉などの役割意識を高める活動も行える。精神科医の木村敏は、伴奏のこつについて次のように述べている。「伴奏のこつはなにかというと、歌い手の音とピアノの音を合わせようとはせずに、おたがいの音と音のあいだで、いってみれば音のない空間で気持ちを合わせるということである」。役割交換を行う中で、自己と他者の関係性や秩序性が促進される。

　音積み木を例にして、発達段階による係わりを見てみよう（次頁　表11）。第3段階から第4段階では、木村の指摘のように音のない空間で気持ちを合わせることが大切である。

表11　発達段階によるセラピストとクライエントの係わり（音積み木の場合）

段階	活動と留意点
第1段階 （楽器に慣れる） （自己の世界）	1〜2音を提示し自由に叩かせる。セラピストはクライエントの音楽的な特徴を観察する。軽く肘や手首に触れ、運動の支点を作り運動を誘発する。音楽はBGM（あるいはIso-T）を提供する。音楽に包まれた安全な場所であることを経験させ、表現を引き出す。
第2段階 （伴奏に気づかせる） （外界の気づき）	セラピストはクライエントの音楽的特徴を活用し伴奏を提供する。セラピストのメロディー（メロディーがリズムを包む）とクライエントのリズムによる音楽との一体感を経験させる中で、Echo-Tにより外界に気づかせていく。
第3段階 （役割交換1） （自己と外界の区分け・自己像の気づき）	机の上に2音から3音置いて順番に叩かせる（順序性）。置き方にも配慮する。次にクライエント（楽器を叩く）とセラピスト（楽器を持つ）の役割を明確にする。その逆も行い、役割交換を行う。クライエントにより拒否したり、いずれか一つの役割しかやらないことがある。運動協応が弱いクライエントの場合は、まず楽器を持たせてセラピストが叩くモデリングを行ってから、役割交換を行うと円滑にできる。
第4段階 （役割交換2） （秩序性・自己像形成）	クライエントとセラピストがそれぞれ左手に1音ずつ持ち、相手の楽器を右手で叩く。はじめは二人で同時に叩くが、次第に交互に叩くように誘導する。その際、セラピストが叩いているときに、クライエントが叩けないように、セラピストは楽器を離す。視覚的な提示を行うと、交互に叩くという原則を理解しやすい。数回繰り返すと活動の意味を理解する。セラピストは歌いかけながら交互に叩かせる。またアシスタントがピアノを弾いたり、セラピストがピアノを弾き、アシスタントが楽器を提示しても良い。次にクライエントとセラピストが自分の楽器を交互に叩く。

第6章　声

> 声は、ことばを解するおとなには、なんらかの情報を伝える媒体でしかないのかもしれないが、じつは、それ以前の深いところでなにより情動である。　　浜田寿美男

1　声の発達

ヒトの進化のあらましを、脊椎動物の発生から5億年の過程にたどると、以下のようになる。

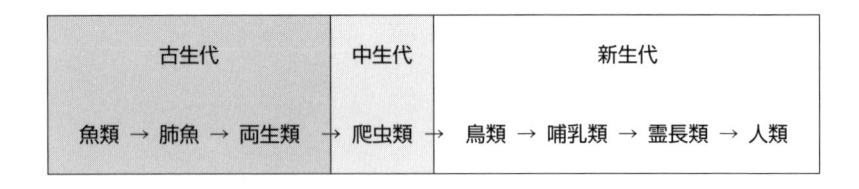

古生代	中生代	新生代
魚類 → 肺魚 → 両生類	爬虫類 →	鳥類 → 哺乳類 → 霊長類 → 人類

米山（2003）は、「人間は産声によって出産直後に外気を吸い込んで肺をふくらませ、瞬間的に胎盤呼吸から肺呼吸に転換される。400から500へ

ルツという高さで、後の 200 から 300 ヘルツの規則的な泣き声に比べると高い声である」と述べている。三木（1992）は「3 億年かけて行われた生物の進化を、受胎後 32 日から 7 日間で、鰓呼吸をしていた頃の魚の姿から、34 日目の両生類、36 日目の爬虫類、38 日目の哺乳類を経て、現代の肺呼吸までを示している」ことを紹介している。

　新生児の泣き声は、自然の呼吸リズムと一致したもので、1 秒間に 1 回という周期である。1 分間の呼吸数は 30 から 80 と言われている。発声は泣き声として、出生直後から危機の警告として機能し、生理的な泣き方と言ってもよい。聴覚障害児の場合は、出産後 5 〜 6 週から 2 〜 3 ヶ月すると、リズムの異なった声になると言われる。

　生後 1 〜 2 ヶ月になると、単調だった泣き方が変わり、リズムの変化も見られるようになる。1 回の吸気で発声できる時間も 2 〜 3 秒になり、普通の声に近い声が出せるようになる。この頃に意味のない「アー」「ウー」といった声も出すようになる。2 〜 3 ヶ月になると、泣き方で何かを表現しようとするようになる。5 〜 6 ヶ月になると喃語期に入り、周囲の情況への反応や気持ちの表現として、いろいろな声を使うようになる。声域は 1 オクターブ半で、200 〜 600 ヘルツである。喉頭、咽頭、舌、口唇など構音にかかわる器官は主に頸部にあるため、首が座らないとこれらの器官もコントロールされない。

　岩崎（2001）は、これらの器官は、構音、呼吸、摂食でも用いられるため、摂食経験によって準備されると述べている。5 〜 6 ヶ月の離乳食前段階では、顎、舌、口唇は一体となって動き、咀嚼は上手くできない。この段階では、喉の奥にある声門で直接産出される「k, g」「m, ng」などが主流である。7 〜 8 ヶ月では咀嚼がよくなり、舌が使えるようになるので「oo, oh, ah」の母音のほかに「t, d, n」も出せるようになる。9 〜 11 ヶ月では、食べ物をよく取り込めるようになるので、口唇を使った「mama, dada, papa」などの音が出せるようになる。このように岩崎は、構音は摂

食機能に同調し、中枢から末梢に向かった、「咽頭周辺　→　舌・顎　→　口唇」という運動原則が見られることを指摘している。

　3歳になると、子どもは自分の意思で1オクターブの声域調整ができるようになり、簡単な歌も歌えるようになる。5歳頃には1オクターブ半の声域になる。

　小学校高学年で子どもの声はほぼ完成し、声域も2オクターブとなる。

2　音韻の発達

　ストール-ギャモン ら C. Stoel-Gammon & Menn, L.（1997）は、生後1年間の音声の発達を以下のような5段階に分けている。

段階1	反射と叫喚と植物的な音	誕生から2ヶ月
段階2	クーイングと笑い声	2ヶ月から4ヶ月
段階3	音の遊び	4ヶ月から6ヶ月
段階4	規準喃語	6ヶ月以降
段階5	ジャーゴン	10ヶ月以降

　段階1では、新生児は母音様の発声で、乳児の構音器官の解剖学的な構造により決定される。口腔は小さく舌がほとんどを占め、咽頭が高い位置にあり、口腔と鼻腔の分離がなされていない。まだ曖昧な生理的欲求の発声である。

　段階2では、快の状態や、社会的なインタラクションのときに、クーイング（鳩が出す音）と呼ばれるアー、ウーなどの母音を表出する。「g」「k」のような子音を含むことがある。これらの発声は、軟口蓋の子音と後方母音を表出する。

段階3では、クーイングと喃語への移行期である。子どもがいろいろな高さの音や長さを確かめている段階である。

段階4では、「bababa」や「nanana」などの喃語の音が出現し、遊びのピッチの変動が消失する。この時期は、初期に「bababa」などの子音の連続（重複喃語）が出現し、12〜13ヶ月頃には、たとえば「badigubu」などの色々な子音と母音の音節パターンの連続（多様喃語）が出現する。

段階5では、有意味なスピーチの時期と重複し、さまざまなストレスやイントネーションで発せられた音節や音のつながりの特徴を持つジャーゴンや会話様喃語の表出がある。

3　音楽療法における「声」の意味

発声の身体意識を高める

音楽療法場面では、クライエントの歌唱の際、カ行の発音で後頭部をポインティングしたり、ナ行で鼻のポインティングや鼻を押さえたりすることは、クライエントにとって、発音の際の身体意識を高め、発音を明瞭にする手段ともなる。またセラピストの首、頬、唇、鼻などに触れさせることも声や子音を出すイメージを高めさせる。

クライエントの発達状況に応じて、子音・母音（1〜3母音くらい）を組み合わせて、即興で歌詞を歌うことも試みられる。クライエントの発音は認知発達との関係が大きいが、同時に身体意識を高めていかなければ、明瞭な発音には結びつかず、日常生活にも反映しにくい。

子音の意図的な活用──身体の組織化

声によるセッションでは子音も意図的に活用する。Ka行、Sa行、Ta行、

Na 行、Ma 行、Pa 行など、唇や舌を用いる子音を活用することで、声にリズムが出る。また子音を用いることで自己の身体への気づきを促すことができる。さらに、子音の利用による身体の一部（唇や舌）の運動が、身体のリズム感や身体全体へのバランスと身体の組織化をもたらす。日本語は、子音＋母音の組み合わせで言葉ができている。たとえば「わたし」は、「W-a T-a Sh-i」となるが、子音で用いる身体部位、母音による呼吸の調整など、子どもの言語あるいは情動表現の基盤を、母音と子音の意図的な活用によって培うことができる。「papapa」「dadada」などは躍動感を、「sisisi」では鎮静的な子音の性格を持ち、情動の調整や身体への気づきを促すことができる。

音楽療法では、「吹く楽器」（5章参照）を活用しながら、口腔感覚を統合し、規則正しい呼吸や明瞭な発音に結びつけていくことができる。

表12　子音と身体部位とのつながり

I	両唇音：上唇と下唇で発音される	b, p, m
	唇歯音：上切歯と共に下唇で発音される	f, w
II	歯　音：上切歯と共に舌先で発音される	s, z, l, r
	歯茎音：舌先と口蓋の縁で発音される	t, d, n
III	口蓋音：舌と硬口蓋の間で発音される	ch = ch　sch　tsch
IV	軟口蓋音：舌と軟口蓋の間で発音される	k, g
	声　門　音：声門において発音される	

子音と身体部位とのつながり

ここで改めて、子音と身体部位とのつながりを見てみよう（図10）。

音楽療法において声を使うことの特性は、クライエントの音楽に合わせやすいことである。また直接にクライエントに触れられることも大きな特性である。さらにクライエントとの距離を自由に設定できること、即時的に変更できることもあげられる。

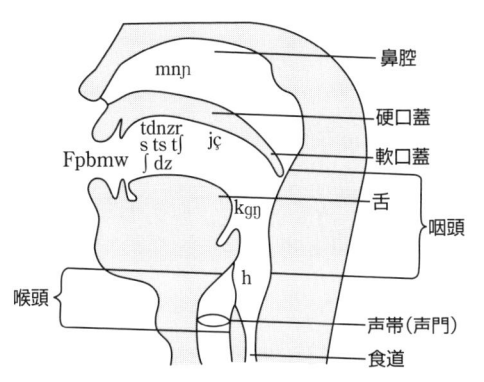

図10　声道の構造と日本語子音の構音点

村田孝次『幼児のことばと発音』(培風館、1970)

　セラピストの声はセラピスト自身を端的に表していると言える。アメリカの精神科医サリヴァン H. Sullivan(1892〜1949)が「言語的精神療法(Verbal psychotherapy) というものはない。あるのは音声的精神療法 (Vocal psychotherapy)である」と述べているのは至言である。クライエントはまずセラピストの声を聴き、直感的に受容の是非を判断する。それは声の良し悪しというよりも〈質〉の問題であり、クライエントにとって受けとめやすい声、あるいは快い声と言ってもよい。セラピストの側にも、クライエントから発せられる声から、その時々の内的状況を直感的に捉える力（感性）が必要である。感性はそこから理性・思考に繋げることができる。この感性を高めるのはセラピストの課題であり、資質でもある。

　オルフ G. Orff (1992) は、『オルフ－シュールベルク *Orff-Schulwerk*』で、言葉は、リズム的・音響的性質を備えた要素として持ち込まれている、と言葉の重要性を述べている。リズム的運びに重点を置いて、瞑想的状態(meditativer Zustand)として言葉の象徴内容に注意を凝らすものとして使われる。「r」「s」「t」がたくさんある子音性の強い言葉は、強いリズムをつ

けて語られる。日本語の「やさしい－かたい」「よわい－つよい」「あったかい－つめたい」などの言葉も、子音から発せられるイメージが対比的である。

　障害児の声を聴いていると、「せんせい」を「てんてい」と発音したり、息を搾(しぼ)り出すような脳性マヒ児の声、喉の奥に力を入れ奇声にも近い声を上げたり、口先に唾をためて「ブーブ」「ババババ」などの声を連続させる自閉症児の声など、それぞれ特徴がある。声の即興で発音する際の舌の位置、唇の使い方などをモデリングすると、マ行とパ行の区別のつきにくいクライエントの発音も改善されることが多い。

4　声による即興

　筆者は、声も楽器の1つであると考える。声は身体を通してしか生まれない。最も身体性のある楽器が声である。クライエントに呼吸＝息や声を用いてセッションを行うことが多い。それは、直接的に情動を伝えたり、声により身体へ振動を伝えることを目的としている。声の抑揚・表情・ピッチ・強弱がストレートにクライエントに伝わり、楽器や言葉とは異なる、より深いところでのコミュニケーションが行えるからである。

　この場合、セラピストの声質や音色が重要になる。前述した音韻の発達と音楽の特性を生かして、クライエントとの声のやりとりを言葉遊びのように行い、他者への方向性を持たせる。口腔感覚の統合を伴った声（母音）や子音によるフレーズが、一つのゲシュタルト（形態）になっていく。一つのゲシュタルトが生まれるとき、発声・発音する身体機能も統合されていく。一つの言葉のまとまりが生まれるとき、発音する身体機能も統合されるのである。

第6章 声 115

エピソード1

　セッションにもセラピストに慣れてきた重度重複障害のＹ君のセッションで、セラピストが横になり、その腹の上にＹ君を仰向けで寝かせる。セラピストは、Ｙ君の呼吸を感じながら同じように息をする。「Su－Su－」と息を音にして呼吸を強調した。しばらくするとＹ君の身体の緊張が緩み、呼吸が大きく深くなってくるのがわかる。さらにセラピストは呼吸に合わせて「ZZZZ」という息の混じった声を出しＹ君に振動を伝えていく。Ｙ君はセラピストの声に呼応するように声を出し始めた。セラピストはＹ君の声に合わせて同じように声を出した。

　Ｙ君はますます大きな声を出し始めた。セラピストは、腹の上のＹ君が自分の身体に入り込むような印象を受け、Ｙ君の身体と声とセラピストが一体化するのを感じた。Ｙ君は笑顔になり、さらに大きな声を出すようになった。後日、保護者からの報告で、日常生活でも大きい声が出るようになったと周囲の皆から言われたとのことであった。

エピソード2

　6歳から9歳までの自閉症やダウン症など、発達状況の異なる4人の小集団セッションで、声の即興を行った。

　セラピストは「アー」と声を出しながら、一人ずつ、距離を縮めたり離れたりしながら様子を見る。

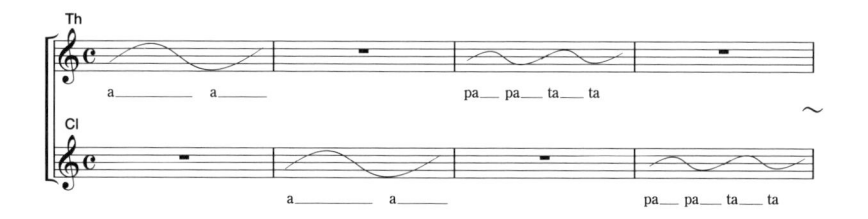

セラピストに注目が集まったら、「パパパパパー、パーパパパー、タタタタター」というふうに、子音を入れて声を出していく。同じ子音でもリズムを変えたりピッチ（音高）を変えていく。

[楽譜：セラピスト (Th) / クライエント (Cl)　pa pa pa pa pa　ta ta ta ta]

それまであまりセラピストの声を受けとめなかったE君は、セラピストが近づいてもしっかり目を合わせて声を聴くようになり、自分でも「パ」と声を出すようになった。次に一人ずつ近づいて、順番にクライエントに合わせた子音を用いて声を出していった。クライエントはセラピストに呼応するように、同じ子音で声を出している。4人全員に回ったところで、もう一度、4人に向けて声を出した。

[楽譜：Th / Cl　chi ta to te ta　ba ba ba pa pa pa]

- -

声の即興における配慮点は以下のとおりである。
1) クライエントの声や発音の状況を把握する
2) 提供する量（長さ・強さ・声質・母音と子音の組み合わせ）を配慮する

3) 声を出すタイミング、クライエントとの「間合い」に配慮する
4) 口のあけ方、舌・唇などのモデリングはわかりやすく少し誇張する
5) 身体へのポインティングはタイミングよく行う
6) セラピストの身体（頬・首・口・鼻）にも触れさせる。場合によりセラピストが手を添える

5　声と身体性

　竹内敏晴（1975、1990、1998）は声について、「声の志向性と身体性」を強調しているが、それは音楽療法のセッション場面でも実感することができる。声を他者に届かせるためには、次のプロセスが必要である。

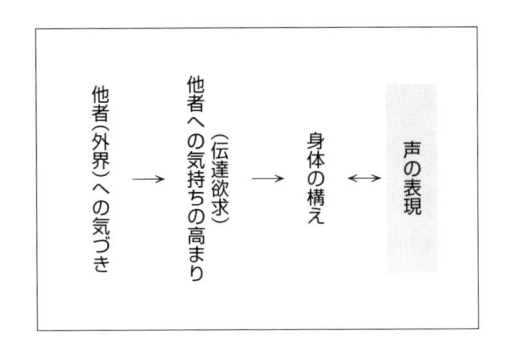

他者（外界）への気づき　→　他者への気持ちの高まり（伝達欲求）　→　身体の構え　↔　声の表現

　このプロセスでは、「声と身体の構え」と「声の表現」との間の矢印が両方向（↔）を向いている。それは、声を出しながら、自分の声を通して身体の構えがより明確になることを示している。
　音楽療法では、声を出しながら身体を組織することが重要になる。声を発しているのは身体そのものであり、声と身体が〈今〉リアルに統合され

ている。声を発するときは、身体が動くときであり、動きとともに声の志向性がより明確になる。身体が開き、セラピストとクライエントとは声を通して対峙する。しかし、セラピストの側に声を受けとる態勢がなければ、クライエントの声は入ってこない。セラピストがクライエントに声を発するときは、その声が、クライエントの身体を開かせる糸口になるかどうかが重要である。このプロセスについては、後述する事例で見てみよう（123頁参照）。

6 歌唱について

　声の重要性を述べてきたが、声をより構造化したものが歌唱である。歌唱の利点は、何回も繰り返し歌うことで曲が記憶されるということである。また、友達とあるいは保護者とともに歌える曲があることは、同じ時間・空間・時代を共有することにもなる。それはクライエントのレパートリーとなり、社会へ向けたクライエントの財産でもある。
　歌唱のための選曲については、生活年齢を考慮しながら行うことが大切である。また思春期を迎えたクライエントには、現在流行している曲から選択することも、社会と繋ぐ意味では重要である。
　乳幼児期には、歌いかけや手遊び歌、簡単な身体動作を伴う遊び歌を使うとよい。この歌唱活動を通して、手指の巧緻性や対人関係が促進される。またフレーズ感や音楽の構造から秩序性を引き出し、歌詞からは構音の明瞭化、歌詞（言葉）のイメージを高めることができる。手遊び歌では、手指への意識を高め、協応運動を促進させる。また、クライエントと1フレーズごとに交互に歌うことも、順序性や秩序性を高め、対人コミュニケーションを促進する。その場合、テンポを揺らして（アゴーギグ）、クライエントの集中力を持続させる工夫も必要である。

4人程度の小集団ではフレーズごとに一人ずつ歌ったり、大集団では8小節ごとに交互に、あるいは1番2番とグループごとに歌い、3番は全員で歌うなど音楽の構造を活用しながら、集団の特性も生かすことができる。

歌唱での留意点は下記のようなものである。

1) 選曲は生活年齢や発達状況を考慮する
2) 伴奏の調性はクライエントにあわせる
3) テンポはクライエントの呼吸やテンポに合わせる。基本的には一定のテンポにするが、クライエントの集中力を持続させるためにテンポを揺らす。その際に音楽の構造やフレーズの枠を崩さないことを心がける。比較的早めで始めて次第にゆっくりすると集中しやすく、曲が終わったと実感させることができる
4) 歌詞で発音しにくい部分に注意し、舌（t、n、l）や唇（b、m、p）の動きに注目させたり、クライエントの唇・鼻・首などに触れて発音を促す
5) ピアノ伴奏はあまり複雑になりすぎず、クライエントの声を消してはならない。安心感の中で歌わせることが大切である。複雑な伴奏付けはある程度歌えるようになってから行い、それまではメロディーを強調させた方がよい。少しメロディーが歌えるようになったら、次にハーモニーを強調して音楽をふくらませていく。テンポがくずれるようならベースのリズムを強調するなど、セラピストは音楽の構造をしっかりと把握し、音楽の3要素を効果的に活用することが大切である。また、伴奏をなくして声だけで歌うことも、クライエントとの一体感を高めることになる
6) 歌唱や伴奏では〈間〉の取り方に注意する。曲の始まり、1番から2番に移るとき、曲の終わりの余韻など、その時のクライエントの様子を見て、先に進むか少し待つかを判断する。曲が終わったときにすぐ声をかけるよりも、余韻を味わうことで共感性が高まる

7　事例

1)肢体不自由・てんかんの障害を抱えるAさんの場合

　Aさんは知的障害養護学校中学部在籍で、肢体不自由とてんかんの障害を抱えている。左上肢に軽度のマヒがあり、歩行も不安定なので、母親に支えられて移動している。常に左肘を曲げて体幹につけるようにしている。セラピストが呼びかけると、セラピストに対してまなざしを向けることができる。表出言語は、物にぶつかると「いてっ」と言うことは時折見られたが、自分から言葉を発することはなく、言語理解はまだ難しいようだった。
　音楽には興味を示し、カバサやオートハープなどの楽器を好んだ。右手の指先で引っかくような楽器のかかわり方が特徴的であった。セッション中は、椅子に座ることよりも、歩きまわる方が多く見られた。

2)Aさんのセッションの概要

　音楽療法は、セッション開始から2年3ヶ月、1回45分の個人セッションを36回行い、次の10ヶ月は、同年齢のB君との1回45分のグループセッションを26回行った(2月、3月、8月はセッションを行っていない)。各セッションともコワーカーが2〜3名加わった。
　音楽療法の目標は、個別セッション、グループセッションとも、①身体のバランスを高める(左腕の緊張を緩める)　②コミュニケーションを円滑にする　を設定した。
　使用した楽器は、Aさんの運動の特徴および楽器の音色や操作性にも配

慮して選択した。プログラム例は以下のようなものだった。
1) 挨拶——名前を呼び活動の開始を知らせる
2) カバサ——運動の方向性を高める
3) ツリーチャイム
　　——運動の方向性を高める
　　——〈握る−離す〉の運動を高める
4) ピアノ連弾——音楽との一体感
5) 音積み木——いろいろな空間で音を出す
6) 歌唱——声による情動の発散・曲の一部を歌う
7) ジャンピング台・ボール運動
　　——情動の発散・身体バランスを高める

　セッションは、なによりも音楽活動を通してAさんとセラピストとの関係性を深めることを中心に進められた。

3) 経過

I期——活動の探索期（15回）
　セッション当初は表情が固く緊張していたが、次第にセラピストや場所にも慣れ、積極性が出てきた。楽器類では右手の指先で引っかくようなかかわり方が多く見られた。ジャンピング台に乗ると不安定なので、セラピストが両手で支えてジャンプした。
　セッション中に1〜2回の発作が起きることがあったが、発作が起きてもすぐに起きあがり動こうとした。ボール（バレーボール大の大きさ）を、Aさんが右手で叩くタイミングに合わせてセラピストが歌いながら提示すると、Aさんは次第に音楽と運動のタイミングに合わせて叩くようになった。

II期――情緒的な安定期と声の表出期 (12回)

　II期のセッションでは、発作後に床やジャンピング台に座ってセラピストのピアノを聴けるようになった。すぐ動き出すことから、少し身体を休められるようになり、音楽を聴く姿勢（気持ちと身体）ができ始めた。セラピストとのやりとりもスムーズになってきた。

　ピアノの活動ではセラピストと並んで座り、Aさんの右手の弾き方に合わせて「さんぽ」を弾いた。何度か繰り返した後、Aさんはフレーズの区切りでセラピストを見つめ、その時は、セラピストも音を止めてクライエントと目を合わせた。Aさんは、再びピアノを弾き始め、フレーズの区切りで笑い出し、次第に大きな声になりピアノを弾きながら、フレーズの区切りではセラピストに向けて声を出すという、声による情動の発散が初めて見られた。まだ言葉にはならないが、声（気持ち）と身体が確実にセラピストに向けられていた。その間よだれが出ていたが、音楽を止めずに音楽の流れを維持させ、笑い声を音楽にして応答した。セラピストはピアノを弾き、歌いかけながらクライエントのよだれをふいた。

　この頃には、ボンゴでもピアノ伴奏のテンポに合わせて少し叩くことができた。

III期――音楽表現の活動期 (9回)

　情緒が安定し音楽活動も活発になってきたが、椅子に座っている時間も長くなった。この時期は左肘が伸びてバランスのよい姿勢になった。楽器を両手で持つ行動も出てきた。

　活動的になりすぎると発作になることも時折見られたが、発作後にジャンピング台に座らせ、「大きな古時計」をセラピストが歌いかけると、「このとけい」と曲の最後の音を歌いだした。その後「大きなのっぽの古どけい」「おじいさんのとけい」「買ってきた時計さ」とフレーズの終わりを、

「いいいー」「さささー」のように何度か試みながら発音し歌うことができた。

また、ピアノの横に座らせてセラピストが「アイアイ」を歌いかけると、フレーズの最後の「おさるさんだよ」の歌詞で「よ」の口形模倣が行えた。その際、よだれは飲み込んでから歌った。

Aさんが急に、セラピストを見ながら立ち上がり「うるさい」という言葉を突然発した。はじめは「うううううるさい」を何度か繰り返して発音し、次第に「うるさい」と明瞭になっていった。「うるさい」という言葉にもかかわらず表情はとてもよく、ニコニコしながら全身で言葉を発していた。セラピストは「うるさい」の言葉を音楽（メロディー）に置き換えて、ピアノと声で「うるさい」と応答した。Aさんとセラピストの「うるさい」のやりとりがしばらく続いた。その際、印象的だったのは、必ずセラピストに近づいて言葉を出したこと、言葉を出す前に両手を下げて軽く膝を曲げ、再び膝を伸ばしながら言葉を発したことである。Aさんはこのとき空間に身体を定位させ、重力に対して抵抗するような動きを行いながら、身体の中心軸を作っているようだった。

音楽療法に対して母親からは、「最初は楽しんで受けてくれればと思いつつ、少しでもよい方向に向かっていくと、もう少しと欲が出てきてしまう」という感想が聞かれた。

Ⅳ期——対人関係の拡大期（13回）

Ⅳ期から同年齢のB君とコワーカーが2〜3名加わり、グループセッションを行った。最初はあまりB君に意識が向かなかった。Aさんの発作後はB君とセラピストのピアノ連弾（「大きな古時計」「少年時代」：セラピストがメロディーを弾いてB君が音楽に合わせて指示された高音域の音を一定のリズムで弾く）を聴くことができた。ボール運動や身体運動は積極的に行った。またB君の動きを見て、自分からジャンピング台に乗ろうとしたり、ボール

運動を要求するようになった。皆で手をつないで歩くこともできた。
　コワーカーの歌いかけ(「日本昔話」「人間っていいな」)では、メロディーの一部を歌うことから1フレーズを歌うことも何度か見られた。楽器ではカバサをいろいろな空間に提示しても、必ず右手で楽器に触れて音を出した。楽器の操作性は、指先で引っかくことから、てのひらをうまく楽器につけて演奏するようになった。左肘を伸ばし左手を下げて、移動できるようになった。セラピストが歌いかけると、遠くても必ずセラピストにまなざしを向けていた。

4)考察

　当初の目標であった、①身体のバランスを高める(左腕の緊張を緩める)②コミュニケーションを円滑にする　という点は大きな改善が見られた。身体のバランスに関しては、日常生活場面でも移動の際には、援助がなくても安定し、左手を下げて歩けるようになった。
　ボール運動では、左手もボールに触れることが増えたが、バウンドするタイミングに合わせて音楽を提供したことは、Aさんの運動に意味をつけていくことになり、これらの活動を通してセラピストとの情緒的な交流を深めていった。また、右手でボールに触れながら、(楽器の場合も)左腕を体幹から離したり、再びつけるなど、他の身体部位の動きも変わり、全身のバランスを自分で協調させようとしたものと考えられる。そのことはAさんがセラピストという他者に気持ちを向けながら、同時にAさん自身への身体意識も高めたものと考えられる。
　このような全身のバランスの調整が、楽器演奏では、指先で引っかいたり、力任せに叩くようにしていた行動を、てのひらで触れたり、ゆっくりと触れたりするようにしたものと考えられる。音楽を提供するときの配慮として、「小さな世界」や「さんぽ」などの曲のフレーズごとに、少し〈間〉

を取って曲を進めていった。この〈間〉は音楽の形式を利用したものである。少し間をとることでクライエントの集中力を持続させられた。

Ⅰ期では楽器を左側に提示するとほとんど見ることができなかったが、次第に、どこに提示しても、よく見て、右手で楽器に触れるようになったことは、視覚－聴覚－運動が統合され始めたと考えられる。また、空間の捉え方の広がりと同時に、左肘が体幹から離れ、両手を下げて運動を行えるようになったという身体動作の改善や運動調整も大きく関係していると考えられる。

コミュニケーションについては、セッションで示した笑いや、メロディーの一部を歌うことが、コミュニケーションをより促進させた。それは音楽の完結性を利用してメロディーやリズムの一部を演奏してもらう「未解決技法」を用いたことも大きい要因である。Aさんは「大きな古時計」「人間っていいな」の一部を歌うことで、自分が歌ったという満足感を味わい、さらに、「自分で曲を終わらせたい」「不足したものを自分が補いたい」という欲求も高まったと考えられる。

また、とても重要だと思ったことは、「うるさい」と言葉を発したときの身体の在りようだった。膝を曲げて体勢を整えてから、膝や上体を伸ばしながら言葉を発したことは、人間の言葉が立ち上がる際の〈心と身体の在り方〉を示してくれたように思う。その根本にあるのは他者への気持ちの向け方である。音楽活動を通して培われたセラピストとの情緒的交流による共感性がセラピストとの二者関係の基盤となり、さらにⅢ期からⅣ期に見られた、コワーカーやB君との関係性にも広げられたのだと考えられる。

前述したとおり、ブラッキングは「音楽とは人間によって組織付けられた音響である」と音楽を定義した。音楽療法で大切なことは、クライエントにそれらの音や音楽を通して、自分でない〈外界＝音＝他者〉に気づい

てもらうことである。まず、音のない〈無音〉の世界を提供することが、音を音として知覚することに繋がる。

　子どもが音に触れたら（子ども←音＝セラピスト）、子どもが音と触れるように（子ども→音＝セラピスト）援助し、音に向かう姿勢を形成していく。さらに〈やり－とり〉を音楽によって円滑に行えるように発展させ（子ども⇔音＝セラピスト）、相互性から秩序形成まで高めることである。

　音の提示方法として、子どもの示した息や声、あるいは動作などをセラピストがエコーしていく反響技法がある。子どもは自分の表現を音で確認していく。また自分の表現がセラピストに受けとめてもらえたという気持ちが、信頼関係や情緒的な交流を深めていく。そのことが、初期の母子関係を音楽によって樹立させていく。この事例ではセラピストとの関係性が高まり、楽器やジャンピング台での情動の発散、身体運動も整えながら、〈声・言葉〉の表出に繋がったものと思われる。また、言葉の表出に必要なリズム感や躍動感が、音楽活動により培われたものと考えられる。

　　（註）この事例は、『はげみ　No.291　ことばを育てる』に掲載されたものを一部加筆修正したものである。

第7章　身体運動

> 協調とは運動が持たなくてはならない同時性、統合、構造的統一を有する活動である。
>
> A. ベルンシュタイン

1　身体−運動

障害児にみられる特徴的な動き

　音楽活動は「身体運動」で成立しているといってよい。楽器演奏や身体運動はもちろんのこと、呼吸から始まって、発声、歌唱にいたるまで、身体運動なくしては成立しない。

　これまで述べてきたように、クライエントのアセスメントでは、身体的特徴として、目の動き、顔の向き、身体バランス、手・指の使い方、手のあげかた、歩行、姿勢保持、楽器の操作性、発声、構音など、クライエントの身体運動の特徴を観察する。

　個人差はあるが、ダウン症児の低緊張による座り方や歩き方、手指の使い方、自閉症児の踵がつかない尖足傾向の歩行や肩の上がり方、脳性マヒ

児の身体部位の拘縮、喘息児の肩を上げ気味にして胸を狭めたような姿勢など、疾病や障害種によって、身体運動の特徴は類型化できる。共通する特徴として、「〜君」と呼ばれたときに、多くの障害児が（運動障害の場合は機能的に難しいこともあるが）肘を体幹につけた状態で手をあげることである。それは楽器とのかかわり方を見ていても感じることである。自閉症児に見られるように、手の甲や指先で楽器に触れたり、肘を体幹につけた状態で楽器を叩くなど、手・腕が体幹から分化していない状態をうかがわせる動きが多い。この傾向は、ＡＤＨＤやアスペルガー障害の子どもにも、健常児にも見られる。

さまざまな身体論——障害児・者をめぐって

竹内敏晴（1975、1990、1997、1999、2001）は、青年期に聴覚を失い再び聴覚を取り戻していった自らの体験から、声とからだの重要性に気づき、からだを通したワークを行うことによって、自己と他者の関係性を認識させている。その実践では、声の方向性が大きな意味をもっている。竹内の理論的背景には、野口三千三（1972）の身体観がある。

齋藤（1997、2000、2003）は、『教師＝身体という技術』の中で、教師の「からだ」の在りようこそが、もっとも基礎的な教育方法であると述べている。さらに声（日本語）による日本人の身体感覚論を展開し、社会現象といってもよい注目を集めている。齋藤はまた、独自の呼吸法も提唱している。

三浦（1994）は、『身体の零度』において、纏足とコルセットによる身体加工、農耕的身体と遊牧的身体の差異、舞踏などを例に挙げて、社会における身体の位置づけを検証している。

成瀬（1973、1985、2000）は、心理リハビリテーションを基本とした「動作法」を提唱し、肢体不自由児教育に大きな影響を与えた。動作法は脳性マヒの子どもから出発したが、今野（1990）は自閉症児や多動児にも実践

を行い、鶴（1992）は成人の領域での実践報告を行っている。動作法を出発点とした立川（1985）は、静的弛緩誘導法を提唱し、重度重複障害児の呼吸改善や動作改善を行った。

笹本、滝坂、河野ら（1995）は、「心身障害児の運動障害にみられる課題とその指導に関する研究」を発表しているが、そこでは、動作法から派生した身体や身体運動について、現象学的考察や発達論的検討などが行われている。笹本らはさらにそれを「障害のある子どもの書字・描画における表出援助法に関する研究」へと発展させたが（2000）、筆者も共同研究者として、音楽を表出援助法として位置づけた事例を報告している。

協調と組織化

佐々木（1987）は、『からだ：認識の原点』で、これまでの分析の対象としての「語られる－からだ」から、「からだ」自身が認識の世界について「語る」試みを行った。また、ギブソン J. J. Gibson（1904〜79）のアフォーダンスや、ベルンシュタイン A. N. Bernstein（1886〜1966）の提唱した運動発達におけるデクステリティ（Dexterity 巧さ）の理論を、リハビリテーションやアートなど多くの例をもとに、環境と身体の関係を明らかにしてきている。

佐々木はまた、『レイアウトの法則』（2003）の中で、ギブソンのアフォーダンスについて「物とは異なり、自ら運動するものは周囲の資源を利用するために自分と周囲との関係を調整する力を持っている。ギブソンはこの周囲の資源をアフォーダンスと呼んだ。行動はアフォーダンス群との関係によって調整されているというのが生態心理学の基本仮説である。アフォーダンスは行動を引き出すのではなく、行為の機会を提供しているだけである」と解説している。また、20代前半の男性頸髄損傷者の「靴下履き」のリハビリテーションの様子を、半年間にわたり月1回のペースで記録し、靴下を履くのにはじめは918秒かかっていたのが、最後には133秒で履け

るようになったと報告している。また靴下を履くという行為において、どうしてもしなくてはいけない行為として、「体幹支持（上体の姿勢を転ばさないように調整すること）」「脚位置調整（足先を手元に持っていく作業）」「靴下につま先を入れる」「靴下を引き上げる」の4種をあげ（＝位相1〜4）、それを時間軸に沿って図式化している。以下に挙げたのはその図で、灰色で表されているのが2つ以上の下位行為を同時にしていた時、黒は1つだけのことをしていた時とされている。

図11　4種の下位運動の組織化の推移として描かれた「靴下を履く」行為の発達

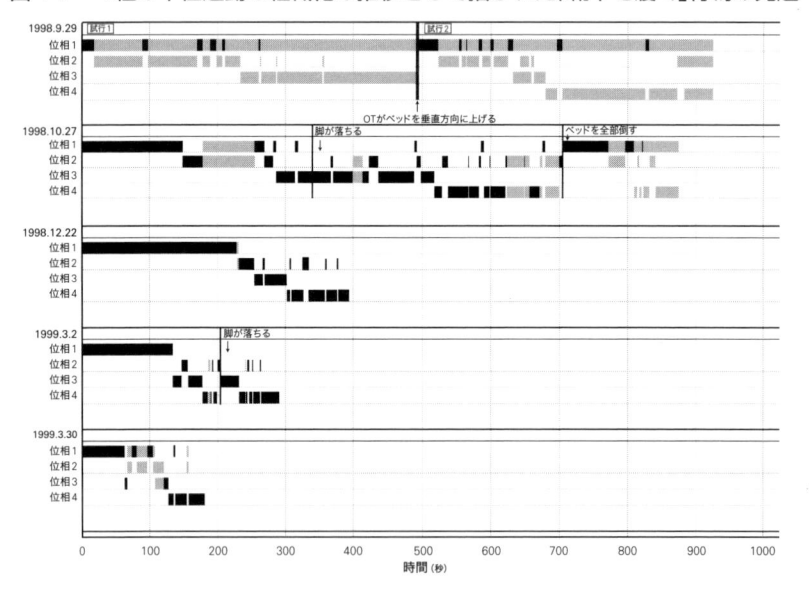

佐々木正人『レイアウトの法則』（春秋社、2003）

　佐々木はこの靴下履きの発達を、ベルンシュタインの「協調」という理論をベースに解釈している。ベルンシュタイン（1996　邦訳：工藤2003）は『デクステリティ──巧さとその発達』の中で、協調とは「運動器官の冗長な自由度を克服すること、すなわち運動器官を制御可能なシステムへと変換

することだ」と述べている。さらに協調とは「運動が持たねばならない同時性、統合、構造的統一を有する活動」とした。デクステリティとは、「あらゆる状況ならびに状況下において解決策となる運動を見つけること」と述べている。

　このベルンシュタインの考えは、音楽療法の楽器演奏やジャンピング台での活動を通して、障害児が表現手段（演奏技能）を獲得していくプロセスでも見られることである。楽器演奏や歌唱（声）を通して、身体運動が協調されていく。それは運動のみならず、他者との関係性や音楽との関係性も含みながら組織化されていく過程でもある。第6章「声」で紹介した事例はそのよい例である。音楽活動において、身体はすべての活動の基盤になっている。

2　FMT脳機能回復促進音楽療法

　ラッセ・イェルム Lasse Hjelm（1924〜2010）により開発された FMT（Functionally Oriented Music Therapy：脳機能回復促進音楽療法）は、スウェーデンの多くの特別支援学校で実践されている。イェルムは、ウップサラ市立音楽学校で器楽教師として働きながら、ウレローケル精神病院で音楽活動を行っていた。その後、特殊学校で音楽活動を行うなかでFMTを構築していった。イェルムは「FMTは音楽を手段とした神経筋肉的な動作療法である」と述べている。対象は発達障害児ばかりでなく、パーキンソン病や認知症などの患者へも実践されている。FMTはスウェーデン在住のピアニストである加勢園子とFMT療法士ステファン・パップ（2007）により日本に紹介された（この著作に付属するDVDでは軽度発達障害児のセッションも見ることができる）。FMTがスウェーデンの特別支援学校で多く実践される理由は、国家の教育施策によるもので、障害を抱える子どもあるいは保護

者が音楽療法を希望すれば、学校に音楽療法士が派遣されるシステムになっている。FMTは、子どもの抱える障害を早期に見つけ、治療することも役割としている。

　FMTはエアーズやピアジェの理論を背景にしつつ、独自の方法を考案した。発達の基本である4つの要素——知性、感情、運動性、知覚——の統合による脳の再組織化を目的としている。FMTの特徴は、安心感を得られる空間で、クライエントみずから「やりたい」という欲求・動機を起こさせる形で行われる、明確な治療構造を持った感覚運動的な音楽療法である。あくまでも動作改善を目的とし、情動の発散や対人関係の改善、コミュニケーションの改善などを目的としていない。動作療法として、使用する撥の工夫（太さや重さ、柄の部分の形態）や楽器の段階的な配置と高さ、足を踏みしめ上体を起こすための椅子と足台などの配慮がなされている。また足をしっかりと踏みしめることが、上体を支え、体幹の回転運動を促すことを指摘している。これは将来、文字の読み書きに大きく影響すると述べている。さらに手の交差もセッションに盛り込まれている。このように足を踏みしめて上体を保持しながら、楽器活動により協調運動を促進させることは、動作改善のための大きな力となっている。FMTが強調する要素の1つとして「振動」がある。振動が、筋肉と神経を通して脳に伝達されると主張している。

　FMTは即興音楽ではなく、コードシステムと呼ばれる21種類の段階により定められた音楽を使う。それぞれのコードは、定められた楽器の配置に対応している。コードシステムを用いる理由として、即興演奏は時に、その予測不能性によってクライエントを混乱させ不安定にすることもあるからだとしている。このコードは、使用の順番やレベルを表すものではなく、セラピストはセッションの目的によってコードを選択する。コードの詳細は紹介されていないが、このことをイェルムは「セッションを見ると非常にシンプルな療法に見えるので、楽譜と楽器さえあれば試してみよう

と思われがちだが、コードシステムが安易に利用されてしまい、FMTの正しい姿が伝わらなくなる」と述べている。

FMTの特徴は以下の通りである。

- ・個別セッションである。
- ・1回のセッションは20分で終える。
- ・セッション中は、言語および動作による指示は行わない。
- ・アコースティックのピアノを使用する。
- ・即興音楽は使わない。
- ・必ずしも定期的にセッションを行わなくてもよい。
- ・楽器は、打楽器（シンバル、スネアドラム）と吹く楽器（リコーダー：吹くだけで音が出るように穴はふさいである）である。
- ・工夫された撥を使用する。

FMTは楽器の振動が身体に伝わることを重視しているため、アコースティックのピアノを使用することを基本としているが、近年は電気ピアノを用いたり、これまでの既製曲にセラピストが手を加えることも行われている。各活動の終了時には、ピアノの中音から高音までのグリッサンドを入れ、活動の終了を提示している。使用する撥(ばち)は、触覚的な受け入れを高め、握りやすい撥の太さ、運動を起こしやすい撥の重み、撥の角度、両手で持つための三角形の撥、など運動を誘発させ、協調運動を高めるための工夫が見られる。

FMTの特徴としてあと1つ、自発性が挙げられる。自発性がモチベーションを持続させるとし、そのためにセラピストは指示的な行動を行わない。言葉による指示を行わない理由として、①言葉を操作するときには脳のキャパシティの大きな部分を使うため、音楽に集中できないこと、②FMTが自発的に思考し行動するのを促すため、を挙げている。

FMTのセッション中の配慮として、以下が挙げられている。

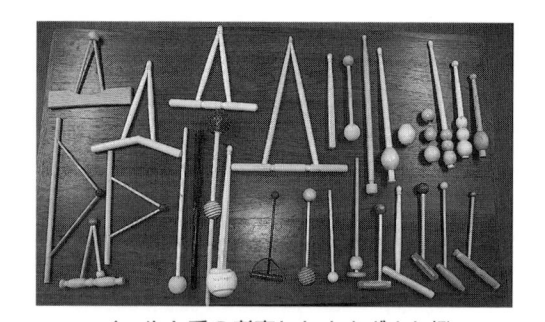

イェルム氏の考案したさまざまな撥
加勢園子他『スウェーデンの FMT 脳機能回復促進音楽療法』（春秋社、2007）

・指導しない。
・コメントをしない。
・ヒントを与えない。
・賞賛・批判をしない。
・アイ・コンタクトを避ける。

　セッションで指示をまったく与えないので、場面状況を理解し活動に入るまでにかなりの時間を要する場合もあり、FMTを実践するためには、子どもの発達状況を的確に捉えることが必要である。
　FMTは、楽器の配置を発達段階により工夫しながら展開する。子どもと楽器との距離、楽器間の距離、楽器の高さなど、子どもを中心としてさまざまな空間に楽器を提示することで、目と手の協応、適切な距離感を学ぶことになる。自己を起点とした運動を起こし、楽器音により振動と運動がフィードバックされ意識化される。左右の楽器の高さを変えたり、腕を交差して楽器を叩くなど、左右異なる運動を起こすことが、脳への刺激を高め再組織化させるとしている。また胴体回転は下肢と上体の協調を高め、さらに下肢と上体がそれぞれ独立した動きになるように工夫されている。

楽器演奏ではシンバルを叩く場合、運動面では、撥の握り方、利き手、腕や肘の使い方、音楽面では、テンポが保てるか、強弱が表現できるか、音楽に合わせて止められるかなどが評価される。しかし、重要な点は叩く手だけではなく、その手を支える身体全体のバランスの取り方、例えば足の踏みしめ、叩く手と反対の手の使い方、腰や膝の使い方などをよく観察することが重要である。協調運動を高めるために、あるいは自己の身体を組織化するために、どのような使い方をしているかを考えることである。

3 障害児教育における身体運動

　ここで、障害児教育で用いられている、身体運動への教育方法を見てみたい。

エアーズの感覚統合
　作業療法士でもあったエアーズ A. J. Ayres（1920〜88）は、感覚統合（sensory integration）を提唱し、主に学習障害児を対象として発展させた。
　エアーズは感覚統合を「人間が環境との相互作用の中で生存していくための脳の神経過程のことで、感覚情報（刺激）が脳の中で、有効に組織されることを意味している」と理論づけた。子どもに応じて、視覚・聴覚・前庭覚・固有覚・触覚の刺激を同時に含むような活動を経験させて、感覚の調整・統合を高めるように課題を設定する。そのために空間に吊された道具（ボルスター、四足位平衡盤など）や遊具（トランポリン、セラピーボード、スクーターボードなど）が用いられる。ただし、そのような指導プログラムを作成する前に、南カリフォルニア感覚統合検査や南カリフォルニア回転後眼振検査、臨床観察などを通して、対象の子どもの感覚統合障害の状態についてしっかりと把握する必要がある。

神経発達学的治療

神経発達学的治療（Neuro-Developmental Treatment）は、カレル・ボバース Karel Bobath（1906～　）によって開発され、脳性マヒ児の神経－運動器系の機能障害に対して、効果的な治療法として発展してきた。神経発達学的治療は、「正常な姿勢反射機構の存在が、運動スキルの実行に不可欠である」という仮説に基づいて行われるものであり、その治療の目的は「機能に強い影響を及ぼす自動的姿勢反応を誘発する」ことであるとボバースは説明している。感覚統合においては、セラピストは環境をコントロールし、子どもを導く役割をもつが、それに対して、神経発達学的治療では、セラピストはセッションの方向づけと計画をコントロールし、セラピスト自身のからだを含めた可動性のある面を使って環境を整える役割となる。

ブランシェ E. Blanche（1995　邦訳：高橋 2001）らは、神経発達学的治療と感覚統合とを組み合わせて、臨床的応用を試みている。2つの方法は異なった学問領域と背景を持っているが、次のような基本的な原則を共有している。

- 中枢神経系の機能障害を論じ、神経学的な説明を試みている
- 運動と行動の自動的な基盤について論じている
- 治療過程を示すのに運動制御の理論を活用している
- 治療の過程で適応的な反応を獲得させようとしている

ムーブメント教育理論

フロスティッグ M. Frostig（1906～85）はマズロー P. Maslow の協力によって、ムーブメント教育理論を提唱した。人間の初期発達が身体運動に大きく依存するというピアジェの発達理論に基づき、さらに効果的な身体運動をすることで、認知能力や学習能力の発達が可能であると考えた。フロスティッグは、障害のある子どもの発達支援について、次のような視点を

あげている。
  ・健康と幸福感の達成
  ・運動スキルの向上
  ・感覚－運動スキルの獲得
  ・自己意識
  ・時間と空間の意識

　ムーブメント教育の指導場面では、走る・飛ぶ・登るなどの運動や、ゲームを経験することを通し、動きの能力だけでなく、認知－心理的な向上も期待できる。
　フロスティッグは、身体意識（body awareness）とは身体の一部または全体に対して持っているイメージのことであり、ボディ・イメージと同義であるとしている。そして障害児の身体意識の指導にあたって、次の３点をあげている。
  1）身体像（body image）
  　　——感覚受容器からの感じられるままの身体
  2）身体図式（body schema）
  　　——骨格の色々な部位を調節したり、バランスのある姿勢を維持するために四肢や体幹を操作すること
  3）身体概念（body concept）
  　　——身体部位についての諸々の知識のこと

　この身体像、身体図式、身体概念の３つの要素が統合された身体意識として障害児の発達支援プログラムを計画するのが、ムーブメント教育である。

リトミック

次に、音楽と運動を連合させたリトミックについて述べてみたい。

リトミックを提唱したダルクローズ J. Dalcroze（1850〜1925）は、自身の音楽体験や和声学教授としての経験から、触覚や聴覚の重要性を考え、聴音やソルフェージュを出発点として独自の教育方法を体系づけていった。ソルフェージュ、即興演奏、身体運動の3領域を確立し、なかでも特に身体運動を重視して、身体を通して、音楽を知覚し表現するような教育方法を発展させていった。

このダルクローズは、同時代に活躍したシュタイナー R. Steiner（1861〜1925）とともに新しい芸術運動を展開していったが、進むべき方向に大きな違いが見られる。言語と音楽を結合させ、瞑想から宇宙との調和にまで理論を進めていったシュタイナーに比べ、ダルクローズはあくまでも音楽と身体運動を中心にして自分の方法論を深めていった。ダルクローズは治療教育として、視覚障害児や運動障害児に対しても、リトミックの実践を行っている。

動作療法と音楽療法

動作療法は成瀬悟策（1924〜　）が考案した方法論である。催眠療法から発展し、脳性まひの子どもへの身体動作を出発点としている。現在は臨床動作法として、脳性まひ児や自閉症スペクトラムなどの障害児以外にも、統合失調症患者などへも実践されている。動作療法は、身体動作を介して、自己の身体を意識化し、意図的な運動へと誘導する。子どもとセラピスト（動作療法ではトレーニーとトレーナー）のコミュニケーションが重要であり、身体を介するか、音楽を介するかの違いは見られるが、二者の関係性やプロセスには共通点が見られる。

成瀬は、音楽療法と動作療法について、「音楽療法は微妙な音響を手段と

しながら、それによって呼び起こされるさまざまな緊張感・動き感など総体の変動と流れの体験という心理現象であり、それらを支えるからだの微妙な緊張と動きという生理現象との一体活動を対象にするという点で、私たちの動作療法と軌を等しくするものとみれば、両療法が情報を交換・共有しながら手を携えて共に発展するべきもの」と述べている（第 11 回日本音楽療法学会 (2013 年) 関東支部講習会の特別講演「音楽療法と動作」抄録集より）。

　成瀬は、「こころの 2 層構造」という観点を示し、「ひとは、こころとからだの一体的活動：両者は、ひと頃いわれたように心身相関とか相即不離というおっかなびっくりの関係論ではなく、両者の一体化にこそ本質がある」と述べている。そして、動作療法からの類推から音楽療法の体験過程を以下の 16 項目にまとめている。

1) 音響に無関心：外的状況対応に多忙で、こころここにあらず、音響・音楽は聞けども聞こえず、注意・意識する余裕がない：ストレス対応のことばのこころが多忙で、動作のこころの出番はない。
2) 音響・音楽が聞こえ、それが物音か、人声か何の音か、音源を探し、音楽を判断。
3) 音楽を聞きながら、音楽であること、何の音楽か、誰のどういう音楽かを知的判断。
4) 音楽を聞く：音楽を聞き、そのプロセスを追いながら、その概要・流れを認知・理解。
5) 音楽に近親感を抱き、近づき、音楽の流れを理解、演奏、歌い、歌詞などに親しむ。
6) 音楽を受け入れ、こころとからだをひらきはじめる。現実緊張のからだを弛めて、動作のこころがひらき、音楽として受け入れる感じ。
7) 音楽に同調：テンポ・リズムに同調して動作の緊張・弛緩の変動が無意識的に起こる。

8) 音楽に共感：音楽に誘起されるからだの部位・部分の変動する緊張・弛緩、動きの微妙な変動を体感として実感するようになる。その変動の流れに伴って、共感的気分。
9) 音楽に同感：音楽に誘起されたからだの微妙な変動の共感的な流れが自分の気持ちに一致して、音楽に同感した体験をする：この体験を普通は情動・感情という。
10) 音楽に抵抗：音楽の流れを聴きながら、抵抗、無視、拒否、解離：半意識、無意識。
11) 積極的対応：音楽を受動的でなく、能動・積極的に受け入れ、それに乗ってゆこう。
12) 音楽堪能の腹を決める：音楽の流れに自らを載せ、沸き上がる気持ちを明確化。
13) 音楽の嵌(は)まり体験。
14) イメージ：自己の主体的活動が盛んになるのに併せてイメージが活発化。
15) 自分への気づき：音楽に合わせた体感的体験を通して、自分・自己存在に気付き。
16) 生活化：現実場面へ具体的に対応する気・本気でやる気が醸成されてくる。

　上記の1～16までのプロセスを音楽療法に置き換えてみると、次のようになろう――自己の世界から、音・音楽へ気づき（外界への気づき）、音楽に向かう姿勢ができ（音に触れ、音と触れる状態）、次第に音楽の構造への理解も見られる。音楽活動を通して、テンポ、リズムに同調することから音楽との一体感が経験され、音楽を提供するセラピストへの意識と共感が高まっていく。音楽に誘発され、声（歌唱）・楽器活動・身体運動などを通して、身体への気づき、動作の変容、協調運動の高まり、自己組織化（身体運動・

音楽・楽器・環境・対人関係などがすべて組織される)、生活への般化──である。重要なことは、クライエントとセラピストとの関係性が〈音楽〉によって連動することである。動作療法と音楽療法に共通な点は、セラピスト(トレーナー)が傍観者でなく、クライエント(トレーニー)に音・音楽や身体を媒介として、触れあいながら、共に活動することである。その触れ方が何よりも重要であると考える。

4　障害児にとっての身体運動

　障害児の発達促進において身体運動は大きな役割を持っている。ここまでに概観してきた感覚統合、神経発達学的治療、ムーブメント教育で見られる身体運動の捉え方と、音楽療法で考える身体運動では何が違うのだろうか。また、音楽療法における身体運動には、どのような意味があるのだろうか。

　音楽療法で見られるクライエントの身体運動は、楽器を叩く、声を出す、セラピストの音楽を聴くなど、音楽や楽器、セラピストとの関係性の中で生まれた「表現」としての身体である。

1) 身体運動を組織化するということ

　障害児がコンガを右手で叩くとき、その運動は右手だけでは成立しない。右手で叩くために左手を後ろに引いたり、左右の肩のバランスを整えたり、左肘を体幹につけて右手とのバランスを取ろうとする。また足は右手で叩くことで右足と左足の踏みしめ方を変えていく。右手で強く叩こうとすれば、それだけ他の身体部位もそれに合わせて状態を変えていく。
　また、コンガの存在(形態や置かれている位置)と音は、身体運動を触発

し誘導する。セラピストはさまざまな働きかけによって、クライエントが良い音を出せるような叩き方まで導いていく。

　セラピストによるピアノ伴奏もまた、クライエントの運動に意味を持たせていく。そのためにタイミングをはかり、音楽で意味を伝えていく。セラピストの提示する音にはすでに運動が組み込まれており、クライエントはその運動＝音楽に協調したことになる。宮内（2005）は、「音楽経験と自己意識」の中で、生活世界を生きる生と音楽的世界を生きる生（音楽的生）を区別し、音楽的生に存在する仕方について、次のように述べている。「音楽を聴くという行為は、静視的に響きの意味を理解したり知覚認識をすることではない。音楽を聴くことは、響きの歌いかけに応答することである。つまり音楽を聴くことは私が鳴り響くことである。それは、音楽と共に歌うことである。」私たちには、音楽を聴きながらも、共に歌い演奏している身体の在りようがある。セラピストが提供する音楽には、その動きを引き出していく要素が含まれている。宮内はさらに、「共に歌うという私の身体的行為が主体としての音楽の側の行為でもあるなら、音楽はその行為を担うある種の身体性が成立しているのでなければならない」と音楽の身体性の意味を述べている。

　またクライエントはコンガを叩くことを通して、セラピストの音とクライエント自身の音を同時に聴くことになる。ここでコンガによって生じた「叩く」という運動は、コンガ（という環境・資源）に組み込まれている運動に協調したといえる。叩くと同時に音が生ずることで、より、リアルに自分の運動の意味に気づくことになる。クライエントは、叩いては楽器から少し離れ、再び近づいて叩く。このようにセッションで起きる、楽器との接近－距離化や、音楽との共振の経験など、音楽を軸とした分化と統合の繰り返しの中で、音楽も身体運動も組織化されていく。

　筆者は、視覚や聴覚、触覚などが、身体運動を伴って統合されることを、「身体組織化」あるいは「自己組織化」と考えている。自己組織化は、自己

内と他者との交流の中で形成されていく。音楽療法はそのような場を提供しているといってよい。

　メルロ－ポンティ M. Merleau-Ponty（1908〜61）の言葉を借りれば、「私の身体が己の目的に達するために自分自身を結集するからに他ならない」、また身体的志向性という点では、「身体がこれまで存在しなかった新しい意味を可能にするような仕方で己の運動を組織化しなおすゆえにほかならない」ということになる。さらに「身体図式とは、結局のところ、私の身体が世界内存在であることを表現するための一つの仕方なのである」と述べている。

2）身体を任すという経験

　音楽療法でよく行う身体運動に、音楽に合わせて膝を屈伸させることがある。それは、バレエの基本動作でもあるプリエをイメージできる。

　その屈伸の際には、足の裏を床につけることと上体を伸ばすことが必要になる。膝を曲げることで＝重力に任せる、膝を伸ばすことで＝重力に拮抗する、ことを経験させる。

　また、この活動を通して、身体の軸を形成させる。身体、特に腰を中心にして、自分の前後・左右・上下の空間の中心に身を置かせることが大きな目的となる。音楽は上昇音型と下降音型で運動に合わせて提供する。この活動も身体組織化に大きな意味を持つ。それに加えて、左右に重心を移動しながら上体を揺らすことも行っていく。上－下、左－右という両極の間を行き来する中でも、身体軸の形成や身体組織化が促進される。

　横になることは「身体を任す」体験をさせやすいが、自閉症の子どもの場合、床に横に寝かせると、頭や肩を床につけられずに浮かしてしまったり、背中が反ってしまうことが多く見られる。触覚防衛の強さもあるが、外界（他者）に身体を任せていくことの不得意さの現われでもある。手足を

伸ばし床に横になることは、身を任せることにおいて大きな意味をもつ。

3)外界への気づきと身体

　重度重複障害児や自閉症の子どもと音・音楽による外界の気づきと身体との関係を見てみると、音に触れることによって、目の動きや表情、呼吸が変化して、ロッキングや常同行動が一時的ではあるが止まることは、外界との関係が身体運動の変容を起こし、外界＝他者に向かう姿勢が身体に現れたといえる。これが「音楽と触れる姿勢」を形成する。

　運動障害があるクライエントの場合も、運動の支点を作ることで、指先を動かして楽器に触れることができる。触れることで身体全体のバランスを変えていくことに繋げられる。身体の向きを変えて、楽器（＝音）や声（＝他者）と最もかかわりやすい態勢を自分で協調させていくことが、筆者の考える身体組織化である。もちろん、協調させるために、セラピストが身体に触れることも行う。

　音楽は、協調を促進する役割を果たす。それが音楽療法における音楽の大きな役割である。クライエントが自己組織化を行うための環境を、〈声－楽器－身体＝セラピスト〉が提供するのである。そのためにセラピストは、みずからが発する音の質や強度を、直感的に組織化して提供する。

────────────────

［エピソード］
　知的障害のある養護学校小学部高学年のＱ君は、提供された音楽に合わせて一定のリズムを刻むことができるが、無表情な（義務的な感じのする）楽器の叩き方であり、セラピストとの情動的交流が見られにくかった。
　運動面では、足首や膝の柔軟性が乏しく、足の裏を床につけて座ることができず、おしりも床につけなくてはならず、運動協応が円滑に行われな

かった。

　しかし、ボールをピアノの鍵盤に当てて出てくる音を喜んだり（お道化）、声の即興を行うことを通して、次第に顔の表情が柔らかくなった。母音や構音も次第に明確になり、2〜3音節の言葉も発音できるようになった。コンガの叩き方も、伴奏のテンポや強弱に合わせられるようになった。

　そしてそれに伴って、身体の動きに変化が見られるようになった。フィンガーシンバルを両手に持たせると、両手を合わせるように叩き始め、次第に左右に身体を揺すりながら楽器を演奏していた。セラピストはその動きに合わせて6拍子の流れるようなメロディーを弾いていった。クライエントはさらに左右の動きを大きくし、ついに回転を始めた。セラピストは動きに呼応するようにダイナミックな音楽を提供した。クライエントは声を出しながら回転した。

　そこで次に「反対」とセラピストが言語指示すると、逆向きに回転を始めた。数回のセッションを経て、セラピストは言語指示を行うのではなく、提供する音楽のメロディを上昇から下降へ、逆の旋回型などに変えるようになり、クライエントはその音楽を聴き分けて回転方向を変えるようになった。身体は柔軟性を高め、膝の屈伸や立ち上がり動作での足の裏のつき方も改善され、円滑になった。

〔解　説〕

　音楽療法場面では、通常からは想像できない動きが出現することがある。このケースでは、6拍子の音楽に誘発され身体運動が出現した。左右のバランスから始まって回転へというプロセスは、振り子のような動きからさらに音楽により触発され、振り子の動きが増幅する運動を発展させていった。非常に創造的であり、運動が協調されて身体運動が組織化されていくプロセスを見ることができた。音楽に組み込まれた運動に、さらにクライエントが気づき、動きに協調させていった例と考えられる。

第 8 章　コミュニケーション

> 気脈が通じる——ラポールとかコミュニケーションと
> かいう言葉より、はるかに臨床的表現である。
>
> 霜山德爾

　クライエントの保護者から、「観察室から見ているのと、セッションルームに入って見るのとでは空気がまったく異なる」とよく言われる。それはセッションルームに入ったときの、張りつめたような（否定的な意味ではなく）空気や、セラピストとクライエントの間にある〈音楽によって繋がっているもの〉を身体に（直に）感じるからであろう。

　コミュニケーションとは、語源的にはラテン語の「communis」で、すなわち共通性を成立させる試みを意味している。また、相互作用の連鎖を指すのではなく、なんらかの情報の共有も含んでいる。

　コミュニケーションの最も効率的な手段は言語であるが、その他にも姿勢、表情、身ぶり、近接性などがあげられる。非言語的手段には、①動作行動（身ぶりなど）②身体特徴（背の高低、太っている・痩せているなどの特性）③接触行動（頭をなでる、肩を叩くなど）④準言語（声の大きさ、高さなど声に

伴う特徴）⑤近接学（相手との距離の置き方）⑥人工品（眼鏡、香水、装飾品など）⑦環境要因（周りの音や明るさなど）など、さまざまな要素が含まれる。実際に、私たちは、言語コミュニケーションを行っているときに、言葉以外の非言語的要素を多く取り入れている。エックマン＆フリーセンEkman & Friesen (1969 邦訳：本名他 1981) は、身体の動きや顔の表情を、①表象 ②身体操作 ③イラストレーター（例示的動作） ④情動表出 ⑤レギュレーター（規制的動作）の５つに分類している。

1 コミュニケーションの発達

荻野（1997）は、コミュニケーションの発達を、次の３つの水準で捉えている。

水準１「解釈者依存のコミュニケーション」
　　発達初期に現れる、解釈者に依存したコミュニケーション（意図を読みとる人がいて成立するもの）
水準２「道具的コミュニケーション」
　　生後１年目の後半に現れる、道具的コミュニケーション（発声や身ぶりといった手段を用いて、誰かに何かを伝えるようになるもの）
水準３「他者表象を伴うコミュニケーション」
　　2、3歳頃以降に見られる、伝える相手の受けとめ方を意識するようなコミュニケーション（ウソをつく、フリをする、冗談をいう、など）

小椋（2005）は、誕生後のコミュニケーションを、レディ V. Reddy (1999) の前言語コミュニケーションを中心に５期に分けている。
　1）新生児期
　2）２〜３ヶ月の情動コミュニケーション

3) 生後半年における規則性や驚きを楽しむコミュニケーション
4) 8〜12ヶ月の他者の注意や情緒を理解したコミュニケーション
5) 12〜15ヶ月の言語としての指さし

　言語獲得は、子どもの生得的な能力に依存しながら、養育者も言語発達に必要な言語経験の環境を与えている。大人が子どもに話しかけるときに用いる独特な話し方として、ＣＤＳ (Child-Directed Speech　子どもに向けられた発話) と呼ばれるものがある。ＣＤＳには、音律的な特徴（ゆっくりなテンポ、高いピッチ、誇張したイントネーション）、文法的簡単化（発話の長さが短い）、文法的な表現、冗長な表現、意味的な制約、などの特色がみられる。またマザリーズ（motherese　母親語）やベビー・トーク（baby talk　育児語）も行われる。
　コミュニケーションを成立させるための基本的な行動に、会話に参加している人たちが同じ対象に注意を向ける「共同注意 joint attention」がある。生後6ヶ月前でも、子どもと養育者は見つめあう経験を重ねていく。この頃から始まる、本格的な視覚的共同注意への前駆的能力を、大藪（2004）は「対面的共同注意」と呼んでいる。また生後9ヶ月頃にみられる、みずから他者に意図を伝えようとする行動（新たな玩具への指さし、親に玩具を渡す、玩具を見せるなど）を、「意図共有的共同注意」と呼んでいる。この時期に、大人の視線がものにだけでなく、子ども自身にも向かっていることを意識することが、自己意識の始まりだと言われている。

2　障害児のコミュニケーション

　障害児のコミュニケーションでは、多くの子どもが言語を介さず（表出言語がない子どもが多い）、声や表情、指さし、あるいは身体の動きを用いて、

他者に意思を伝えようとする。大人からの「～なの？」「～でいいの？」といった問いかけや働きかけに応じて意思を伝える子どもも多いが、現実的には、大人の一方的な働きかけで、コミュニケーションを行ってしまうことも多いのではないだろうか。

　バードウィステル Birdwhistell（1970）は、人間のコミュニケーションで言語の占める割合は 30 ～ 35％に過ぎないと述べている。またメーラビアン Mehrabian（1968）は、メッセージの 7％が言語であり、38％が準言語（トーン、イントネーション、ピッチ、ストレスなど）、55％が顔の表情によるものと判断している。デイヴィッツ Davitz（1964）はコミュニケーションにおける声の操作により、怒り・神経質な状態・悲しみ・幸福感・同情心・満足感・恐れ・愛情・ねたみ・誇りの 10 種類の感情を表すことができることを実験で示した。アディングトン Addington（1963、1968、1971）は、声が話し手の個性や気質について、聞き手に一定のイメージを与えるとし、次のように対比的な次元を提示した。

　　男性的な／女性的な　　　若い／老いた
　　情熱的な／無感動な　　　熱心な／怠惰な
　　ハンサムな／醜い　　　　協調的な／非協調的な
　　感情的な／非感情的な　　饒舌な／寡黙な
　　知的な／愚鈍な　　　　　興味を引き起こす／興味を引き起こさない
　　成熟した／未熟な

　しかし、アディングトンの示したこの対比的な次元も時代性を反映し、境界の曖昧さが見られるようになっている。近年、男性の声が細く声域が高くなり、女性は声が太く低くなる傾向を示している。

3 音楽療法におけるコミュニケーション

1) セッションにおける〈音〉

　これまで述べてきたように、前言語コミュニケーションは、あらゆる手段と感覚を用いながら発達していく。〈子ども－養育者〉〈子ども－もの〉の2項で構成される遊びである「2項関係」から、〈もの－他者（養育者）－自分（子ども）〉の3項が同時に行われる「3項関係」に移行していくことが、コミュニケーションを発達させるうえでは大きな意味を持っている。

　音楽療法では、声・楽器・音楽そのものが〈もの〉として捉えられ、3項関係を成立させていく。楽器を使う場合は3項関係が比較的取りやすく、視覚的、触覚的な手がかりを介して、関係性を深めることができる。声や音は形として見えないが、音としての存在を〈もの〉として捉えることができる。音やその余韻を聴く時、セラピストが宙を指さして、ことばは発しないが「聴いて」（音を見てという意味を含め）とクライエントに示すことで、音への共同注意が行われる。このときにセラピストは表情豊かに音を聴くことが重要である。クライエントはセラピストの表情に自分の気持ちを重ねていく。

　稲田（2003）は、スターン D. N. Stern の「自己感」「情動調律」やウィニコット C. W. Winnicott（1896～1971）の「可能性空間」「移行対象」などの発達理論が、ミュージックセラピィにおける、セラピストとクライエントとの非言語レベルで構築するプロセスと類似していると説明している。

　特にスターンの「無様式知覚」では、ある一つの知覚様式で受信された

情報を別の様式へと転換させる能力が、最早期の乳児のばらばらな体験を組織化するプロセスにおいて、乳児自身が発揮する能力であり、この組織化の体験そのものが「新生自己感」であると述べている。さらに人間の感情の形を、分類可能なカテゴリー性の情動（幸せ、悲しみ、恐れ、怒りなど表現で表すことのできる情動）と、動的・連続的な生気の特性を持つ情動（生気情動。動機づけの状態、食欲、緊張など変化により引き出される情動）に区別している。さらに「主観的自己感」（生後7〜9ヶ月）では、「間注意性」「間意図性」「間情動性」の3つの分類と、「情動調律」（生後9ヶ月以降）について模倣との違いについて言及している。

　稲田はまた、ミュージックセラピィにおける生気情動と情動調律について、「ミュージックセラピィにおける構造をもたない音のやり取りは、この無定形な感情がセラピストとクライエントとのあいだで調律されながら、クライエントが、発動の感覚、身体融和の感覚、連続性の感覚、情動の感覚を体験する場となる」と述べている。

　音楽療法ではクライエントとセラピストの音は調律されながら変化し、共有される音に変換された生気情動は、音の世界の中で別の様式を通して表現され、互いに受けとめられていくことになる。情緒的であることと音楽的であることとのこの同一性は、セラピストとの間主観性の世界を広げ、クライエントの自己感の再構築を導く要素となると述べている。

2) 音楽療法の非言語的コミュニケーション

　霜山（1989）は、「われわれは精神病者と初診の時、どのようにして出会うのだろうか。それは当然のことながら、緊張して注意深く、しかも暖かく人間的に迎え、『気脈が通じる』（ラポールとか、コミュニケーションとかいう言葉より、はるかに臨床的表現である）ことである」と述べている。この言葉を、「障害児と出会う時」に置き換えても、同様のことが経験できる。

音楽療法において、セラピストには、クライエントの表出するリズムや運動表現に合わせるという表層的な音づけだけではなく、その背後にあるクライエントの言語化できない情動を、音楽を通して言語化していく作業が要求される。それゆえに、クライエントは直感的に、セラピストの音を受け入れていくことになる。すでに述べてきたように、〈音に触れる → 音と触れる〉という志向性の違いが、その後の音楽的文脈を作ることになる。

3) コミュニケーションとしての「触れる・触れられる」

　筆者は、重度の知的障害をもつ自閉症のクライエントを対象に、音楽療法セッションおよび日常生活（移動・衣服の着脱・食事・排泄など）において、表出を援助する方法として、クライエントの身体に軽く触れる援助方法を行った（2002）。

　筆者はまた、音楽療法場面での「触れる」体験を、身体接触ではなく「音」で行おうと試みた。特に下記の1）～3）については、「音」そのものがクライエントに触れるものと考えられる。また楽器操作については、楽器に触れることで、「触れる－触れられる」という現象が現れる。触れる部位は肘や手首、肩などでその場面状況に応じて多少変化させた。そして、障害児にとって「触れられる」ことの意味を、次の6項目に整理した。

1) 触れられることで「外界を捉えやすくする」
2) 触れられることで「運動のきっかけを作る」
3) 触れられることで「自己の身体に気づく」
4) 触れられることで「他者の存在に気づく」
5) 触れられることで「身体の態勢を整える」
6) 触れられることで「外界・他者へ働きかける気持ちを整える」

　1）〈音に触れる〉──触覚防衛の強い自閉症の子どもの場合、（クライエ

ントにとって）不快でない音を提供することで、音が脅威でないことによる外界の捉えやすさを経験する。また音楽がその場を守る安全なものであるという経験となる。

　2）〈音と触れる〉——不快でない音の提示により、楽器やセラピストのほうへ気持ちを向ける。瞬間的でも運動が起こり、音と触れるきっかけを提供できる。

　3）音やセラピストの方へ近づく、あるいは楽器に手を出すことで、意図的な運動を起こすことになる。また楽器や音楽により運動がフィードバックされる。運動によりセラピストや楽器との距離を意識する。

　4）楽器操作を行ううえで、セラピストの手をとってセラピストを道具的に使用したり、セラピストに楽器を渡して演奏させるなど、他者（セラピスト）の存在に気づくようになる。

　5）セラピストが肘や手首に軽く触れることで、運動の支点を作ることができ、楽器操作や運動がしやすくなる。また運動を起こすことが、その部位だけに留まらず、他の部位も運動を起こしやすくするような協調運動が見られ、運動が組織化される。

　6）身体組織化が促進されることで、外界・他者に働きかける気持ちを整えることができる。外界への志向性や姿勢が整えられる。

　この場合、音楽の提示や身体接触をセラピスト以外の人が行ったとしても、上記のような行動は現れない。それは、セラピストが行う触れ方、音質、音色、タイミングなどとは微妙に異なることを示しており、それによってクライエントが行動を選択していることがわかる。セラピストとクライエントとの関係性が如実に反映され、そこにセッションの面白さと怖さとがあると言ってよい。

　セッションを行っていて、「今、クライエントと繋がった」と思う瞬間がある。それは確実に、クライエントとセラピストが音楽を通して触れ合っ

た瞬間である。集団セッションでも、クライエント一人と繋がったと実感すれば、関係性はあまり崩れない。他のクライエントとやりとりを行っていても、関係性はすぐに取り戻せる。

浜田（2003）は、自閉症スペクトルの人たちについて、「彼らは決して心を交流できない人たちでない」と述べてから、「彼らと本当に交流できたと感じる時は、何か人と人とを隔てている壁を越えて生命の本源的なレベルで、やっと通じ合えたという不思議な、健常の人たちとの間ではなかなか味わえないような、至福のときを体験することができます」と結んでいる。

もちろん、一方的に交流できたと思い込むことは危険であるが、セラピストだけが実感として捉えられるものである。セッションを通してコミュニケーションが促進されたと確信するときがある。それはクライエントとセラピストの息遣いが一致したとき、あるいは霜山の「気脈が通じた」と感じるときである。

4）音楽の表現を引き出す〈触れ方〉

障害児の音楽療法の目標の一つとして、コミュニケーションの改善が挙げられる。これまでも述べてきたように、音楽療法でのコミュニケーションは、セラピストとクライエントとの〈相互性〉により成立する。重度重複障害児への音楽療法では、どのようにして子どもの表現を引き出すかがセラピストの課題である。運動障害を抱える子どもの場合は、運動が制限されるためセラピストやアシスタントが手首を持って楽器を叩かせたり、楽器に触れさせることが多く行われる。しかし子どもの自発的なかかわりにはなりにくい。セッションでセラピストが手首に触れ、支えると、子どもが手指を動かして楽器に触れたり、叩くなど、自発的な運動を起こすことが見られる。これは自閉症の子どもにおいても同様である。表現が乏しいとされている子どもも、実は豊かな表現を行っている。

表現を引き出す援助法

　ノードフ・ロビンズの創造的音楽療法では、子どもたちに内在する音楽「ミュージック・チャイルド」を引き出していくことが、音楽療法士の役割であるとしている。子どもの表出する声や、楽器の音、身体運動、顔の表情やしぐさなどを音楽の枠組みに置き換えることが、セラピストの役割である。そのためには、真摯な臨床の積み重ねと、自己洞察の集積が必要である。音楽療法ではセラピストの提供する音楽を介して、子どものさまざまな表現を〈表出〉させ意味あるものにしていく。

　中村（2013）は、言葉を発することができない人たちを支援する FC（Facilitated Communication）や STA（Soft Touching Assistance）の研究の経緯と、そこから生じた議論を詳しく解説している。STA は、2000 年に国立特殊教育総合研究所（現・独立行政法人国立特別支援教育総合研究所）でまとめられた表出援助法である。FC は、オーストラリアのクロスリー Crossley（1979）により開発され、ビクレン Biklen（1990）によりアメリカに紹介されて、国際的な議論を呼び起こした。重度の脳性まひ児や自閉症児に対して、指導者が手の甲を包み込むようにして支援すると、文字を書いたり、タイプで文章を打つなどの報告が見られ、身体の一部に触れることで起こるこうした表出は、子どもたちの内在する表現を引き出す方法として注目を集めた。

　しかし、その信憑性が多くの議論を巻き起こすこととなった。FC や STA の検証の難しさは、セラピストが子どもの手の甲や肘に触れる行為と、子どもがタイプを叩いたり、文字を書く行為との間の関連性、そしてどこまでが子どもの自発的な表出なのかが明確にならないことであろう。しかも、誰が援助しても表出が行われるわけではなく、援助者によっては表出が行われないことも報告されている。これは援助者の「触れ方」が子どもの表出に影響すること、子どもが瞬時に援助者を選択していることが

考えられる。いわゆる「気脈が通じる」ということになる。筆者が提唱しているような、「音（外界＝他者）に触れる」から「音と触れる」という、外界に向かう姿勢が変容する構造にも繋がることである。外界に向かうこの姿勢が生じるからこそ、音楽療法では、子どもとセラピストの両者の音楽表現により、セッションが発展する。音や音楽は、子どもの表現を明確な輪郭として表出させることができる。FCやSTAで、援助者によっては子どもの表出が行われないことがあったように、音楽療法においても、セラピストの音によっては、子どもは表現を起こさないということも生じる。

音楽療法における身体的援助

　音楽療法は音楽を介した子どもとのコミュニケーションであるが、コミュニケーションにはさまざまな段階があり、どのように捉えるかはセラピストの経験知から生じる直観によるところが大きい。しかし直観は、明確なアセスメントとセラピストの音楽によって成立するものである。目の前にいる子どもは、セラピストの音によって触発される。どのように音楽を（音質を含め）提供するかが、コミュニケーションを決定づける。セラピストの音楽もまた、子どもによって触発される。この触発が連動し、音楽の文脈を形成し、コミュニケーションへと発展する。しかし、セラピストの音楽があまりにも雄弁で、音楽を作りすぎてしまうと、逆に子どもの表現を抑えることになる。このバランスは難しい。子どもの表現を活用して音楽を構築することは、音楽との一体感を経験することに繋がるが、子どもの音楽表現を子ども自身に気づかせていく音楽づくりも忘れてはならない。

　障害児と音楽療法を行う際に、微細な動きでも全身でバランスを取り、協調運動が行われているのを見ることができる。セラピストやアシスタントは、触れる部位、触れる時間、触れるタイミング、何より触れ方に細心

の注意を払うことが望まれる。その際に、子どもの呼吸をセラピストが察知し、息を合わせることが必要である。

　脳性まひ当事者であり小児科医でもある熊谷（2009）は、自らのリハビリ体験を客観的に分析している。トレーナーとトレーニーを、A〈ほどきつつ拾いあう関係〉、B〈まなざし／まなざされる関係〉、C〈加害／被害関係〉の3種類の関係性として考察している。この中でA、Bは、トレーナーが熊谷の体に物理的に介入する点を共通しているとしている。トレーナーが「腕を引っ張る」という動きと、熊谷の「腕が伸びる」という動きはセットになっている。このようにトレーナーと熊谷の動きのあいだには、相互に情報を拾いあい、影響を与え合う関係が、ある程度成立していると述べている。

5) コミュニケーションにおける〈間〉

　即興音楽を活用し、「創造的音楽療法」という一つのスタイルを作り上げた、ポール・ノードフ P. Nordoff とクライヴ・ロビンズ C. Robbins によるノードフ・ロビンズの音楽療法は、わが国にも大きな影響を与えた。その即興音楽は楽譜として出版され、障害児の音楽療法のセッションで用いられている。

　ノードフの素晴らしいピアノの即興演奏は、クライヴの見事なサポートを得て、クライエントの内なる音楽（Musical Child）を引き出していく。その様子はＣＤ化され映像も残されているが、そこで見られるセッションは、確かな音楽療法の可能性を実感させる。歌詞を伴った音楽で歌いかけながらセッションが進行するが、英語のイントネーションに沿ったメロディーとリズムに多彩なハーモニーが加わり、豊かな音楽の世界を構築していく。そして音楽の構造を巧みに利用し、クライエントとの一体感をも作り上げていくのである。

音作りは本来、その場での状況により作り出される「一回性」のものであろうが、セッションを重ねるうちに、即興音楽もクライエントに定着し、松井の提唱する Call-T（呼びかけ技法）の意味を持ってくる。筆者は、そこで作り出される音楽で最も重要な点は、〈休符〉の扱い方であると考えている。一瞬の〈間〉が、クライエントの集中力を持続させ、次のフレーズへと導いていく。この休符がセッション自体の緊張感を持続させている。第4章（84頁、セッションの導入歌）で前述したとおり、休符に触れることで、まさに態勢が整えられるのである。逆説的ではあるが、音のない空間によって、音に触れることが鮮明になっていく。これはコミュニケーションにおける〈やり－とり〉のキーポイントである。

またセッション中に音を止めて、〈無音の世界〉を提供することで、より音を知覚するようになる。ロバーツ Robarts（2005）は、即興的な音楽を創造する中では、能動的な体験とも感じられるような沈黙が「間 space」として与えられ、そこから子どもの「自己への気づき」が現れ始めると述べている。

6) 気持ちをなぞる

ルイス Lewis（1993）によれば、赤ちゃんは誕生時に「充足」「興味・関心」「苦痛」という3つの原初的・一時的情動が備わっているという。そして、自分自身の身体的・生理的状態への反応から、周囲の人とのかかわりの中で「喜び」「悲しみ」などの反応へと変化していくと述べている。

通園施設や特別支援学校における音楽療法において、コミュニケーションを図ろうと、手遊び歌や擽り遊びなどの身体接触で子どもの反応を見ていると、子どもが曖昧な表情をすることがある。それは前述したように、「喜び」というよりも「困惑」「迷惑」という表情に見えることがある。まだ感情が分化できず不安感を伴う曖昧な表情を示すことが多い。

このような場合、身体接触の刺激量を考慮しながらセラピストが一緒に笑ったり、あるいは怒ったりすることは、コミュニケーションを促進するうえで重要である。またクライエントが泣き始めたときは、様子を見ながら泣く声を Echo-T（反響技法）を活用して応答すると、クライエントの情動がより明確になり、セラピストとの共感性が高まり、泣きやむことが見られる。また、笑い、怒りなどに対しても同様に反応すると、次第に情動の分化が見られるようになり、情動表現も明確になり、情緒が安定する。コミュニケーションを促進するうえで、クライエントの気持ちをセラピストがなぞることが必要である。

7）音楽療法におけるドラマ性

　根津（2001）は、自閉症の20代男性との音楽療法セッションから、音楽療法のドラマ性を報告している。根津は心理療法としての音楽療法の独自性とは、音楽的経験に内在する〈ドラマ性〉であり、そのことが治療的な効果を生み出す原動力であると述べている。また根津は、即興音楽を用いながら、イメージ、言語、身体などすべてのレベルの相互作用を包括した〈相互主観性〉と同義に扱うこととしている。音楽活動場面では、セラピストはクライエントの瞬間瞬間の反応を判断しながら、主観的に創造活動に寄与することになる。クライエントもまた同様にセラピストとかかわることになる。お互いが鏡となって反応していくが、治療経過とともに、両者の関係性の中で醸成された内面も映し出すことになる。これが〈ドラマ〉を構成すると述べている。

　では、ドラマを生成する場合、どのような視点で音づけが行われるのだろうか。筆者は、これまでも述べてきたように、音楽を提供する際にクライエントの音楽の好み、音楽の許容量、姿勢・しぐさ、まなざし、顔の向き、表情、口もとの動き、呼吸、舌の動き、手指の動き、全体の雰囲気な

どを観察しながら直感的に音を考えてきた。それは音楽的・情緒交流的な文脈、クライエントとの身体的交流の文脈と言ってもよい。また、セラピストを含むその場の環境、楽器の種類、置かれている位置、机や椅子の位置との関連も視座に入れてきた。前述のドラマ性は、このような文脈の中で生成されていくものであると考えられる。その時の、クライエントの姿勢や、セラピストや楽器との距離、あらゆる環境要因から生まれてくる音が、その瞬間に生きてくる〈音によるコミュニケーション〉に他ならないのではないだろうか。それは既製曲を活用しても十分に起こりうるかもしれないが、即興音楽の良さは、音楽という枠組を自由に変容させることができることにあり、そのためにより深いコミュニケーションが起こるのではないだろうか。

経験より培ったセラピストの直感による音楽がそこに有効に働くことにより、たえず主体が変容し、新たな動きに導かれながら、セッションが進行し、場面構造やクライエントの自己組織化が促進されていく。それはクライエントだけではなく、セラピストも同様に自己組織化が行われる。コミュニケーションの語源である「共通性 communis」を成立させる試みが行われていることになる。

音楽療法はこの「音」との出会いによって、決定づけられると言ってもよい。しかし、それは時間を要する作業であり、クライエントが少しずつ気持ちを広げ、セラピストの音を受け入れるようになることも多い。それはクライエントの変容というよりも、セラピストの音の変容が大きいと思われる。音楽療法は相互関係性の中で発展していくものであり、クライエントの変容ばかりに目を向けるのは誤りである。

第9章　自閉症児の音楽療法

> おきき、君は遠くから僕を聞くことを学ぶだろう
> 要は、耳よりも心を傾けるにある、
> そうさえしたら、見張ったり、待ち受けたりしている
> 　　この僕の所へ来るための
> 橋も道も君はすべて自分の中に見つけ出す。
>
> 大西洋を縦に隔てていたとしても平気さ、
> 僕らの間に横たわる野も森も山も何でもないさ。
> そんなものはすべて、やがて、君がちょいと睨むだけで、
> みんなつぎつぎにひっこむ筈だもの。
> 　　J.シュペルヴィエル「おきき……」（「無実の囚人」より）

　自閉症児が起こすパニックやロッキング、あるいは独り言などを目の前にして、セラピストとしてどのように係わろうかと思うことがある。それは経験を重ねても同様である。クライエントのその時の状態によって、音楽や楽器を提示すると、係わりを拒絶するように、耳ふさぎや奇声を発することも見られる。アルヴァンは、自閉症児の音楽療法はセラピストとして最後に係わったほうがよいと述べている。では自閉症とはどんな障害なのだろうか。第2章でも簡単に触れたが、ここではもう少し詳しく考えてみたい。

1 自閉症とはどのような障害か

1) 自閉症研究の系譜

そのはじまりから60年代の「転回」まで

自閉症研究の始まりは、カナー L. Kanner (1943) が、「情緒的接触障害を有する」11例を、早期自閉症 (early infantile autism) と命名したのが最初であった。同時期にアスペルガー H. Asperger (1944) も、類似した自閉症精神病質の児童について報告している。アスペルガーは対人関係を含む社会性の障害をその中核として報告した。

ベッテルハイム B. Bettelheim (1967) は、自閉症を不適切な養育環境に対する否定的な情緒的反応と捉え、自閉症に対して精神療法を行った。また施設治療を試み、そこでは絶対受容による治療を徹底して行った。それは彼自身がナチスの強制収容所の生存者であったという背景が大きく作用している。ここで論じられた親の養育態度の問題に関しては、オルニッツら Ornitz & Ritvo (1977) によって、自閉症の親のみに特徴的な病理は認められないことが明らかにされた。また、ラター M. Rutter (1968) は、自閉症を先天的な器質的障害に基づく発達障害であるとし、一次的な障害は社会性障害よりも言語・認知障害にあるとした。

この1960年から70年代への自閉症の捉え方の転回を、中根 (1977) は「コペルニクス的転回」と呼んでいる。別府 (2001) は、「自閉症幼児の他者理解」で、原因論の変遷について、カナーによる自閉症概念の提出を第1期、ラターの言語・認知障害説を第2期、カナーへの回帰を第3期としている。

1980年代に入る頃、新たな原因論が指摘された。それは、自閉症が先天

的な脳の機能障害を素因とするという点では、認知・言語障害説を踏襲するが、一次的障害は社会性障害にあるという考えである。これは基本的にカナーの主張と一致することから、野村（1992）は「カナーへの回帰」と呼んだ。

「心の理論」をめぐって

プリマックとウッドラフ Premack & Woodruff(1978)は、「心の理論 theory of mind」の概念を提唱した。プリマックとウッドラフによると、心的な状態というものは直接観察できる現象ではなく、推論に基づいて初めて構成されるものであり、心の理論を構成すると、他者の行動をある程度予測することができるようになるということである。自己および他者の目的、意図、知識、信念、思考、疑念、推測、ふり、好みなどの内容が理解できる場合、その人間は「心の理論」を持っていると考えるという理論である。

「心の理論」に対して、デネット Dennett（1978）は、他者の行動を誤った信念（false belief）に基づいて理解し予測する場合以外は、他者の信念の理解がなくても可能であると主張した。

コーエンとフリス Leslie Boron-Cohen & Frith（1985）は、誤った信念を調べる課題として考案された"サリーとアン課題"を自閉症に初めて施行した。この課題はその後もさまざまな研究者によって追試され、その結果、自閉症児は、他者の心的状態を理解する必要のない物語課題（たとえば、女の子が走っていて、道端の物につまづいて転ぶという物理的要因の場合）では、ＭＡ（mental age）を同じくした統制群のダウン症児や健常児と同じように正答したが、他者の信念理解を必要とする物語課題（たとえば、女の子が人形を置いて花をつんでいる間に、別の子が人形を持っていってしまう。女の子が花を手にして振り返った時に、あるはずの人形がないのを知って驚くといった物語）になると、自閉症児は、統制群の子どもより低い正答率であった。これらの研究から、「誤った信念」課題で見られたように、"心の理論の欠損"が、

自閉症の一次障害であるという仮説を生み出す契機になった。

"心の理論の欠損"を自閉症の一次的障害と考えるために、ウィング L. Wing (1979) は自閉症の特徴を以下のように示した。
1) 対人相互交流における質的障害
2) 言語的および非言語的コミュニケーションおよび想像活動における質的変容
3) 活動や興味の領域が著しく限られていること

子安・木下 (1997) は、「心の理論」課題は、他者の心的状態の推測、心の内容の表象的理解を問うものであり、内容の前提となる存在の理解がどのように形成されているかについて十分に触れられていないと指摘している。

河野 (2005) は、現在の自閉症研究において、自閉症はいわゆる健常な状態から典型的な症状まで、連続的な「自閉症スペクトラム」をなしていることに触れ、心の理論を批判的に論じている。河野はまた生態学的立場に触れ、「行為者と環境は常に循環的な関係にあり、行為者は、環境との循環的な因果関係によって自己を形成し成長していく」と述べている。そして滝川 (2004) の「人間の心の世界は、個体の外にひろがる共同体的な関係世界を本質としており、その共同性を獲得していく歩みが精神発達である。個体の脳の内面だけでは他の人と社会的に共有できる認識や行動の獲得は不可能である」という問題提起を紹介している。さらにジョップリング Jopling (1993) の「私たちが心の理論を持ちうるとしたら、それはまず私たちが他人に出会うからである。他者の心の理論は、この出会うという原初的な人間経験からの抽象化であり理念である」という考えについても言及している。

私たちが他者と出会うことがなければ、また他者と触れ合うことがなければ、他者を理解していくことはできない。自閉症の音楽療法は、まさに

この出会いの場面を提供できるものである。

現在の診断基準

自閉症の診断は ICD（International Classification Diseases：世界保健機構編纂による『国際疾病分類』）と DSM −Ⅳ（Diagnostic and Statistical Manual of Mental Disorders：米国精神医学会編纂の『精神疾患の診断と統計の手引き』）を基準としている。このなかで自閉症は「自閉性障害 Autistic Disorder」として広汎性発達障害の一つに分類されていた。2013 年に広汎性発達障害が下位のカテゴリーも含め自閉症スペクトラムと変更された。自閉症の治療方法としては、応用行動分析、動作法、遊戯療法、抱っこ法、乗馬療法、TEAACCH（Treatment and Education of Autistic and retated Communication handicapped Children）などが実践されている。

2）自閉症と音楽療法

ではここで、自閉症児を対象とした音楽療法について述べてみたい。

音楽療法場面における自閉症児の特徴

音楽療法場面で見られる自閉症児の特徴として、以下のものがあげられる。
1) セラピストと視線を合わせない
2) 落ち着きなく部屋中を歩きまわったり、部屋の隅にいることが多い
3) 手首をひらひらさせたり、身体を前後左右に動かす常同行動が見られる
4) 奇声を発したり、独り言やエコラリアが見られる
5) 特異なリズムを持っている

6) つま先歩きで踵(かかと)や足の裏を床につけない
7) ジャンピング台やトランポリンを好み、爪先立ちでジャンプする。表情は発散的になるが、自分からジャンプを止めることは難しい。提供された音楽には興味を示さない
8) 楽器に触れるときは、指先（爪の方で）や手の甲で触れることが多い
9) 撥(バチ)を指先で持ち、手前方向に先端を向けて叩いたり、力まかせに叩く
10) 吹く楽器（クワイアホン、カズーなど）は、楽器を口につけることを嫌がる
11) 歌唱では、歌詞は正確に歌えることが多いが、メロディーに音程がつきにくく、単調なコンピューターの音声のようである
12) まったく音楽を聴いていないことはなく、教室のすみやカーテンの中などで、物に隠れるようにしながらも聞いていることが多い。また耳ふさぎも多く見られるが、時折音を聴くように耳から手を外すことがある
13) 歌いかけても目を合わせずに身体を引き、身体に触れようとすると上体を引いて距離をおく
14) やりとりがパターン化し、共感的な場面が作りにくい

このような特徴をもつ自閉症児を対象とした音楽療法は、音楽を介した情緒的交流を図ることが大きな目的となる。

自閉症児を対象とした音楽療法の意義
以下は、自閉症児の音楽療法の意義をまとめたものである。
1) 音楽が脅威や攻撃の対象ではないことを経験する
2) 安全な音楽に包まれることを経験する

3）適切な情動の発散方法を経験する
　4）音楽を介してセラピストとの関係性を深める
　5）呼吸・声を安定させ、声に表情を持たせる
　6）楽器演奏や身体運動を通して自己像を組織化する
　7）場面の共有・共感性を高める
　8）他者との適切な距離が取れるようにする
　9）表現力の拡大

　自閉症に多く見られる行動に、自傷行為がある。松井（1989）は自傷行為について、「人間が本来内包している攻撃性が、他者やものに向けられずに、自己自身に向けられた状態だと理解することができる」と述べ、その対処を「自傷行為を改善するということは、一つには方向転換を図ることであり、今一つは適応的発散の方法を学習することである」と述べている。
　たとえば強く頭を叩く行為を、太鼓を叩く行為に置き換えることで、社会で容認された形での攻撃的な情動の発散が行われる。またロッキングや常同行動に音楽を提供し、運動と音楽との一致に気づくことで、ロッキングや常同行動に意味を持たせることができる。そのことが、自己への気づきや運動調整に繋がるものと考える。
　また自閉症児は直接に人とかかわることが苦手だが、音・音楽・楽器などを用いて外界に意識を向けさせ、外界との関係づけを促す。さらに、セラピストが提供する音をクライエントが受けとめれば、音との関係を深めていくことになる。そのためにはクライエントにとって受けとめやすい音を提供することが課せられる。音はセラピスト自身であり、クライエントは次第に音楽＝セラピストの関係に気づき、受けとめていく。
　音楽はウィニコットの言う「移行対象」としての意味を持つ。その場合、セラピストがどのような〈質〉の音を提供するかによって、クライエントは、その音と関係を結ぶか否かの決定を直感的に行う。またセラピスト

は、クライエントとの距離・空間、余韻なども考えて音楽を提供する。音楽はセラピスト自身の情動表現でもある。クライエントに提供する音の中に、セラピスト自身の感情が含まれる。このセラピストとクライエントのやりとりで、〈情動の受け入れ〉－〈情動の表出〉を経験させていくことが重要である。

セッションにおけるアプローチ

　自閉症児を対象としたセッションにおいては、既製曲を用いることも多い。既製曲は既知で耳慣れているため、安定して音楽活動が行われることが多い。またパターン化しやすく場面の予測がつくことで、混乱が軽減されることはある。

　しかし筆者は、そのことによってクライエントとの相互関係が高まるとは考えにくいと感じている。自閉症の子どもの課題として、新しい場面に慣れていくことや、こだわりを軽減させることが考えられる。つまり、パターン化された行動をいかに崩し、新しい情報を受け入れていくかである。そのために、既製曲であれば、少しずつリズムやメロディーの一部などに変化をつけて、ヴァリエーションを加えることが必要である。少し混乱してきたら元の形に戻せることが音楽の特性でもある。セラピストにも柔軟な対応が求められる。また、即興演奏を導入することで、クライエントの音楽的特徴を把握し、関係を深めていくこともできる。

　自閉症の音楽療法としては、アルヴァン J. Alvin（1978　邦訳：山松、堀 1982）や山松（1975）、松井（1980）、遠山（1983）、土野（2005）、ルクール E. Lecourt（1989　邦訳：酒井 2004）、トレヴァーセン　C. Trevarthen（1998 邦訳：中野 2005）などの症例がある。

　アルヴァンは、チェロを媒介にして即興的に音楽を提供するなかから、クライエント独特のリズムや音楽を活用し、コミュニケーションを図っていく。山松はトランポリンで自閉症児をジャンプさせ、情動の発散を促す

と同時に、サックスやピアノでの即興演奏を行い、音楽との一体感を経験させた。

　松井（1980）は、自閉症児の音楽療法を3段階に分けて説明している。第1段階は、初期の強い自閉性の段階とし、クライエントとセラピストの関係樹立を目的としている。その目的のために、クライエントが対人刺激を快刺激として受けとるまでは、刺激を制限して提供することが必要である。外界の刺激を脅威に感じることが、情緒不安や対人への脅威につながるため、音楽療法場面が安全な場であることを理解させることが重要であるとしている。また、セラピストに対しては、この段階では道具的使用の段階であるとし、徹底的に道具になりきるということを述べている。

　第2段階は、場面に慣れてセラピストへの関心が起こり、安心感が形成された段階としている。ここでは対象関係の樹立促進を図る。クライエントの自発的な活動が出現する。第3段階では、治療関係が形成され、言語的、非言語的交流が行われる段階としている。クライエントの適応水準に見合った課題学習がテーマとなり、課題設定に十分配慮するべきと述べている。

　ロバーツ Jacqueline Robarts（1998　邦訳：近藤他 2005）は、現象学的アプローチと精神力動的な視点との間には、「自己心理学」や「対象関係」が含まれるとし、スターンに始まった精神分析的、発達的視点のパラダイムの転換は、音楽療法にきわめて妥当なものであると述べている。ルクールは、クライエントとの作業を総括的に捉え、いくつかの要点について記述的、構造的かつ精神力動的な関係から考察している。

　筆者は、音楽療法で声の即興や歌唱、楽器、身体運動（フープやボールも含む）を通して、音楽での情緒的交流を基盤としながら、セラピストとの関係性やその場の環境（楽器の位置・高さ・大きさ、机や椅子の位置・高さ、セラピストとの距離など）から生じる身体運動を重点としたアプローチを行っている。それは、自己と外界を区分けする皮膚や触覚および身体を通して、

外界や空間を受けとめ、自己像形成のために足の裏を床につけて、重力にまかせながらも同時に重力に拮抗することで、身体を含む自己像を組織化することを音楽療法の目的としているからである。

　セッションはクライエントとの関係性を築く重要な時間となるが、あまり早急に関係を持とうとしないほうがよい。クライエントもセラピストの出かたを見ていることが多い。導入では、クライエントの行動を観察することが大切である。その際に、あらかじめ保護者から、クライエントの好みの音楽やよく聴く音楽などの情報を得て活用する。またクライエントの活動を見ながら、音楽でその場（空間）を繋いでいく。クライエントは直接的にセラピストと関係は持たないが、音楽を通してセラピストと繋がっていく。

家族への対応

　自閉症児を抱える家族は、どのように子どもとのコミュニケーションを行うかという問題に直面している。「手をつなぐ育成会」などを中心に、子どもとのつきあいかたや発達について、情報交換が行われている。河合・奥山（2003）は、自閉症児を抱える母親への精神療法のアプローチを報告している。

セッションにおいて配慮すべきこと

　自閉症児を対象とした音楽療法において、その場面構造で配慮すべき事項をあげる。

1) 部屋に余分なものは置かず、壁の掲示物もはずして刺激量を限定する
2) 机と椅子を用意し、場面構造を明確にする。むやみに配置を変えない
3) 写真カードや絵カードを利用してプログラムを提示するなど、視

覚情報により予測がつきやすいようにすることも必要である。視覚情報を工夫して、聴覚情報の受容を高める
4) 人的構造についても、なるべく一定にする

音楽の提供における配慮事項は以下のとおりである。
1) 大きな音よりも小さな音から提供する
2) 複雑でないシンプルな音楽を提示する
3) 楽器は音色・操作性の異なる楽器を数種類用意する。クライエントによっては、同じ操作性で音色の異なる楽器を用意することも必要である
4) 声の振動や呼吸の息づかいをうまく活用する
5) 楽器の場所は一定にしておく。バッグ等に入れるなどして工夫する
6) クライエントによっては楽器を自分で選択させることも必要である
7) BGM から Iso-T（同質技法）の音楽へ移行させる。信頼関係が少し形成されてから Echo-T（反響技法）を提供し、クライエントの表現をセラピストは美的にフィードバックする

視覚情報の提供について

　自閉症は、一般的に聴覚情報よりも視覚情報のほうが受けとめやすいと言われている。通園施設や養護学校でよく見られるが、写真カードを用いてスケジュールを表で示したり、次に行われる活動を写真カードなどで提示することで、場面の予測がつき情緒的に安定して、活動に取り組むことができる。TEAACCH プログラムは、よく活用されている。
　重要なことは、視覚的に場面を予測させることで、より聴覚刺激を受けとめやすくすることである。安定した状況のなかで音楽的な交流を深めて

いくことが、視覚情報を提示する意味である。

2 事例

ここで、ある自閉症児への実践を紹介する。この事例から、自閉症児の特異的な反応、音楽の提供のしかた、セラピストのかかわり方などがより具体的に理解できるだろう。なお事例掲載については保護者の同意を得ている。

1) 対象児について

養護学校小学部3年　男子（セッション開始時10歳4ヶ月）

〔主障害〕自閉症
〔家族構成〕父、母、兄、本児の4人家族
〔生育暦〕出産は正常分娩。独歩＝1歳5ヶ月、始語＝1歳6ヶ月。4歳から6歳までＳ市の通園施設に通園。発作および服薬はない。
〔日常生活〕移動、食事、排泄などの身辺処理はほぼ自立しているが、大便は一人ではふけない。食事は偏食傾向がある。初対面の人（特に女性）に手を出したり蹴とばしたりする行動が見られるため、常に母親が手をつないでいる。
〔コミュニケーション〕簡単な言語指示「座って」「取って」「片づけて」などは理解しているが、行動に結びつかないことが多い。表出言語は不明瞭でエコラリアになる。あごを上下に動かす「ダダダ」「ギャンギャン」などや独り言が多い。興味のあるものは自分で取ったり目で追ったりする。
〔対人・情緒〕人とあまり関係をもたず、家庭ではファミコンゲームで

遊ぶことが多い。情緒は不安定で、学校へ行くときはいつも泣いている。人への攻撃性が強く、あごを叩く自傷行為がある。

〔身体・動作〕腕をあげ、目の高さで手首をヒラヒラ動かしながら歩行する。舌先を下歯の裏につけ、舌を口から突き出し、あごを上下に動かす常同行動がある。姿勢保持ができず、つま先立ちで部屋の中を動きまわり、着席してもすぐに立ってしまう。運動調整が弱く、力まかせに操作する。

2）音楽療法の構造

〔期間〕4年4ヶ月（平成13年から平成17年）
〔形態〕個人セッション
〔頻度〕週1回　45分（保護者へのフィードバックを入れて60分）
〔回数〕84回
〔人的構造〕セラピスト1名
〔場所〕S大学音楽療法室 Andante
〔構造〕セッションルームは幅3.6 m、奥行き7 m、高さ2.7 mで床はフローリングでセッションは靴を脱いで行う。壁にはマジックミラーが設置され、鏡として使用する。アップライトピアノを部屋のすみに設置し、部屋のほぼ中央に机と椅子を置く。ジャンピング台はピアノと反対側のすみに置く。窓には遮光のロールカーテンを設置した。隣接して同じ広さの観察室兼楽器室があり、母親は観察室から参観する。記録用カメラはセッションルームの天井に2台設置し、観察室から操作するように設計されている。

3) 治療目標

（ア）情緒の安定
（イ）身体動作の改善
（ウ）コミュニケーションの円滑化

4) 音楽療法に対する保護者の願い

情緒の安定

5) プログラムと目標例

音色や操作性の異なる数種類の楽器を用意する。
① 挨拶：毎回同じ曲の提示によるルール作り、気持の切りかえと身構え
② 音積み木：運動の方向性・順序性、目と手の協応、前面空間の把握、音の余韻による傾聴
③ クワイアホン：口腔感覚の整理、呼吸の意識化、音の方向性
④ オートハープ：運動の方向性、てのひらの触覚受容の高次化、和音の聴き分け、音の余韻による傾聴
⑤ 歌いかけ：音（声）の受容と意識化、空間の共有、メロディーの記憶
⑥ 身体接触による息や声のかかわり：セラピストの息や声の受容、触覚受容の高次化、セラピストの息や声および身体との一体化から、対象児自身の身体への気づきと意識化
⑦ ジャンピング台：情動の発散、音楽との一体化、終点の理解、運動調整
⑧ マラカス：運動の支点作り、運動の停止、身体のバランス
⑨ ボンゴ：情動の発散、音楽との一体感、終点の理解

⑩挨拶：毎回同じ曲の提示によるルール作り、気持ちの切りかえと安定

6) 初期の臨床像

　音楽療法室 Andante のある建物に入ると泣き顔になり、セッションルームでも動きまわるなど情緒の不安定さが見られる。表情が硬く、肩が上がり、手首やあごを動かしながら独り言を言うなど、常同行動が目立ち、人との関係性の取りにくさが感じられる。着席時間も短く、動いていることが身体を空間に定位させる意味も含んでいると思われた。セラピストに触れられることを好まず、セラピストが近づくと身体を引いて、離れてしまう。反面自分からはセラピストに近寄り、おんぶや抱っこを要求して身体を密着させる。視線を合わさず、他者との関係性が弱く、マイペースであり、他者からのかかわりを受けとめられない印象をもった。
　音楽的な特徴は、音の提示には瞬間的に耳を傾けるが持続せず、傾聴できない。オートハープでは不協和音でも特に嫌がらない。楽器は気に入ったもの（マラカス・ギロ）は一人で音を出すことが多く、セラピストがかかわろうとすると演奏を止めてしまう。振った感覚や触覚的な感触を楽しんでいるようで、音自体への興味は弱い。ボンゴでは撥(バチ)を指先で持ち、手前に向けて肘を伸ばして力まかせに叩き、演奏が持続しない。声を出すことが多いが、喉に力を入れたような声で、他者に向けた声というよりも自己刺激の要素が強いと感じられた。
　以上の臨床像をまとめると以下のようになる。①視覚優位・対物優位である　②視覚と聴覚の統合が弱い　③触覚防衛が強い　④セラピストと視線が合わず対人への警戒が強い　⑤セラピストと密着化するか離れるかの関係性で適切な距離が取れない　⑥調整的な身体動作が行えない。

7) 行動の仮説と手立て

① 外界の捉え方は視覚優位で瞬間的である。聴覚での音の受容も瞬間的で永続性は乏しい。触覚防衛が強く、自己と外界の区分けが不明確である。

→ BGM や Iso-Technique（同質技法）を用いて快の聴覚刺激を提供する。楽器類の提示を工夫し、視覚的な要素を入れながら、聴覚でも外界を捉えやすくする。〔自己と外界の分化・視覚と聴覚の統合〕

② 自己刺激的行動が強いため、外界と関係性が取りにくい。情動の発散に伴い自己刺激が高まる。

→ ボンゴなどの叩く楽器を通してエネルギーを発散させる。ある程度発散させ、情動調整ができる範囲で止める。また情動が高まり過ぎた場合はセラピストが身体を抱え込み、セラピストの発する声や息を通して、対象児の発している情動表現と外界（セラピスト）に気づかせながら、自己調整を促す。〔情動の調整・自己意識化・他者の受容〕

③ 身体への気づきが弱く自己像が未形成なため、常同行動により心理的・身体的バランスを図る。

→ 動きに合わせた声や擬音、舌打ちなどを提供することで、音を通して自分の行動に気づかせる。身体に密着して息や声の振動を伝えながら、他者や身体を知覚化させていく。楽器演奏では肘や手首に手を添えて運動の支点を作るなど、運動の方向性を援助する。〔身体自己像の形成〕

④ 自己像の乏しさから空間での身体の定位が行えず、部屋を歩きまわる。

→ 場面状況の理解や安全の基地を探索させ行動の構造化を図る。〔場面の構造化〕

⑤ セラピストとの空間を受けとめられないので、おんぶや抱っこのよう

に身体を密着化させ、自己の世界にセラピスト（外界）を取り込む。

　→密着化させながらも身体をセラピストに任せられるように援助する。おんぶでは足の裏をタッピングするなど身体への気づきを促す。鏡を見ながら自己への気づきを促す。〔自己像の形成・各感覚の統合〕

8）経過

Ⅰ期──安全基地の探索期：外界の取り込みから距離化の芽生え

［1〜17回（17回）］

〔短期目標〕音楽療法の場面に慣れる。音や音楽の受容を高める。

　初期はAndanteの建物に入ることに不安を感じていたようで、直前までニコニコしていても建物に入ると泣くことが多かった。セッションは常同行動が多く、喉に力の入れた声を出しながら部屋を歩きまわり、着席するまで時間を要した。セラピストは対象児の行動を観察しながら行動を受容し、対象児にとって受けとめやすく、音楽療法場面を支えるBGM（背景音楽）とIso-Technique（同質技法）を用いて即興音楽を提供した。

　窓際のテーブルに上り、ロールカーテンの中に入ることが多く見られた。少しすると出てくるが、部屋中を探索しながら場面の確認と自分の居場所を探しているように見えた。時折ドアを開けて出ようとするが、「もう少しやろうね」と声かけを行った。着席を促し、Call-Technique（呼びかけ技法）を活用して対象児の名前を呼ぶが、離席が多く、返事をすることはほとんど見られなかった。

　セラピストの存在は意識しているが、なかなか視線を合わさず、セラピストが近づくと離れることが多く見られた。反面自分からはセラピストに近づき、おんぶや抱っこを要求してきた。そのときは要求を受容した。おんぶは家庭では見られない行動であると保護者から報告された。

楽器演奏ではオートハープを好み、自分で持ってきた。セラピストも手伝ってケースから出しピックをわたすと、指先で持って力まかせに弾いた。クワイアホンはセッション開始当初、唇につけられなかったが、慣れてくると喉の奥まで楽器を入れてむせることが多かった。

ジャンピング台では声を出しながら激しくジャンプし、ピアノの音が止まってもジャンプを続けていた。Ⅰ期の後半では手を支えてジャンプさせると笑い顔になり、大きいジャンプができた（15回）。家では笑い顔は出ないと報告された。ジャンプ後はセラピストに抱っこを要求したが、セラピストは距離を取った。

ボール遊びでは6つのボールを左右3個ずつ持って落とす行動が続いた。バレーボール大のボールを1回バウンドするが持続せず、床でボールを回してしまい、再びバウンドしたりセラピストにわたすことができない。

ボンゴでは叩くことよりも、下からボンゴの中を見て皮の表面をこすることが見られた（12回）。セラピストの手を取ってこすらせようとするなど、道具的なかかわりではあるが、セラピストとの関係性が出始めた。身体を密着化させるか、離れてセラピストとの関係性を保つという構造が明確になった（15回以降）。初期に示した身体の緊張は軽減し、身体をセラピストに任せられるようになってきた。

セッション後、母親がセッションルームに入ってくると、急に奇声を発することが見られたが、次第に改善されてきた。母親と話している間に研究員と遊んでいても、攻撃的な行動はあまり見られなくなった。

Ⅱ期――安全の基地からの探索と情緒的交流期・自己像形成と関係性の芽生え

[18～41回（24回）]

〔短期目標〕楽器や声を通してセラピストとの関係性を促進する。身体軸を形成する。

Ⅱ期はジャンピング台の側面に乗りながらセラピストとのかかわりを持

ち始めた。それはおんぶという手段ではあるが、ジャンピング台の側面→おんぶ→フロアに降りてかかわる という一連の流れが定着した。Ⅱ期の前半はセッション開始後一定時間（15分くらい）、対象児の行動を受けとめながら徐々にセラピストのペースに戻すという方法で行った。

　打楽器を叩かせると攻撃的な情動表現となり、常同行動が強まって行動調整ができない場面も出てきた。対象児の呼吸は激しくなり、あごを上下に動かし、舌を丸めて突き出すようにした。そのときはセラピストが対象児の背面から身体に密着し、常同行動を制御した。セラピストはそのあごの動きに合わせて、身体を密着化させながら同じテンポで大きく呼吸したり、舌打ちや息づかいでフィードバックしていった。するとセラピストの呼吸や舌打ちと対象児の常同行動とが一体化し、次第にセラピストへ意識を向け始め、常同行動がコントロールされていった。次に対象児はセラピストの方に身体を向けて「抱っこ」の姿勢をとり、口や頬、首に触れ、口の中をのぞくようになった。セラピストが発する声や舌や唇を用いた「音」に対して傾聴し始めた（29～31回）。

　セラピストが対象児の唇に触れたり丸まった舌に触れると、少し身体を引きながらも口を閉じて常同行動を止めた。このときにセラピストが大きい声を出すとセラピストの口を押さえた（36回）。

　楽器のかかわりでは、Ⅰ期でも見られたボンゴを下からよく見て、皮を通して見える撥（バチ）の動きや皮をこする音に固執し始めた（21回）。セラピストが楽器の皮を指でこすり円を描くと、それを下から見て何度も要求し、セラピストがピアノを弾くと手を取ってボンゴをこするように要求した。セラピストは要求に応えてボンゴをこすった。皮をこする役と見る役の役割交換を行ったが、こするよりも見る方にすぐ役割を変えようとした。

　両手に撥（バチ）を持たせて叩かせると、少しずつ撥（バチ）をてのひら全体でしっかり握り叩くことができた。持続時間は短いが左右交互に叩くことも見られるようになった。背中を壁につけるとしっかり叩けるが、壁から離れると片

足立ちで演奏した。腰を支えると両足をついてしっかり叩けた (23 回)。膝を曲げるとバチをしっかりと握って叩けた (41 回)。

身体的なかかわりでは、鏡に向かいマットの上に立たせ、膝を軽くポインティングしたりブロックしたりして、前傾姿勢や足の裏がマットに着くことができるように援助した (24 回)。正座ができ (26 回)、その後学校でも正座やあぐらが行えたと報告された。また鏡を見ても視線をそらさなくなった。立ち上がる動作では、しゃがんだ姿勢で足の裏を反らせてしまい、すぐに立とうとした。中腰姿勢の保持はできなかった。立位姿勢では肩のあがりは改善されてきたが、まだ前後左右に上体が揺れてしまい、腰を中心とした身体のバランスを取ることは難しかった。

おんぶの要求に対してはセラピストが応じず、少しずつ対象児との距離を保つようにした (30 回)。ボール運動では数回続けてバウンドすることができ、セラピストにもボールをわたすことができた (37 回)。肘を伸ばして高い位置でボールを取ったり投げることができた。また研究員にもボールをわたすことができた。学校では、プールで初めて潜ることができたと報告された (31 回)。

II期の後半はジャンピング台の側面に乗ったり外を見ることはほとんど見られなくなった。表出言語はエコラリアではあるが、明確化した。「こここれで」「おおおおんがく」のように接頭語を何度か言い始めた。

III期──セラピストとの空間共有期・自己像形成期　　［42〜50回（9回）］

〔短期目標〕セラピストの提供する音楽と一体化する。声や楽器演奏を通して身体を組織化する。

楽器のかかわりでは、オートハープは柔らかい声を出しながら、ピックを持って演奏することが定着した (48 回)。セラピストがかかわろうとするとセラピストの手を止めるが、セラピストが歌いかけるとオートハープを演奏しながら同じように声を出すことができた。

ジャンピング台では、ピアノの音を聴いて「ジャンプ・止まる」というルールが定着した (43回)。またピアノに合わせてジャンピング台や大玉に座りスイングすることができた。
　セラピストの「やる？」の言葉かけに「やる」「やらない」を言語で応答するようになった。セラピストに近づき背中に触れようとしても、「あっちで」というセラピストの言葉かけで、適切な距離で向かい合うことができた。
　音積み木をセラピストと１音ずつ持って交互に叩けた (46回)。ボンゴでは調整的な叩き方になり、左右交互に叩くことが少しずつ増えてきた。また叩きながら片足立ちになることはほとんど見られなくなった。スリットドラムに乗って足の裏で振動を受けとめ、姿勢保持が行えた。スリットドラムに座って撥（バチ）で演奏できた (49回)。クワイアホンを両手で持たせ、セラピストが対象児の唇につけて、「楽器を入れない」と言語指示して演奏させた。口の奥に入れようとすると「入れない」と声かけを行った。クワイアホンを唇につけて吹くことが定着化し、むせることも減って、吹くリズムとピアノ伴奏とが合うようになった (44回)。クラリーナでは順番に鍵盤を押してピアノの音（ト長調の音階）と一緒に吹けた (47回)。さらにセラピストが鍵盤を２音弾くと、同じように２音を弾くことができた (48回)。
　呼吸も安定し表出言語が明確化した。身体動作模倣を行うため少し距離をとると、自分から椅子を近づけてきた。両手を上・横・前にあげる身体模倣動作は肘を伸ばして正確に行えた。挨拶では「これで・音楽を・おわります・ありがとうございました」とセラピストを見ながらセンテンスごとにはっきりと言葉を言えた。
　身体接触は減り、対象児との適切な距離化が定着してきた。まだ時折セラピストに密着化しようとするが、セラピストが「あっちで」という声かけや指差しを行うと指示に従えた。
　ボール運動ではボールをセラピストにわたしたり何度もバウンドするこ

とができた (44回)。また大きいボールを一緒に抱えてまわることも行えた。セッション後に母親がセッションルームに入ってきても、声を出さず安定して研究員とボールのやりとりを行うなど、攻撃的な行動は見られない。

第Ⅳ期──セラピストとの共感期・自己像形成期　　〔51 ～ 84 回（23 回）〕

〔短期目標〕セラピストの提供する音楽と一体化する。音楽によるルール作り。

　オートハープでは声を出すことが減り、セラピストの「はい」の合図で音楽に合わせて演奏できる (57回)。音は力まかせではなく柔らかい音が出せる。セラピストはピアノでグリッサンドを弾き、オートハープの音およびクライエントの動きに合わせて音を提供した。その後合図を止め、ピアノの低音を 1 音弾いてグリッサンドを提供すると、低音に合わせてオートハープを演奏することができた。歌唱では「大きな栗の木の下で」を小声で歌うことができた (65回)。

　鏡を見ながらセラピストが上と横に手を上げる 2 方向の身体動作模倣が行える。セラピストがクライエントの身体をポインティングすると「あたま」「かた」「あし」などの表出言語が見られた (68回)。

　フープやボール運動では、セラピストの動きに合わせて活動ができた。フープでは「1・2・3」と声をかけると 3 でセラピストと同時に回転できた。手首の使い方も調節的であった。またピアノ伴奏を入れてタンタンターンというような、3 拍目にアクセントをつけると、それに合わせてフープを回転させることができた。テンポを変えても待っていられる (73回)。

　ボールは継続的にバウンドできた。シンバルでは、強く叩くが、腰を下げ膝をついて、シンバルの高さに合わせて姿勢を整えて叩くようになった (78回)。クライエントの叩いたあとにセラピストがエコーし、クライエントが再び叩くという交互性が見られた。その際に緩やかな音楽や攻撃的な

音楽などを取り入れ、パターン的なやりとりに変化をつけた。少し戸惑いながらも音楽による応答が行えた (82回)。

9) 考察

　86回の音楽療法のセッションを通して、目標である、①情緒の安定　②身体動作の改善　③コミュニケーションの円滑化　は、ある程度達成できた。また自己とセラピスト（他者）との関係性が樹立できた。

　Ⅰ期では、前庭・固有刺激が多く運動調整も弱いため、外界に向かう姿勢が形成されず、部屋の中を歩きまわらざるを得なかったものと考えられる。また対人関係に不安や受けとめにくさを感じていたため、セラピストとの適切な対人関係がとれず、喉を詰めた声を出して、口腔の固有刺激を求め、自己安定を図っていたものと考えられる。

　これらのことから対象児はセラピストとの空間を受けとめにくい心理的・身体的状態であり、かかわろうとすると、おんぶや抱っこのように身体を密着化させ、セラピストを自己へ取り込みながら、触覚的に関係を持つか、ジャンピング台やテーブルの上で距離をおいてかかわらざるを得なかったものと考えられる。同時に密着化し触覚を通してセラピストとの関係を持ちたいという気持ちの現れでもあると考えられる。

　視覚と聴覚の統合が弱いために、安全の基地であるカーテンの中に入って、視覚的な刺激を遮断しながら音楽を受容したことは、聴覚で外界を捉える合理的な方法であった。またセラピストの提供する音楽が対象児にとって脅威ではなく、音楽がセラピストと対象児とを結びつける媒介になったものと考えられる。

　Ⅰ期ではクレーン現象で象徴されるように、セラピストを人というよりも道具的に扱っているが、道具に徹したことは対象児との関係性樹立を促進した。

おんぶなどで密着化したときにセラピストが口唇音や擬音を用いたのは、口自体に対象児が強く興味を示したことと、口が発達的な意味を持っていると考えたからである。セラピストが音を発するとそれまでの常同行動を止め、セラピストの口や口腔内に興味を示し始めたことは、セラピストとの関係性を促進していくうえで重要な意味を持った。また息をてのひらや指先に吹きかけたことも興味を引いた要因である。
　さらに、息を意識的に用いたことにより、対象児も次第にセラピストの呼吸に合わせられるようになり、セラピストと対象児の呼吸の一体化が図られた。それは自分の行動を意識化する手がかりにもなったと思われる。提供する音がシンプルで単音であるために受けとめやすく、セラピストの背中でのかかわりのため、視覚を合わせることなく、息づかいや振動を身体で受けとめるプロセスであったと考えられる。
　ピアノ伴奏ではBGM（背景音楽）やIso-T（同質技法）を中心に音楽を提供した。打楽器類を強く叩き情動を表出しているときに、当初は情動の激しさをピアノで提示したが、音がぶつかり合い、音楽の構造が複雑化するため、対象児にとって不快でなく活動を包み込むようなメロディックなBGM、また対象児の複雑な心性を音で表現したIso-Tを用いて、音楽の提供を行った。対象児は提供された音楽から、セラピストもまた自分にとって脅威にならないことを認識していったものと考える。
　I期は密着化と距離化の二つの間でセラピストとの関係性をもち、自己のバランスを保とうとしていた。対象児の発する声はセラピスト（他者）に向けられず、自己刺激として、また自己循環していたと考えられる（図12）。

図12　安全基地の探索期：外界の取り込みから距離化の芽生え

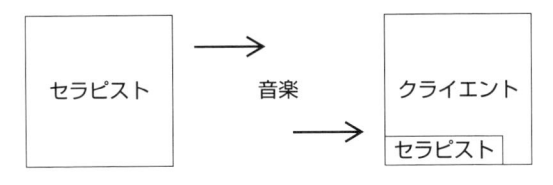

```
┌─────────┐   音楽    ┌─────────┐
│ セラピスト │  ──→    │ クライエント │
│         │  ──→    │┌───────┐│
│         │          ││セラピスト ││
└─────────┘          └─────────┘
```

視覚 ≫ 触覚 ＞ 聴覚

①セラピストとクライエント（対象児）とが密接化するか距離化し適切な距離が保てない
②音楽がセラピストと子どもの関係性をつないでいるが、音楽的交流は見られない
③触覚により外界（セラピスト）と一体化しようとしている

　II期では、聴覚での受容が高まり、セラピストとの関係性が芽生え始めた。まだ道具的な使い方だが、自分に必要なときのクレーン現象や手を払うなど、音楽活動への積極的な行動が見られた。
　対象児との関係性が芽生え、セラピストを受けとめやすくなった時期に、セラピストから身体接触を行い、鏡を用いて、前傾姿勢や立ち上がり動作を行った。触覚受容が整理され、他者からの接触を受けとめやすくなったことが前面空間の受容を高め、視覚を永続的に使って鏡の中の自分の身体に気づき始めたことが、姿勢保持が定着化した要因となった。鏡を用いるときには、セラピストも一緒に鏡を見ながら、身体へのポインティングや言葉かけを行って対象児の身体への気づきを促進させ、場面の共感性を高めた。
　さらに、腰を中心に前後・上下・左右のバランスを組織化し、身体軸が形成され始めた。結果として身体の力を抜いてセラピストに任せるなど身体的な緊張度も軽減した。このように他者を受けとめやすくなったことが、密着化した関係性から適切な距離化へ、自己像（鏡に映る自分も受けとめられる）と他者関係へと移行した。また視覚－聴覚－触覚－運動の統合と

情緒的交流が徐々に図られた。

　自閉症児は、音の情報から自分に必要な音を選択していくことにつまづきを見せる。この場合は複雑な音よりも、シンプルな音の提示によってまず音に気づかせることが重要である。

　II期では、一番興味を示した口を用いて、舌打ちや口唇音などの音を提示した。目の前にある道具的なセラピストの口から出る音に強く興味を示し、このことがセラピストとの関係性を促進した。同時にEcho-T（反響技法）を活用し、早期の母子関係における母親の役割を音楽で行った。対象児の起こした表現をより美的に秩序立てエコーすることで、対象児は自分の表現を受け入れやすくしたものと考える。また自分の表現を受けとめてもらえたということが信頼関係を促進した。操作性を伴わない声や息づかいが効果的であったと考える。また声により身体へ直接振動を伝えられたことも有効であった。

　並行して打楽器で攻撃性を表出させた。その場合は、ピアノで音楽表現を支えながら、対象児の表出するリズムをエコーするなど工夫した。I期では楽器を演奏することで情動を発散させるよりも、運動調整の弱さゆえの葛藤やストレスを生じていたが、II期は情動を発散しながらボンゴを左右交互に叩くことや、片足立ちで叩くなど、自分自身で身体の使い方を組織化している時期であったと考えられる。声は他者に向けられ、調整的な声が出始めた。音楽との一体感も促進した（図13）。

　III期は、さらに触覚－視覚－聴覚－運動が統合され、身体の組織化が促進し、セラピストとの情緒的交流を円滑にした。音楽による〈始点－終点〉が明確になり、ジャンピング台でピアノの音に合わせてジャンプから降りるなど、音楽と行動の関係性理解が高まった。音楽と一体化したことで、ジャンプや楽器演奏を通して情動が適切に発散され、音楽の秩序性を活用しながら自己調整力を高めていった。その結果、常同行動が減少し、運動

図 13　安全の基地からの探索と情緒的交流期：自己像形成と関係性の芽生え

```
┌─────────┐    →      ┌─────────┐
│セラピスト│   音楽    │クライエント│
│         │    ←      │         │
└─────────┘           └─────────┘
```

視覚 ≫ 触覚 ≫ 聴覚

①セラピストとの密接化が軽減されてきたが距離化はまだ適切ではない
②音楽的交流が出始めた

調整も行いやすくなったとものと考える。セラピストとの情緒的交流が活発化したことが、適応的な情動の発散につながり、情緒を安定させたものと考えられる。

　ジャンピング台、オートハープやクラリーナでの音楽との一体感は、相手に合わせることの喜びの経験となり、社会性を促進した。さらに「やる」「やらない」の言語による意思表示が行えたことは、選択性を高め、関係性やコミュニケーションを円滑にしたものと考えられる。身体模倣動作場面でセラピストに椅子を近づけてきたことは、I期の密着した関係性とは意味が異なり、セラピストへの親和性の現われだと考えられる。ボール運動ではセラピストと交互にバウンドしたりボールを高く持ちあげて待つことも行え、一緒に活動する楽しみや共感性が遊戯場面でも応用されたことを示している。音楽は Echo-T を中心に Iso-T も用いた。Call-T によって、セッションの〈始まり−終わり〉のルール化が明確になったことで、挨拶が言語化できたものと考えられる。奇声が減少し、意思を伝達する言葉が出現したことで、調整的でコミュニケーション手段としての声になってきた（図 14）。

図14 セラピストとの空間共有期・自己像形成期

```
┌─────────┐    音楽    ┌─────────┐
│セラピスト│ ←――――→ │クライエント│
└─────────┘  情緒的交流  └─────────┘
```

視覚 ≫= 聴覚 >= 触覚

①距離化が図られ空間を受けとめ共有できる
②秩序化が促進し音楽的交流が見られる
③身体組織化が促進した

　Ⅳ期はルール化が促進し、自己と他者の関係性が明確化した。特にオートハープで見られた「合図」による演奏は、音楽を受けとめながらも言語指示に合わせて演奏が行えたことに加え、セラピストの提供した低音とグリッサンドの音型とクライエント自身の動きの一致を十分に受けとめ、理解することができたと考えられる。またその後、低音の合図によって演奏できたことは、音楽の構造を理解し始めたと考えられる。音楽による始点の明確化が見られた。
　同様に、フープやボールでも、運動の継続とともにセラピストの動きに合わせたり、音楽に合わせて回転できたことは、ルールの理解による調整行動の高まり、および身体の組織化と社会性の促進が見られたと考えられる。特に1、2、3（ピアノの「タンタンタン♩♩♩」）というリズムを聴き4拍目に合わせたことは、音楽的な一体感も促進したものと考える。鏡を用いた模倣動作で、2方向の動作模倣が行えたことは、記憶および自己像の高まりであり、セラピストの身体を自分の身体になぞらせることができたものと考えられる。それは他者と自己を重ね合わせることでもある。これらは音楽活動を通して培われた、身体の組織化と、各感覚間の統合が促進したことが考えられる。またシンバルで見られたような、腰を落として叩く行

為は、シンバルに合わせた身体を自ら組織したものと考える。Ⅰ期のシンバルの叩き方に比べてリズムが一定化し、さらにシンバルの高さに合わせて、腰を落として叩いたことは、よりシンバルへの適応が見られたと考えてよい。また肘を曲げて、しっかり叩くことや、膝を曲げて自らの体勢を整えたことは、叩く行為が他の身体部位、腰や膝や、上体のバランス等を協調させたものと考えられる。これは、セラピストが他動的に行うのではなく、クライエント自身が組織化したことに大きい意味を持つ。オートハープでの、音楽による音楽表現の組織化、またシンバルでの交互性による音楽表現の組織化が、ルールをより高め、自己調整力を促進したものと考える。声も、穏やかな声で歌唱でき、発声呼吸等が調整できたものと考える。そのことは身体全体のバランスが整えられた結果でもある。音楽療法の目標はほぼ達成したと考える（図15）。

図15　セラピストの提供する音楽との一体化：音楽によるルール作りを促進する

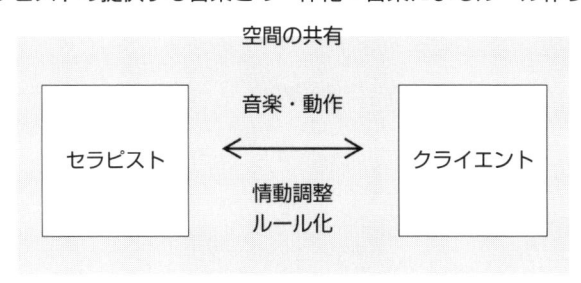

```
                   空間の共有
            ┌─────┐  音楽・動作  ┌─────┐
            │セラピスト│ ←―――→ │クライエント│
            │     │  情動調整  │     │
            └─────┘  ルール化  └─────┘

              視覚 ＝ 聴覚 ＝ 触覚
```

①音楽のルール化によるセラピストと音楽との一体感
②情動調整と社会性の高まり
③身体組織化の定着

表13　音楽療法における声と身体組織化の変容

期	声の変容	身体組織化の変容	自己像と関係性の変容
Ⅰ期　外界の取り込みから距離化の芽生え	固有刺激としての声 ①自己→自己内部 ②自己循環する声 ③外界の遮断 ④攻撃的な声 ⑤情動表出としての声 〔声が身体を組織化しない〕	組織化されていない身体 ①感覚間の統合や運動調整が弱い 〔前庭・固有感覚優位で力まかせの操作性〕 ②肩を上げる ③足の裏が反る ④上体の保持が弱い ⑤両腕を動かしバランスをとる 〔身体軸の未形成〕	自己像と関係性の弱さ ①セラピストとの関係性弱い ②道具としての他者 ③空間の密着化（おんぶや抱っこでの関係性） 〔クライエント→セラピスト〕 ④空間の距離化（安全の基地としてテーブルに乗っての関係性） ⑤鏡を正面で見られない
Ⅱ期　自己形成と関係性の芽生え	外界へ向かう声 ①自己→他者 ②外界の受容 ③コミュニケーションの芽生え ④調性的な声の芽生え 〔声が身体を組織化し始める〕	組織化され始めた身体 ①目と手の協応 ②初期の聴覚と運動の統合 〔他者による身体組織化の援助：鏡に向きながら〕 ③マットの上で立位姿勢の保持（腰のブロック） ④前傾姿勢の保持（膝のポインティングとブロック） 〔身体組織化の芽生え〕 ⑤ボンゴでの左右交互の演奏および片足立ちの演奏 〔身体軸形成の模索〕	自己像と関係性の芽生え ①セラピストとの関係性の芽生え ②積極的な要求行動の出現 ③空間の構造化 （ジャンピング台の側面→おんぶ→フロア） ④身体接触受容による関係性の高まり 〔セラピスト→クライエント〕 ⑤コンガやボールによる関係性の高まり ⑥鏡を正面で見られる
Ⅲ期　自己像形成期　セラピストとの空間共有期・	意思伝達の言葉 ①自己↔他者 ②拒否の言語化 ③奇声の減少 ④調整された声 ⑤音楽との一体化としての声 〔声が身体を組織化する〕	組織化が高まった身体 ①ボンゴやジャンピング台での音楽との一体化 〔始点－終点の理解・運動調整の高まり：身体組織化の形成〕 ②姿勢保持の持続 ③クラリーナの鍵盤を順番に押す 〔順序性・運動調整〕	気づき始めた自己像2 ①セラピストとの関係性の形成 ②身体接触の減少 ③セラピストとの距離の意識化 ④「やる」「やらない」のセラピストとの関係性のある言語化 〔セラピスト↔クライエント〕

			⑤音楽による空間化と対峙する空間の受容 ⑥鏡を見ながら模倣動作を行う
Ⅳ期 ルール化の促進期	意思伝達の言葉 ①自己↔他者 ②表出言語の明確化 ③音楽との一体化および音楽構造の理解 〔志向性のある声による身体組織化〕	組織化が強まった身体 ①オートハープでの調整的な演奏 ②シンバルでの適応的な姿勢 〔外界との協調的身体〕	組織化され始めた自己像 ①セラピストとの適切な距離化 ②「あたま」「かた」などの身体部位の言語化 ③ルール化された遊具でのやりとり ④二方向の動作模倣 〔セラピスト↔クライエント〕

10) セッションでの声の意味について

筆者は、音楽療法においては声を一つの楽器として位置づけている。第6章でも述べたように、それは歌唱とは性質の異なるものである。声の特性として、次のような点があげられる。

1) セラピストの音楽（対象児に即した）を、楽器などの媒介物を通さず、直接に対象児に伝えることができる
2) 声の持つ方向性・振動・響き・息づかい・表情・情動を対象児に合わせて自由に提供できる
3) 声を発するときに生じるセラピストの身体の在りよう（頬や首の振動、唇の形態、舌の動き、胸郭や体幹の振動）を、対象児に触れさせることができる
4) 声を発しながら触れることで、対象児の身体的な緊張度や、身体各部位のバランスなどを把握できる
5) 声は他の楽器よりも身体を共振させる働きを強く持っている

人の歌を聴いていると、自分も歌っているように声帯が共振してくることは、誰しもが経験する。声はもともと内的欲求の表現手段としての機能を強く持っている。浜田（1999）や中村（1997）が指摘するように、声は情動である。

この事例では、クライエントの声は、自己刺激の強い自己循環する声から、外界に向けられた声へ、さらに調整的な他者との交流の声に変容していった。対象児の内的欲求が声を通して表出されたことで、情動調整が行われ、常同行動を減少させ、身体軸の形成および組織化を促進した。声を発することで口腔感覚が整理され、呼吸の調整が行われ、情緒の安定につながった。これらのことから声と身体組織化が深く関係しているものと考えられる。声の在りようが、対象児と他者との関係性そのものを示していると考えられる。

11）まとめ

この事例では、自己像の乏しい自閉症児への音楽療法を、声による身体組織化の取り組みとして報告した。この事例から考えられることは、次のようなものである。

1) 視覚優位の対象児に、聴覚刺激を快の刺激として受けとめられるような音や音楽を提供したことで、聴覚でも外界を受けとめやすくなり、視覚－聴覚－触覚－運動の統合が促進された
2) 常同行動は外界を遮断するが、他者（セラピスト＝音楽）のかかわりに利用できる
3) 口が発達的に重要な意味を持つこと。それは運動の始点－終点、固有感覚、常同行動、情動表現、呼吸、言語表出、他者との関係性などあらゆる要素を含んでいる

4) 息や声は、身体を組織するうえで重要な要素になる
5) 情動の調整が視覚や聴覚だけでできにくいときは、視覚・聴覚刺激を伴いながら身体自体にかかわりを持つと、情動への気づきや関係性が見られる
6) 声や身体は対象児の状況、他者との関係性を端的に現している

　今後の音楽療法でのアプローチとしては、以下のようなものが挙げられよう。
1) Call-T（呼びかけ技法）を活用して場面の予測や記憶をさらに高める
2) Unaccomplished-T（未解決技法）を活用し、満足感を提供しながら秩序性・均衡を高める
3) 楽器では左右異種の操作性の楽器（トライアングル・パドルドラム・クラリーナ・スライドホイッスルなど）を用いて、身体バランスや手指の巧緻性を高める
4) ジャンピング台からマットに降りて止まる、音楽に合わせたボールのやりとりなど、簡単なルールを交えながら情緒的交流をさらに深める
5) セラピストの声に合わせてなるべく長く声を伸ばして、呼吸を安定させ、身体の組織化を図る

　（註）本事例は、『発達臨床研究　第22巻』（淑徳大学発達臨床研究センター、2004年）および2005年、第30回音楽療法セミナー（日本臨床心理研究所）で発表したものを一部加筆した。

第10章　特別支援教育における音楽活動

> オレらも　強く生きていきたい
> ひとりの人間だもの
> 　　　　今井幸彦（詩集『みんな生きていたい』の「雑草」より）(註)

1　特殊教育から特別支援教育に移行した経緯

　昭和54年に養護学校義務制が施行され、障害を抱える子どもたち全員が教育を受けられるようになった。盲学校、聾学校、肢体不自由養護学校、精神薄弱養護学校、病弱養護学校に分けられ、教育委員会の指導により学校が選択された。同時に、地域の子どもと一緒に学ばせたいという保護者の願いも出されたが、施設・設備の不備などにより、受け入れ拒否という形をとられることも多かった。インテグレーションやインクルージョンなどの社会的な取り組みも活発化していった。

　第2章ですでに施設・教育現場における音楽療法を論じているが(42頁)、本章では、特別支援教育における音楽療法について検討を深めたい。

2003年に文部科学省が提示した、特別支援学校

　文部科学省は2003年（平成13年）に「21世紀の特殊教育の在り方について——一人一人のニーズに応じた特別な支援の在り方について」を発表した。この最終報告には、障害のある子ども一人一人のニーズを把握し、長期的に一貫した支援を行い、軽度発達障害の子どもにも対応していくという、現在の特別支援教育の基本理念を見ることができる。基本的な考えとして、①障害のある子ども一人一人の視点に立って、そのニーズを把握し必要な支援を行う　②教育、福祉、医療などが連携し、乳幼児期から学校卒業後まで、保護者に対しても支援を行う　③地域の特殊教育のセンター的役割として、盲・聾・養護学校における機能の充実を図るとともに、小・中学校などの通常学級に在籍しているLD児やADHD児、高機能自閉症などの特別な支援を必要とする児童生徒などに対応する　④特殊教育教諭免許状の保有率向上や教員研修の充実による特殊教育関係教職員の専門性の向上　などが示された。この特別支援教育への移行は、重度重複化する子どもへの対応と通常学校に通学しているLD児やADHD児の対応として設けられたといってもよい。

　特別支援教育の定義は「特別支援教育とは、従来の特殊教育の対象の障害だけではなく、LD、ADHD、高機能自閉症を含めて障害のある児童生徒の自立と社会参加に向けて、その一人一人の教育ニーズを把握して、その持てる力を高め、生活や学習上の困難を改善または克服するために、適切な教育や指導を通じて必要な支援を行うものである」としている。そのためには、①「個別の指導計画」および「個別の教育支援計画」の作成　②校内や保護者との対応、福祉・医療関係などの関係機関との連絡調整役として「特別支援教育コーディネーター」の養成と配置　③各地域の連携協力体制を支援するネットワークとして「広域特別支援連携協議会等」の設置などが提言された。

特別支援教育コーディネーターは、地域の療育・教育資源を把握し、通常学校での子どもたちの対応や支援が課せられた。しかし、これまで特別支援学校に通学してきた子どもとは実態が異なるために、対応の難しさも表面化した。近年、高等特別支援学校が開校したのは、軽度発達障害を抱える子どもへの対応と考えることができる。将来の就労を目標として、職業訓練的な内容を充実させている。この領域での音楽療法実践が期待される。

ユニバーサル教育システムの推進

文部科学省は 2013 年（平成 24 年）に「共生社会の形成に向けたインクルーシブ教育システムの構築のための特別支援教育の推進」をまとめた。インクルーシブ教育とは、これまで社会的参加がしにくかった障害を抱える子どもと、通常の学校に通う子どもとが共に学び、自立と社会参加に向けて、個別の教育ニーズに最も的確にこたえる授業や子ども一人一人の学習権を保障する観点から、通常の学級、通級の学級、通級による指導、特別支援学級、特別支援学校の連続性のある多様な学びの場である、としている。

インクルーシブ教育は、全国の教育現場で実践され始めている。ユニバーサルデザインの考えを導入し、「分かる・できる・楽しい授業づくり」の実践が多く報告されるようになった。福島県三春町は、「地域支援ネットワークに支えられた特別支援教育」(2013) を報告している。健常児も障害児も共に生きやすい、地域のネットワークを構築する試みが行われている。

2　特別支援学校の音環境

特別支援学校は、従来の障害種による学校から、さまざまな障害を抱える子どもを地域の特別支援学校で受け入れていくという流れになってい

る。しかし現実的には、障害の特性に沿った教育がより求められる。特別支援学校では、子どもの障害の状況により異なるものの、1日の学校での音楽の活用は以下のようである。

- 登校時間：スクールバスや公共の交通手段で登校し、靴の履き替え、排泄、衣服の履き替え、などを行う。この間にBGMとして音楽を使用することもある。
- 朝の会：朝の会のテーマソング、今月の歌、身体運動、などで音楽を用いる。
- マラソンやリズム運動、リラクゼーションなどで音楽を用いる。
- 音楽の授業：クラス単位、学年単位の授業で、歌唱、楽器演奏、身体運動、リトミックなどの活動を行う。
- 給食の時間：お昼の放送などでB.G.M.として用いられる。
- 帰りの会：朝の会同様に音楽を用いる。
- 部活動などでの歌唱、楽器演奏、身体運動（ダンス）など。

　このように、学校生活での音楽の活用は大きい。しかし、別の問題もある。学校生活においては、「音のない空間」がほとんどなく、さまざまな音楽活動のほかに、教員の声、友人の声、移動や作業などで生じる音により、常に生徒たちは音に囲まれた状態で学校生活を送ることになる。しかし、これまでも述べてきたように、音（有音）は音のない世界（無音）により意識化される。常に音を提供していれば音への集中力は減り、騒音と変わらない刺激となっていく。特別支援学校では、1日の学校生活のスケジュールが決められているため、なかなか音に傾聴する時間を経験する余裕がない。そのため音に敏感な自閉症スペクトラムの子どもや重度の運動障害を抱える子ども、重度重複障害児などは音の刺激に晒されている。そのことがパニックの要因となり、耳塞ぎや身体を硬直させる場面も見られる。学

校生活の各活動で、音楽がどのような意味を持っているかを検討する必要がある。

3　音楽活動を行ううえでの配慮事項

　音楽の授業は、学習指導要領を参考にしつつ、子どもの発達状況に合わせた選曲を行う。障害による配慮事項は第2章を参照されたい。ここでは、音楽活動を行う場合の配慮事項を挙げてみる。

　①音楽活動を行う場所・空間の大きさと人数を考慮する。狭い空間に大人数がいると刺激が強すぎ、人との適切な距離もとれず、音楽のある空間を受け止めにくい。空間が広すぎる場合は、パーテーションなどを活用して空間を規定する。教員の指導する声も音楽環境だと考える。
　②全員で活動する時間、グループに分かれて活動する時間などを設ける。すべての音楽活動を行わなくても、友達の活動を見ること・聴くことも、重要な活動であることを認識する。
　③壁に不必要な掲示物を貼らず、できるだけ音楽に集中できる環境を作る。視覚により触発されることも多く、聴覚刺激と視覚刺激のバランスを工夫する。
　④使用する曲目は生活年齢を考慮して選曲する。子どもの生きてきた年月と時間の重さを受け止め、子ども扱いしすぎないことが重要である。特に高等部では卒業後に社会に出ていくことを考慮し、時代を反映させる曲も入れる。そのことが、社会との繋がりの糸口になる。
　⑤使用する楽器は、子どもの発達状況、集団活動の目的に応じて選択し、楽器の提示方法などを考慮する。また楽器を一方的に提供せず、子どもに楽器を選択させる場面を設ける。

⑥音楽教員は、授業の目的を明確に示し、他の教員の援助と協力を依頼する。どのような援助（言語的、身体的）が音楽表現を表出するうえで適切なのかを検討し、共通理解を図る。
　⑦音や音楽に過敏な子どもに対しては、絵カードや写真カードを用いて、授業のプログラムを視覚的に提示し、予測をつけられるようにする。
　⑧各児に可能な歌唱や楽器などを、一人で演奏する機会を作る。
　⑨CDやDVDよりも生の演奏を聴かせ、教員の自己表現を示す。
　⑩音楽の時間が「成功経験」や「快の経験」になるように工夫する。

4　音楽活動の留意点

障害種や子どもの状況により留意点も異なるが、基本的な点を述べる。

歌唱での留意点
　①声は非常にデリケートであるため、声を出すことを強要しない。身体や気持ちの緊張を緩めるように心がける。唇や舌の動きを活用し、子音と母音を組み合わせて発声練習を行ったり、腕や首回りを動かしながら声を出すことも取り入れる。
　②発音が不明瞭な子どもには、唇や舌の使い方を教員が示したり、身体部位をポインティングして発音の際の、舌の位置などに気づかせる。
　③子どもの声域に合わせた伴奏を提供する。伴奏はピアノだけでなく、子どもと同じピッチの声でも行う。

楽器演奏の留意点
　①子どもの発達状況（音の受容度、運動操作性、集中力など）に合わせて楽器を選択する。

②音色や操作性の異なる楽器をいくつか用意する。
　③子どもの示す楽器との係わり方をよく観察し、運動が起きるまで少し待つ姿勢を心がける。楽器演奏が起こしやすいような身体的援助を行う。

身体運動の留意点
　①子どもの運動の特徴を観察し援助する。
　②運動しながらも音楽に意識を向けられるようにする。
　③ボールや布、ジャンピング台などを使用し、自分の身体に意識が向けられるようにする。

5　各学部での目標

　特別支援学校では、学部単位の行事も多く、なかなか他学部の指導目標や指導内容を把握しきれない。小学部入学当初は、学校生活に慣れること、生活のリズムを整えること、排泄、衣服の着脱、食事、移動などの基本的生活習慣（ADL）を高めること、などがきめ細かく指導される。食事に関しては、自分で食べられるように、手づかみからスプーンへと、子どもの実態に合わせた指導が行われる。偏食も多いため少しずつ食べられるように指導していく。介助する場合は誤飲がないように細心の注意を払わなければならない。噛まないで飲み込んでしまう子どもも多く、食べ方を身につけることも大きな目標である。
　情緒の安定もまた、主要な目標である。情緒の不安定さの要因を把握し、的確に対処していくことが望まれる。情緒の安定が対人関係を円滑にし、学習への意欲を高める。そのための子どもに適した環境を整えることも必要である。個別指導と集団指導を連動させ、最終的には集団活動への適応力を高められるとよい。

小学部の音楽活動の目的としては、下記の点が挙げられる。
①音や音楽の受容を高め、傾聴する姿勢を作ること。
②楽器活動を通して、触覚受容や手指の操作性を高める。
③吹く楽器では、唇や舌の触覚防衛を軽減、口腔感覚を統合し、呼吸を安定させる。
④振る、叩く、弾く、などの活動から身体意識を高め、手首、肘、肩などの運動の支点に気づかせる。
⑤音・音楽の有無、曲の始点―終点に気づき、曲の終わりで演奏を止める。

中学部は、少しずつ学校生活にも慣れ、対人関係も広がってくるが、小学部での学習の基盤が定着し、高等部3年まで時間的な余裕があるため、緩やかな時間を持つことができる。各学部間で交流が活発に行われ、子どもの発達課題を継続的に検討し設定していくことが重要であるが、担任が変わると指導方針が変わり、指導の継続がされないのは子どもを混乱させる要因にもなる。望まれるのはアセスメントに基づいた的確な目標設定である。中学部は小学部の6年間、高等部の3年間の中間点にあり、小学部から高等部への橋渡しでもあるが、中学部と高等部の6年間を一つの枠組みと考えれば、卒業後の生活に向けての、基礎的な学習の時期と考えられる。思春期を迎え、身体的な変化によってそれまでの自己像が変化していく時期であり、情緒不安や内的葛藤も増していく。適切な情動発散の場を提供することが重要である。また、変声期を迎えるため、移調による伴奏の工夫も要求される。子ども扱いせずに、年齢相応の援助と曲を選ぶなどの対応が望まれる。

中学部の音楽活動の目標としては、下記の点が挙げられる。
①アンサンブルなどの音楽活動による対人コミュニケーションの拡大を図る。

②歌唱、楽器演奏、身体運動などの活動を通して適応的な情動表現を行う。また音楽活動を通して身体への意識を高め、両手の協応、左右バランス、下肢と上体のバランスなど協調運動を高める。
③音楽活動を通してさまざまな情動表現を行う。

高等部は卒業を見通した目標として、生活リズムの定着化、自己肯定と他者の受け入れ、自己表現力の拡大、自己選択、自己決定などが挙げられる。音楽活動の目標としては下記の3点が考えられよう。
　1）情動表現の拡大と調整（表現のバリエーションを経験する）
　2）レパートリーの拡大（時代を共有できる曲も含む）
　3）創作（曲作り）

　子どもにより卒業後の進路は異なるが、いずれにしても学校生活とは異なる環境に適応していかなくてはならない。そのために、多くの同世代の人たちが歌っている曲を一緒に歌えるよう、レパートリーを持つことも必要である。卒業後の〈楽しみとしての音楽〉に繋げていくことが望まれる。また子どもの詩に教員がメロディーを付けたり、子どもとともにメロディーを考えるなど、一つの音楽を作るプロセスと時間を共有することが重要である。

6　学校卒業後の音楽活動

　平井（2012）は、知的障害者の余暇活用によるQOLの向上を目指して、音楽療法とその評価を論じている。障害児の余暇活動は、保護者にとっても大きい問題である。自分自身で楽しめる時間を持つことは、生活にリズムと潤いを与える。特別支援学校を卒業し企業就労に結びついても、対人

関係や情緒面の不安定さから職場を離れる例もあり、卒業後も音楽による適切な自己表現や情動発散の場が必要である。企業に限らず、作業所や施設でも同様である。

　作業所では近年、音楽療法をプログラムに取り入れるようになっている。作業所は、特別支援学校の卒業生が長く通う場所である。生活リズムが学校ほど複雑でないために、情緒的な安定をもたらされるが、反面、生活が単調になりやすい。音楽療法を実施する場合、セラピストはそれぞれの作業所のニーズを話し合うことが重要である。音楽活動をレクリエーションと捉える場合でも、明確な目標設定を行い、発達的な視点を持ってプログラムを構成することが望まれる。音楽活動が地域社会との交流の糸口となり、地域との連携を行うための手段にもなりうる。

　また近年は、自宅近くの音楽教室に通ってピアノやヴァイオリンのレッスンを受ける障害児者も見られるようになっている。レッスンの成果を発表会という場で披露することは自信にも繋がり、社会へのメッセージにもなる。音楽活動を通して、社会的な役割を持つことが大きな意味を持つ。

──────────────────────────────

エピソード

　筆者が2000年に出版した『心ひらくピアノ』で紹介した自閉症スペクトラムの松岡理樹君と、平成25年夏、10年ぶりにピアノ連弾を行った。理樹君は現在、作業所で働いている。以前に練習した曲を40分、連弾することができた。第1曲は導入の音楽であった「川はよんでる」4分の3拍子G-Dur。最初は緊張を見せていたが、曲が進むにしたがって緊張から集中へと変わり、どの曲もほぼ正確に弾くことができたのは、筆者にもご両親にとっても驚きであった。レパートリーはそのまま耳に手にそして目に記憶されていた。筆者が弾く低音部の伴奏のテンポ、強弱、表情、アゴーギグなどに合わせて弾く姿からは、10年を経ているとは思えない演奏であっ

た。筆者が一番驚いたのは、まず情緒が非常に穏やかになったこと、そして自分の音楽を楽しむ姿勢を見たことであった。

〈楽しむ〉とは、彼自身の表現を示したことである。筆者の伴奏に合わせるだけでなく、自分のテンポや表現を持ったということである。ご両親から「ふだんと全然違うね」という言葉が聞かれたが、音によるある緊張感を伴った交流、良い意味でピーンと張りつめた空気があったということであろう。筆者は10年の時を戻されたように、以前のセッションと重ね合わせながら、今の理樹君の音楽を受け止めた。音楽の楽しみや安心は身体にも現れていた。額や首は汗ばんでいるものの、肩や手首の緊張が取れ、以前のように手首を少し上げて鍵盤を押し込むように弾くこともなく、腕が自由性を保っていた。手に汗もあまりかかず、終了後の握手も爽やかであった。身体と耳は記憶する、と実感した時間であった。

7　音楽教育と音楽療法

　中村・川住（2006）は、音楽を活用した重症心身障害児（者）への教育・療育的対応に関する研究動向を報告している。

　遠山（2005）は、ジュリエット・アルヴァンの「音楽療法とは、音楽の機能である」の言葉に触れ、音楽教育と音楽療法への考えが変わったと述べている。音楽の力を借りて（音楽の影響を利用して）、子どもが安全で豊かな日常生活を送るために、解決すべき課題とそれにより生じる二次的・三次的な障害を軽減するために、音楽活動を行うと解説している。子どもが主体になること、セラピストは子どもに寄り添うことが、子どもを対象とする音楽教育、音楽療法の基本だとしている。

　音楽教育と音楽療法の共通点は、〈音楽〉を用いることである。音楽教育は、演奏技術の習得や音楽的知識を高めることが主な目的であり、学校卒

業後は、自発的な楽器演奏など音楽活動や創作に繋がり、興味のある音楽について自ら知識を高めることができる。一方、音楽療法は、音楽を介して子どもが抱える課題の解決、軽減が目的となる。結果的に演奏技術の習得に結びついたとしても、それ自体を目標とはしない。結果よりもプロセスが重要になる。音楽を課題解決の手段として用いる場合にも、子どもの実態に即した〈質の高い音楽＝生きた音楽〉を提供することが重要である。音楽教育も音楽療法も、〈音楽〉により感動体験をもたらすことは共通である。

特別支援学校で行われる音楽の授業や自立活動に音楽療法の視点を取り入れた例は、よく報告される。その場合、「音楽を活用した自立活動」といった呼び方が一般的だが、とくに「音楽療法」という名称にこだわる必要はない。

　　　　　（註）今井幸彦は、筆者が昭和54年に担任した生徒である。脳水腫による四肢体幹機能障害をかかえ、言葉を発することはできない。養護学校卒業後は「川口太陽の家」で働き、病院の玄関で古本を売る仕事を続けていた。養護学校時代は「今井君、〜でいいの？」という問いかけに、指で○を出すか手を振ることで、OKあるいはNOのサインを出していた。筆者の質問を理解していることはわかるが、表出手段を持たないため、もどかしい時間を多く過ごしたと思う。卒業後、数年たったときにトーキングエイドを打ちながら自分の気持ちを伝える彼の姿を見て、「このように自分の気持ちを文章にして伝えることができるのか」と強い驚きを覚えた。彼はトーキングエイドと出会うことにより、初めてコミュニケーションが取れるようになったと語っている。表現媒体と出会ったことが、その後の彼の人生を大きく広げていった。音楽は言葉ではないので、どのような思いが音に託されているかは、推察することしかできない。この気持ちを汲み取ろうとするセラピストの思いが重要であり、そのためにセラピストは障害というレッテルを脇に置き、今いる目の前の一人の人間（ヒト）と対峙することが求められる。本詩集は2011年9月に萌文社から出版された。

第11章　病弱特別支援学校における実践

>   まずは一歩を踏み出して
>   自分の力で歩き出し
>   そうしたら何かが変わるかも
>   世界が違って見えるはずだ
>   　　　　　　土野研治（「出発の時(たびだち)」より）

1　病弱特別支援学校について

在籍する子どもたち

　本章では、病弱特別支援学校における音楽を用いた自立活動の取り組みの例を紹介したい。この事例は、かつて筆者が勤務していた病弱特別支援学校において、「金管養護・訓練」の時間に実践したものである。

　病弱特別支援学校では、併設する病院の治療方針や、在籍する子どもの疾病によって学校での取り組みが異なってくる。病弱特別支援学校では、慢性疾患により長期の入院が見込まれる子どもや短期間で退院する子どもなど、疾病の状態によって在籍期間は大きく異なる（病弱特別支援学校に在籍する子どもたちがどのような疾患をもっているのかについては第2章表4を参照されたい）。

近年は、心身症を伴う不登校児など心理的な問題を抱える児童生徒が増加し、彼らに対する理解と適切な支援が求められている。

病弱特別支援学校は、病院併設が原則であり、子どもたちは病院から隣接する特別支援学校に通学する。治療が終われば家庭に戻り、前籍校に転出する。在籍期間には、病気の治療はもとより心理的なケア、学力維持も大きな課題である。しかし、病気により出席日数が不足し、その結果として、学習空白による学習意欲の低下、学力不振なども見られる。学習内容は児童生徒の進度により、個別指導やグルーピングを工夫するなどの配慮が各学校で行われている。

自立活動

自立活動は、特別支援教育の特長といえる領域である。その目標は、「個々の児童又は生徒が自立を目指し、障害に基づく種々の困難を主体的に改善・克服するために必要な知識、技能、態度および習慣を養い、もって心身の調和的発達の基盤を培う」となっている（文部省『盲学校、聾学校及び養護学校学習指導要領〔平成11年3月〕』）。

自立活動の内容は、①健康の維持　②心理的な安定　③環境の把握　④身体の動き　⑤コミュニケーション　である。

なお、養護・訓練の名称は1999年（平成11年）に自立活動と変更されている。

2　音楽を用いた自立活動

以下に紹介する事例は、小学部9名（低学年3名、高学年6名）と中学部（11名）の20名の小児喘息、アトピー性皮膚炎、起立性調節障害などを抱える児童生徒などを対象に行った、音楽を用いた自立活動での実践であ

る。

　病弱特別支援学校には喘息児が多く在籍しているが、喘息児を対象とした音楽療法では、歌唱や腹式呼吸によって呼吸の調整を行う。喘息笛と呼ばれるホイッスルを用いて長く息を吐く方法が一般的に行われている。喘息児は運動量に制限があることも多く、常に医師との連携をとりながら指導を行っていく。乾布摩擦や長距離走の距離など、目標を設定し、病気の改善に向けて日々を過ごしている。

　歌唱は、一般に小学部高学年になると、他者の評価が気になり、大きな声は出さなくなる。まして思春期に入って学年の人数も少なく、喘息発作の不安のある生徒はなおさらである。他の疾病にも同様の状況が見られる。

　以前は金管楽器による自立活動によって（主に呼吸法の改善による）、喘息を克服していった時期もあったが、前述したように、心理的な問題を抱える児童生徒が増加したこと、小学部低学年の子どもには中学生の使用する金管楽器は負担になること、また生徒数が全体に減少していることから、楽器アンサンブルの醍醐味も減少していった。そこで、小学部低学年から中学部3年まで、児童・生徒とも話し合いながら、個々の特性に合わせた楽器を選定し、オリジナルで作曲した曲を使うなどして取り組むことにした。

1)実態に応じた取り組み

　児童生徒の実態の多様化に対応していくために、それまでの金管自立活動のメリット（腹式呼吸の習得法、自信の獲得と意欲の向上、心理的安定を図る）を生かしつつ、より個々の実態に即した教材を提供していく必要性があった。そのために、金管楽器以外に簡単に音の出る楽器（クワイアフォン・カズー・オムニコード・鉄琴・木琴・スネアドラムなど）を用意し、自由に選択が

表 14　楽器の特徴と目的

楽器	特徴	目的
クワイアホン	・1つの音程しか出ない ・無理のない呼吸で音が出る ・音による方向性が出やすい ・グループでハーモニーやメロディーを演奏できる	・呼吸の調整（呼吸の意識化） ・他者の音を意識しながら自分の役割意識と責任を持たせる ・協応動作や身体バランスの組織化 ・音の聴き分け（メロディーとハーモニー）
コルネット	・華やかな音色やメロディーを演奏できる ・呼吸や唇の調整が難しい ・演奏の際、肩や首に力が入りやすい	・呼吸の調整（呼吸の意識化） ・他者の音を意識しながら自分の役割意識と責任を持たせる ・協応動作や身体バランスの組織化 ・音の方向性の意識化
トロンボーン	・ふくよかな音色でメロディーを支えることが多い ・ハーモニーを意識しやすい ・音程を作る操作が難しい	・呼吸の調整（呼吸の意識化） ・他者の音を意識し（響きあい）ながら自分の役割意識と責任を持たせる ・協応動作や身体バランスの組織化 ・音程を通しての動作の明確化
アルトホルン ユーホニウム	・ふくよかな音色でメロディーを支えることが多い ・ハーモニーを意識しやすい ・抱えて演奏する楽器で、音と一体化しやすい	・呼吸の調整（呼吸の意識化） ・他者の音を意識し（響きあい）ながら自分の役割意識と責任を持たせる ・協応動作や身体バランスの組織化
鉄琴 ビブラホン	・華やかな音色でメロディーとハーモニーを演奏できる ・撥（バチ）の操作性が要求される ・視覚と運動の統合化が要求される	・テンポの意識化による秩序形成 ・他者の音を意識しながら運動調整を行うことで身体バランスと協調性を高め、集中力を持続させる
スネアドラム	・テンポやリズムを演奏することで中心的な役割をもつ ・音の強弱の幅が広く表現を多様化できる ・運動の調整力を要求される	・テンポの意識化による秩序形成 ・他者の音を意識化しながら運動調整を行うことで身体バランスと協調性を高める ・象徴機能や概念の高次化
リコーダー	・無理のない呼吸で音が出る ・グループでメロディーやハーモニーが作れる	・一定の音程をリズムに変えて交互に演奏していくことで、秩序形成と協調性や自己の役割意識を高める

できるようにした(表14)。また限られた時間を有効に使うためにも、楽曲については教員がオリジナル曲を作ることで対応した。楽器や学部ごとの分奏をできるだけ多く取り入れ、協調性・社会性・達成感の促進を目指した。

2) 自立活動の構造

自立活動は以下のように行った。

① ショート自立活動（毎日10：40〜10：45に指導を行う）
　・準備体操後、5分間走
　・サーキット運動
　・ボール運動（ドッジボール）

これらを、自分のピークフロー値（最大呼気量、最大呼気流量）に合わせて運動量を決定させて行う。

② 水泳自立活動（年間数回実施：冬は近隣の温水プールで実施）
　・呼吸機能の改善・向上に必要な腹筋や胸部の調和的発達を促進させる
　・最大呼気量・最大呼気流量（PEFR値）の増加を図る
　・腹式呼吸の習得と、日常的に実施する習慣を身につけさせる
　・活動全体を通して、心身の調和的発達と健康の維持改善をはかる

③ 健康の学習会
　・自己の病気や、健康状態の維持改善に必要な生活様式についての理解を深める
　・病気を克服する意欲を高め、積極的に生活しようとする姿勢を持つ

④ 相談活動
　・ゆったり自立活動（教育相談室での個別の相談活動）――心を開き、リラックスする

⑤ わくわく自立活動（集団ゲーム・体験活動）――集団の中で自分を表現

する、人間関係を広げる
　⑥金管楽器自立活動
　これについては下記に詳しく述べる。

3）金管楽器自立活動

　金管楽器自立活動では、発表の場として10月に行われる学校祭、および地域の小中学校合同音楽会への出演を目標に計画した。4月から7月までは、楽器を選択し、楽器の組み立てと手入れ、演奏などに慣れることを中心にした。9月から11月までは学校祭に向け、オリジナル曲の練習を中心に行った。11月から3月までは、レパートリーを増やすことに重点をおき、同時に1〜2学期の振り返りも行った。この時の楽曲は、1学期の児童・生徒の活動を通して、その実態に即して、夏休みに作曲した。

期間・回数
　1学期から3学期まで、水曜日の午後に1回45分で年間20回実施した。

年間活動計画
　図15を参照されたい。

目的
　1）社会性・協調性の促進——他者の役割を認識しながら己の役割意識と自己責任を通して現実検討を行う。
　2）集団音楽活動での達成感の高次化と心理的安定——集団で音楽を作りあげる過程で達成感を味わい、心理的解放を図る。
　3）身体自己像の組織化——楽器の演奏を通して自己の身体に気づかせ、協応運動や身体バランスを高めつつ、自己像の形成を促す。

図16 「金管楽器自立活動」の年間活動計画

月	日	題　　材	大まかな活動内容
4	14	担当楽器を決めよう。	・今年度担当する楽器を決める。
5	12	自分の楽器に慣れよう。	・自由に楽器を吹いてみる。
5	26	学校祭に向けて取り組もう！	・合奏曲の練習 ・発表に向けてのグループ作り、選曲
6	2		・自分の楽器に慣れよう
	9	(中3　修学旅行)	・自分の楽器に慣れよう
	16	(小　社会科見学)	
	30		・合奏、腹式練習、ロングトーン
7	7	(小　集団宿泊)	・1学期の反省、楽器の大掃除
	14		
9	8		・学校祭に向けて
	22	(中　施設見学)	・学校祭に向けて
	29	(小　修学旅行)	・学校祭に向けて
10	13		
	⑰	学　校　祭　当　日	学　校　祭　本　番
	27	班内音楽会　参加	・学校祭で演奏した曲
11	20	レパートリーを増やそう。	
12	1		
12	17		・2学期の反省、楽器の大掃除
1	12		・「口笛吹いて働こう～ワルツ」
2	16		・ワルツ合奏
3	8		・「口笛吹いて働こう」全曲合奏
	15	(在校生のみ)	・小6中3、3学期の反省、大掃除
	22		・3学期の反省、楽器の大掃除

注記: 腹式呼吸法の習得

＜予定実施回数＞　全20回
小1～小5…18回　　小6…16回
中1…19回　中2…19回　中3…17回

☆年間を通して「口笛吹いて働こう」の組曲に取り組む。

(土野・松村、2000)

4) 腹式呼吸の意識化——呼吸を楽器音に置きかえてフィードバックさせ、呼吸の調整を図る。

5) 児童生徒には「自立活動長期目標」と「金管自立活動」それぞれの個別目標を設定した。以下はその例である。

〔小学部低学部〕（担当楽器：クワイアホン）

　　自立活動長期目標：病状理解と体調コントロールを心がけ、病状が改善されるよう体力の向上を図る

　　金管自立活動目標：・腹式呼吸の習得
　　　　　　　　　　　・姿勢の保持
　　　　　　　　　　　・協調性の高次化

〔中学部〕（担当楽器：コルネット）

　　自立活動長期目標：自分できちんと自分の生活を律して、前籍校へ復帰できるようにする

　　金管自立活動目標：・集団での自己の役割意識を高める
　　　　　　　　　　　・音による情動の発散

人的構造

音楽科教員3名が中心になり、全教員（16名）で行った。教員は楽器ごとに担当を決め、音の出しかたや手入れのしかた、楽譜の読みかたなど、ていねいにかかわった。

楽器の特徴と目的

児童・生徒の実態に即して金管楽器以外の楽器も用いたが、前出の表14のような楽器の特徴と目的を考えた。

作曲上の配慮点

1) 興味をひきやすいテーマであること

2）譜読みから演奏まで短期間で仕上がること
　3）児童・生徒の身体的・心理的・演奏力の特性を考え、過度の負担にならないこと
　4）集中力が持続するように、フレーズの交互性や、シンプルだが美しいハーモニー進行であること
　5）演奏を通して自信を持たせること
　6）アンサンブルを通して自分の役割を果たし、友だちの演奏を受けとめること

　以上の点を踏まえて、「白雪姫と仲間」をテーマとして、作曲した。次にいくつか楽譜をあげて、音楽の工夫と指導上の留意事項を述べてみたい。

〔白雪姫と仲間のマーチ〕

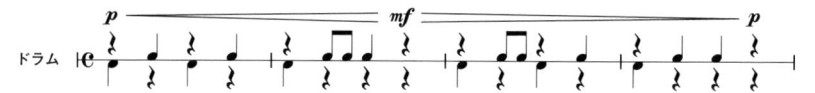

　音楽の意図――ドラムは1～4小節で p からの cresscendo と f からの decresscendo を意識させた。そのためには、まず撥(バチ)を持つ姿勢は身体の中心を意識させた。肩や肘に力が入らないようにさせ、cresscendo では、膝を少しだけ曲げるように指導した。また、左右で叩くリズムを通して、肘を体幹から離し、左右の身体バランスにも意識を向けさせた。
　グロッケンでも左右の撥(バチ)をしっかり持ち、身体の中心を意識しながら演奏させた。少しの姿勢の違いが音に影響するのを確かめさせながら指導を進めた。特に膝に重心を乗せるように注意した。

〔角笛のファンファーレ〕（次頁の譜例参照）

　音楽の意図——この曲は、クワイアホンを小学部低学年が担当する。一人が1〜2音を担当するようにし、順番を意識させる。音型は森のホルンを象徴している。

　トランペット、トロンボーン、ユーホニウムは主に中学生が演奏し、メロディーを支える。1小節ごとのフェルマータは、各小節の4拍目で息を伸ばすことで、呼吸の調整を意図した。息を伸ばしながら指揮者を見ることで集中力の持続を考えた。Ⅰ－Ⅴ－Ⅴ－Ⅰのハーモニーで調和と不調和による緊張と弛緩も考えた（楽譜はハ長調で書かれているが、生徒に配布する楽譜は、楽器に見合った調にしてある）。

角笛のファンファーレ

〔小鳥のさえずり〕（次頁の譜例参照）

　音楽の意図——この曲は中学生だけのリコーダーによるアンサンブルである。一定のテンポでフレーズを次々に繋げるのが特徴である。二人同時に演奏してハーモニー（7小節目のe、g）をつける工夫もある。

　全体的には大きい音を要求せず、それぞれの音楽を聴き合うことを目標

とした。一定のテンポを最後まで維持するために、スタッカートで吹かせた。身体（特に腹）でテンポを取るように、息だけで（si − si − si／su − su − su）練習したり、お腹に手を当てて自分の呼吸の位置を確かめさせた。タンギングは舌を利用しないとうまく吹けないが、舌を意識して使うことで、身体意識も高めることを意図した。

　生徒の配置にも工夫し、フレーズごとに離れた場所になるように配置して、音の出る空間（距離）をより意識させた。

　前述した一定のテンポ保持は、身体にリズムを刻むことを目標とした。テンポの保持はそれぞれの生徒の身体がテンポを同期させ、集団としてのリズムの一体感という現象を引き起こす。そのためにこの曲を通して、集団凝集性が高まることを意図した。

小鳥のさえずり

4) 経過と考察

　1学期から行った腹式呼吸の練習と、自分の楽器を選択し音を出していくという過程で、教員との関係も深まり、昼休みには自主的に練習する児童・生徒も多くなった。また演奏は、練習を重ねるたびにまとまりを見せていった。楽器演奏を通した身体への意識も高まり、音の出しかたにも注意を向けるようになった。音楽活動を通して、積極性と協調性は高まっていった。また学校祭と地域の音楽会に出演したことで、人前で演奏するという責任と自信にも繋げられた。

　演奏会後のアンケートでは、小中学部ともに約80パーセントの児童・生徒が、今回の曲目が良かったと回答している。また1学期の振り返りでは、金管自立活動の意味（腹式呼吸、喘息を治すため、自分のため）を知っているかという質問に対し、小学部11名中6名・中学部7名中6名が知っていると回答している。学校祭および地域の音楽会のあとの感想では、「人前で緊張した」「いい経験になった」「音をもう少し大きく叩いても良かったかなあと思った」「みんなと楽器が吹けてよかった」「心を一つにしなければできない合奏に参加して、自分の役目をしっかり果たせた」など肯定的な内容であった。これらの結果も踏まえ、金管自立活動での目標は達成できたと考えられる。

5) 病弱特別支援学校での経験から——音楽と時間

　病弱特別支援学校の特徴として、児童・生徒は病気治療が終了すれば前籍校に転出する。その際に学習空白を埋め、大集団での生活についていけるように、身体や気持ちを高めておかなければならない。そのプロセスとして、中集団活動での合奏は、役割意識、自己責任、児童・生徒同士の支えあい経験、協調性、達成感などの経験の場が提供できたと考えている。

児童・生徒によっては、再入院というケースもあるが、多くの児童・生徒が、自己管理を行いながら前籍校に通学している。

　病弱特別支援学校では、進行性筋ジストロフィーの子供たちが、卒業を記念して自作をCD化することも行われている。QOLの向上につながり、同時に生きた証ともなる。また長期入院の子供たちにとっては、音楽を聴いたり演奏することで、病気によるストレスの軽減や余暇時間の活用にもなるだろう。筆者の勤務した養護学校でも、昼食をとりに病院へ戻り、昼休みには学校でバスケットを行ったり音楽室で好きな楽器を演奏する児童・生徒が多かった。

　そのような時に筆者は子どものリクエストに応えて、流行している曲をピアノで弾いた。中学部のある女子生徒が「この曲、弾けるよ」と言って演奏してくれたので、「じゃあ、こんな風に弾いてみたら」とテンポを変えたりリズム変奏を入れたりして、連弾を行った。そのうち放課後にも連弾が始まった。それを見ていた中学部のある男子生徒が「これを弾きたい」と言って楽譜を持ってきた。その日から約1ヶ月、メロディーだけは弾けるようになった。卒業時に「ピアノ連弾が楽しかった」と言って卒業していった。

　中学部3年を担任し、高校受験にもつきあい、つくづく考えたことは〈時間〉であった。自分と向き合うには時間が必要であること。教師に心を開くにも〈時間〉が必要である。〈待つこと〉は非常に根気のいる作業であるが、その待つ時間にも〈音楽〉が介在していることを、貴重な経験として持つことができた。卒業を祝う会の折、卒業生に曲をプレゼントした。この曲は今も忘れがたい曲になっている。私なりにその2年間の思いを込めた曲である（次頁の楽譜）。

　　（註）この事例は、『平成12年度　埼玉県立寄居養護学校研究紀要 第21号』に掲載したものを、書き直したものである。なおオリジナル曲に関しては、当時の同僚、松村正教諭との合作である。ここに感謝の意を表したい。

出発の時

(埼玉県立寄居養護学校中学部3年生に)

作詩・作曲　土野研治

第12章　小児リハビリテーションとしての音楽療法
——後天性脳損傷児の音楽療法

「何で泣いてんの」
「今日は泣かないの」

(セッションより)

1　リハビリテーションとチーム・アプローチ

　笠井・小島（2013）は、リハビリテーションの目的を、さまざまな原因で障害を負った方々を「再び適する状態に戻すこと」と述べている。また栗原（2004）は、リハビリテーションの本来の意味は「獲得された機能の回復」とし、小児においては、まだ獲得されていない機能を獲得する「ハビリテーション」と、獲得された機能へ回復する「リハビリテーション」の二つの側面を合わせて「リハビリテーション」と表現する、と定義している。1980年WHO（世界保健機関）は、リハビリテーションの対象となる障害を三相に分けている。①肩麻痺や大腿切断などの障害を生物学的なレベルで捉えた機能障害（impairment）、②衣服の着脱やトイレへの移動の困難など、心身の形態や機能の損傷のために生じる行動能力の欠如や制限に

よる障害を、人間を個人レベルで捉えた、能力障害（disability）、③歩行可能な障害児がエレベーターのないことにより1階以外では外出ができないなど、社会的な存在としての人間のレベルで捉えた社会的不利（handicap）の三相である。栗原（2006）は、小児リハビリテーションの対象となる疾患として、脳性麻痺・精神運動発達遅滞などの「発達障害」が多く、成人での後天性脳血管障害や脳外傷とは異なる分布と述べている。また小児においては、脳炎・脳症、脳外傷などの後天性障害に対してのリハビリテーションの必要性も論じている。

　笠井・小島は、小児リハビリテーションの障害別アプローチとして、①呼吸機能障害　②運動障害　③摂食・嚥下障害　④言語障害　⑤高次脳機能障害　⑥感覚運動統合機能障害　⑦行動障害　を挙げている。

　小児のリハビリテーションには職種の異なる多くのスタッフが関わり。チーム・アプローチが行われる。栗原は機能障害に応じた専門スタッフの関わりを図17にまとめている。

　栗原は、リハビリテーション・スタッフの役割と内容を次のように述べている。

　　1）理学療法士：運動の障害に対して、治療や矯正を行う
　　　①関節可動域訓練
　　　②筋力の強化
　　　③筋の耐久力の増強
　　　④運動の協応性の改善
　　　⑤呼吸訓練
　　　⑥日常生活動作（ADL）訓練
　　2）作業療法士：遊びやリクレーションまで含めたさまざまな作業に
　　　　　　　　　対する評価や機能訓練を行う
　　　①機能的作業療法
　　　②日常生活動作（ADL）訓練

1 リハビリテーションとチーム・アプローチ

図17 機能障害に応じた専門スタッフの関わり

機能障害		医師	リハビリテーションの内容				教師	ソーシャルワーカー
身体障害	精神障害		理学療法士	作業療法士	言語聴覚士	臨床心理士		
運動障害 寝たきり ↓ 座位 ↓ 伝い歩き ↓ 歩行	嚥下障害 ↓	・血液・尿検査 ・頭部画像検査 ・脳波検査 ・合併症の治療 　てんかん 　水頭症 　硬膜下血腫 　シャント管理 ・栄養管理 　経管栄養 ・排痰吸引指導 ・筋緊張緩和剤などの投与 ・装具作製の処方	・関節可動域訓練 ・排痰訓練 ・寝返り訓練 ・車椅子作製への支援	・姿勢保持訓練	・摂食・嚥下訓練	・刺激への反応の向上		・情報提供 ・在宅への環境調整
	知能障害 重度 ↓ 中等度 ↓ 軽度 ↓ 正常		・立位訓練 ・外傷予防保護帽作製への支援 ・歩行訓練	・食事動作訓練 ・感覚訓練 ・食事、更衣、排泄動作訓練 ・日常生活動作自立訓練	・コミュニケーション態度の獲得訓練 ・コミュニケーションの成立訓練 ・失語症の訓練 ・言語評価	障害受容への支援 ・刺激への理解の向上 ・認知訓練 ・心理評価	・学習 ・復学への調整	
	認知障害 →							

栗原まな『眼で見る小児のリハビリテーション』(診断と治療社, 2004年)

③就学前・職業前評価と訓練
　　④心理的作業療法
3）言語聴覚士：言語障害に対する療法、摂食・嚥下障害に対する療法を行う
　　①言語障害に対する療法
　　②コミュニケーション障害への対応
4）臨床心理士：多岐にわたり、臨機応変な対応を行う
　　①心理評価
　　②心理療法的な関わり
　　③心理面からの支援
5）教師：院内学級での指導や通学による教育および訪問教育を行う
　　①学習能力の評価
　　②学習の実践
　　③前向きな生活をめざしての精神面への配慮
　　④規則正しい生活リズムの形成
　　⑤社会性の形成
　　⑥就学・復学への調整

2　小児リハビリテーションでの音楽療法の目的と音楽療法士の役割

　リハビリテーションの対象は、疾患でなく障害であるといわれている。小児リハビリテーションにおいて音楽療法の大きな目的は、発達を見据えた、獲得された機能の回復である。土野（2008）は、後天性脳損傷に対する音楽療法の意義として、次の6項目を挙げている。
　1）情動の発散と鎮静（ストレスの発散、情緒不安の軽減、セラピストとの情緒的交流）

2) 身体機能の回復（姿勢の安定、協調運動の促進、身体運動の意識化）
3) コミュニケーションの改善（非言語コミュニケーションおよび言語コミュニケーションの促進と改善）
4) 対人関係の円滑化（音楽的交流を通した対人関係の円滑化）
5) 生活の質の向上（達成感、満足感、共感の場の提供）
6) 家族への支援（健全な母子関係の回復、家族への精神的支援）

また、重複障害児の音楽の目的は、次の5項目が考えられる。

①外界への気づき——音や音楽を通して外界（他者）に気づかせ、自己と外界の区分けを明確にする。このことは外界へ向かう姿勢を育てる。他者の受け入れが苦手なクライアントには、音や音楽を介して、その音を提供するセラピストとの関係を次第に深めていく。

②情動の適応的発散と鎮静——音楽活動を通して情動の発散と鎮静を行う。自己に攻撃が向くクライアントに太鼓類を叩かせることで、社会で容認された、より適応的な形で情動の発散を行うことができる。

③認知の発達援助——提示された音楽と活動を結びつけ、場面を理解したり、音楽の構造や楽器の操作性を理解することで、認知発達につながるよう援助する。

④コミュニケーション能力の促進——非言語的な活動を通して、コミュニケーションの基本である〈やり−とり〉および〈受容−表現〉の原則を学習する。

⑤協調運動の促進——声（歌唱）、楽器演奏、身体運動などの活動を通して、姿勢の改善や手指の巧緻性の向上を促す。自己の身体に気づかせ、身体組織化を促進する。

笠井と小島は、リハビリテーションでの音楽療法士の役割を次のように定義している。医師の指示のもとに、他のリハビリテーション・スタッフ

と連携して、身体または精神、言語機能、嚥下機能に障害のある者に対し、音楽の機能を活用して、運動機能・言語機能・嚥下機能の回復、また心理的・精神的なケアを目標としたアプローチを行い、さらに患者のニーズに応じた音楽療法プログラムを設定すること。土野（2009）は、重度重複障害（者）へのリハビリテーションでの音楽療法士の役割として、クライエントのための適切な音楽の提供、他職種との連携、情動の適応的発散による情緒の安定、を挙げている。

　小児のリハビリテーションでは、子どもの成長と発達を考慮に入れた、適切な課題設定が要求される。音楽療法の特性を生かしたアプローチを設定し、スタッフとの連携のもと、クライエントの障害の回復を目標として行われる。レスリー・バント（1996）は、歌唱や楽器演奏など、他のリハビリテーションでも同じような活動を取り入れることがあるが、音楽療法では「やらされている」感じではなく、楽しみながら行っている、という他職種の証言を紹介している。

　図17には音楽療法士は含まれていないが、まだ音楽療法士が国家資格でないこと、医療領域で容認されるべき明確なエビデンスが提示できにくいことが考えられる。また、医療現場では、音楽療法の効果は認識されても、音楽療法士の位置づけが極めて難しいことが挙げられる。リハビリテーションとしての音楽療法は、それぞれの専門性を結集したチーム・アプローチの一環として行われるが、音楽療法士には、スタッフの一員として議論できる、リハビリテーションの基礎的知識が要求される。ケース・カンファレンスでは、音楽療法での経過と今後の方策を明確に伝えることが求められる。

3　保護者への対応

　障害を抱える子どもの保護者は、障害を受容するまでに時間を要するが、後天性脳損傷児の保護者、特に母親は、障害を抱える前の子どもの姿が記憶に焼きついており、障害受容までの葛藤も非常に大きい。リハビリテーションの内容や症状の回復について、期待と不安の入り交じった切実な感情を持つため、時に、医師や担当者に攻撃的な態度をとることも多い。しかし、何よりもこうした保護者の話をよく聞くこと、また、理解を得るのに時間は要するが、保護者と共にリハビリテーションに向かうという姿勢が大切である。栗原まな＋アトムの会編『ふたたび楽しく生きていくためのメッセージ』（クリエイツかもがわ、2006年）では、後天性脳損傷の子どもをもつ家族とのやりとりを紹介している。子どもの状況により、時には母子セッションを通して、子どもの変化や回復を見てもらうことも必要になる。保護者も大きなストレスを抱えていることが多いため、セッションでの細かな子どもの変容を伝えることが、リハビリテーションを前向きに取り組む姿勢を支えることに繋がる。

4　音楽を提供する際に配慮すべきこと

　音楽を提供するうえで考慮する点については、第4章（77頁）でも述べているが、ここで再度検討してみたい。
　①**音質**——子どもたちは、音楽療法の〈場＝空間〉に安心して自分自身を任せられるかどうかを直感的に判断する。それは場の空気であり、セラピストの在りようが現れる。セラピストの提供する音が子どもを包み込み、安全で、安心感があり、子どもが自分の表現を受け止めてもらえると

感じる音質が重要である。

　②**音量**——音量は、それぞれの子どもにより受け止め方が異なるが、大きすぎないことが大切である。音に敏感な子どもの場合、大きい音は情緒不安や身体の緊張を招くことになり、拒否的な態度を引き起こすこともある。

　③**長さ**——音を音として知覚するためには〈無音〉の世界を提示しなければならない。また、どのくらいの音楽の提示なら音を傾聴することができるかについてもよく観察しながら、音の提供時間を決めていく。〈無音〉の時間は、次の〈有音〉への期待となるような間をとることが望ましい。

　④**音域**——子どもが聴き取りやすく、活動しやすい音域を考慮する。歌唱の伴奏などでは、子どもの声の高さに合わせることが基本である。伴奏の際は、メロディーと伴奏がうまく響きあい、効果的になるように配慮する。ピアノ伴奏では、中音域ばかりで演奏すると、メロディーが聴き取りにくくなることもあり、高音域と低音域のバランスに配慮する。

　⑤**使用楽器**——子どもが使用する場合は、子どもの状況と、目的に合わせて選択する。子どもの運動操作性をよく観察することが必要である。セラピストが使用する楽器は、セッションに応じて決定する。その場合、楽器の特性と機能を十分に生かし、セラピストの音楽表現を表出しやすい楽器であることも重要である。楽器選択はあくまでも子どもの目標達成を第一と考える。

　⑥**使用する音楽**——音楽療法は、子どもに内在する「音」をセラピストが聴き取り、その場で音楽を提供する営みである。その場合、子どもの何を見て音楽を決めていくのかが、セラピストの責務であり資質である。提供する音楽は、既製曲か即興音楽かのいずれかに限定するものではなく、音楽療法の目的に沿って、子どもとセラピストとの相互関係の中で用いられる音楽であり、それまでの二者間の蓄積された時間と空間から発せられるものである。重度重複障害や自閉症スペクトラムのように、秩序形成が

未発達な子どもには、音楽の構造を強く持つ既製曲をうまく活用することもできるが、即興音楽を用いざるを得ない状況が多い。その中で、二者間で相互的に行われる即興音楽を構造化し、秩序づけることが重要である。しかし、セラピストの音選びは非常に難しく、セラピストの音楽的背景と感性が大きく影響する。即興音楽で大切なことは、目の前にいる子どもにとって音楽を介して何を行うのかを十分に考えることである。後天性脳損傷児に対しても同様であるが、子どもが健常な時によく聴いていた曲や、その子の音楽の好みに合わせた選曲が必要となる。しかし場合によっては、健常な時の子どもの姿を思い出すのでその曲は使わないでほしいと保護者から言われることもあるので、慎重に選曲することが求められる。

⑦**タイミング**——音への傾聴（音の受容と情動表現）のためには、タイミングが非常に重要である。音や音楽は、これまでも述べてきたように、自分以外の世界に気づくきっかけを作ることができる。セラピストは、子どもが受け止めやすい音の提示を行わなくてはならない。音が強すぎると脅威になり、外界への気づきを遮断する。音の提示は慎重に、丁寧に行わなければならない。さらに、音を提示してからすぐに言葉かけは行わず、子どもの反応を細かく観察する。楽器を提示するときは、以下の点に配慮する。

1) 音を出すタイミング（楽器を示す・子どもが受け止められる音量より弱く）
2) 音を出させる：有音（クライエントのかかわりかたを観察する）
3) 音が消えたとき：無音（子どもの細かな変化を見逃さない）

5　事例1　脳外傷後遺症（重度重複障害）

1）対象児の概要

対象児——A君、2歳、男児。
診断名——脳外傷後遺症。
病歴——1歳時に自宅にて幼児用食卓椅子から転落し、脳に重篤な障害を受ける。急性期の治療をF病院で受け、その後、Kリハビリテーション病院に入院した。現在は地域の療育センターに通っている。抗てんかん剤服用中。
初期の臨床像——車いすを使用し、日常生活は全介助。右手は少し動かせるがその他は動かない。右手を口に入れていることが多い。視力はほとんどないようで、楽器の提示にも視線は向けない。音楽には受容的で、セラピスト（以下Th）の呼びかけや音刺激に対しては、微笑んだり声を出すといった反応が見られた。

2）治療構造と目標

Kリハビリテーション病院の心理療法室で、月1回40分の個人音楽療法を13回行った。セッションルームに電気ピアノを設置し、数種類の楽器を用いた。母親も同室しセッションに参加した。目標は下記のようなものであった。
1) 手指の操作性を高める（楽器に手で触れ操作性を高める）
2) 音・音楽によるコミュニケーションを高める（音の受容と自己表現を高める）

3)　発声を拡大する（声による情動表出を促し、口腔機能を高める）

 3)プログラムと目的

　①挨拶（気持ちの切り替えと身構え）：電気ピアノと声で「A君」と毎回同じメロディを呼びかけていく。
　②卓上オルガン（手指の操作性を高める、因果関係を理解する）：卓上オルガンを提示し鍵盤に触れさせ、鍵盤を押すと音が出るという構造を理解する。
　③オートハープ（掌や指で振動を受け止める、弦を右手で叩いたり、指で弾く）：弦を右手で叩いて音を出す。指先で弦を弾く。
　④声・歌唱（声の受容と声による情動表現の促進、メロディー記憶を高める）：クライエントと対峙して「チューリップ」「犬のおまわりさん」を歌いかけたり「一本橋」（手遊び）で指先や腕に触れ、最後にくすぐる。車いすから降ろし、Th の腹と A 君の背中がつくように抱きかかえて歌いかけ、Th の身体の振動を伝える。
　⑤スチールドラム、ボンゴ（情動の発散、音楽コミュニケーションの促進）：Th の歌いかけや伴奏を聴きながら楽器を叩く。
　⑥挨拶（情動の鎮静）：毎回同じ曲を歌いかけて、セッションの終了を伝える。

 4)経過

　13回のセッションを行う中で、口に指を入れる行動が音楽活動時は減少し、口から手を離すようになった。A君の名前を歌いかけるとThの手を右手で叩きながら声を出すことが増えた。3回目から、セッションルームに入ると安心した表情を示し始め、7〜8回目から挨拶の音楽に対して笑

顔を見せ、快の情動的な声を大きく発することが定着した。抱きかかえて歌いかけるとThの口に手で触れ、声の方に顔を向け傾聴した。提示された楽器には積極的に触れて、楽器の構造を確認する様子が見られ、鍵盤に触れたり楽器を叩く行動も見られた。右手を主に用いるが、左側に楽器を提示したときには正中線を越えて、左側まで手を伸ばすようになった。また卓上オルガンでは、右手人差し指で音色の変わるボタンを意図的に押し、押しながら指先でもリズムを取るなどの行動が見られた。オートハープを用いるときには、弦に触れさせた状態で、Thが「チューリップ」や「犬のおまわりさん」を歌いかけ、フレーズごとにメロディを止めると、楽器を叩き始めた。10回以降は、「チューリップの花が（タンタンタン）」や、「犬のおまわりさん（タタタタタン）」というメロディーのリズムで弦を叩くことや、右手人差し指で弦を弾くことができた。スチールドラムでは、Thがピアノを弾きながら「A君ハーイ」と声をかけると、笑いながら右手でトントントンというリズムを叩くことが確実になった。セッション開始当初は、音楽を提供すると楽器演奏を止めてしまったが、後半は、音楽を聴きながらも楽器演奏を行うことができるようになった。

　Thが横になりA君をThの腹の上に仰向けに寝かせ、A君と同じリズムで呼吸を行いながら、少しずつ声に変えていった。それまでA君は身体を緊張させていたが、Thに身を任せるように緊張が緩み、Thの身体に密着し一体化した。その後A君はThの顔をまさぐるように右手を伸ばし、Thの口に触れてきた。A君は次第に息を声にして笑い始めた。ThはA君の名前を呼吸に合わせて呼びかけた。A君は呼びかけに呼応するように笑い声を出し始めた。母親には、楽器を持ってもらうなど、セッションに協力してもらう。子どもの反応を見て、一緒に笑うなど、気持ちがほぐれていった。

5) 考察

A君の音楽療法を通して、以下のことが考えられる。

①音楽を提供されることで外界に気づき、自己と外界（他者）との区分けが明確になった。音の受容（聴く）と表現（眼球を動かすあるいは止める、表情を変える、声を出す）活動が構造化されたことが、音によるコミュニケーションの促進に繋がった。

②認知機能が促進した。挨拶の音楽での反応や、メロディーのリズムで楽器演奏を行うなど、音楽と場面の結びつきや曲の構造を少しずつ理解し始めたことが考えられる。また卓上オルガンでの指先の操作による音色の変化、鍵盤での確かめなど、卓上オルガンの構造を理解し始めたことが、意図的な行動に結びついたものと考える。音楽を聴きながら楽器演奏を行うことができたのは、聴覚と運動の統合が促進したものと考えられる。声のかかわりでは、声によるThの体幹の振動を、A君は背中で快の刺激として受容しながら、Thの呼吸と声に気づき、呼吸を声にしてThと同調させながら意識化していったものと考える。視力の乏しいA君が、身体を通し、触覚と聴覚によりThとの声によるコミュニケーションが出始めたものと考える。

6 事例2 後天性脳外傷（高次脳機能障害）

1) 対象児の概要

対象児──Bさん、3歳、女児。
診断名──脳外傷後遺症。
病歴──2歳の時に母親の運転中に交通事故により脳外傷を受ける。大

学救命救急センターに搬送される。びまん性軸索損傷、外傷性くも膜下出血、脳挫傷の診断。その後、Kリハビリテーションセンターに転院した。入眠後、てんかん発作様の体のぴくつきが頻回にあった。抗てんかん薬を服薬中。てんかん性発作がある。

　家族──父、母、兄、本児の4人家族である。外来、音楽療法セッションには、両親で来院する。Bさんは、セッション開始時には、幼稚園に月2回程度通園している。母親は事故後、子どもと同時に入院し、その後の経過はよい。セッション開始当初は足を引き摺っており、事故による心的外傷を抱えていた。Bさんは、家庭では感情コントロールが難しく、兄に対して攻撃的になることが多い。

　Bさんの状態像──知的機能が低く、感情コントロールが難しい。集中力の持続性が低下し、遊びの模倣はできるが構成ができない、遂行機能に課題がある。コミュニケーションが弱く、内容理解はあるが場が読めない。自分の状況もモニターしにくい。二つのことを指示しても内容理解ができず、二語文の繰り返しは一回では難しく、記憶が弱い。

2) 治療構造と初期の臨床像、目標

　治療構造──Kリハビリテーションセンターの心理療法室で、毎月1回1セッション40分の個人音楽療法を14回行う。Th1名、数回まで母親が同室しセッションに参加した。

　初期の臨床像──非常に可愛らしい普通の子どもという印象であった。言語コミュニケーションも行え、はにかみも見られた。時折話していると、文脈に合わないことを急に話し出すこともある。母親はBさんに対して簡単な言語指示を与えたり、Bさんも母親に確認を求めるなどの行動が見られた。音楽的には特定の音や音楽を嫌がることもなく、提示された音楽の受け止めはよい。楽器演奏は、打楽器類では両手を使うが、オートハ

ープでは左手を使い、右手はあまり使わない。歌唱は小さい声だが歌える。

目標——①情動の発散と音楽による情緒的交流、②協応動作の向上、③言語指示による二つの活動構成。

3)プログラムと目的

①挨拶（毎回同じ音楽を提供することで、安心感と場面認識を高める）
②オートハープ（運動調整、音楽との一体化、手指の巧緻性）
③リコーダー（口腔感覚の統合、呼吸の調整と意識化、両手の協応）
④クラリーナ（目と手の協応、順序性、手指の巧緻性）
⑤ミュージックベル（順序性、音楽との一体化、色の弁別）
⑥声・歌唱（呼吸の調整、メロディ再生、歌詞の明瞭化）
⑦身体運動（身体バランス、身体の組織化、空間認識）
⑧スリットドラム（情動発散、運動調整、音楽との一体化）

4)使用した楽器と音楽

楽器例

①叩く楽器（スリットドラム、ボンゴ、スチールドラム、ザイロフォーン）
②吹く楽器（リコーダー、クワイアホン、スライドホイッスル、クラリーナ）
③振る楽器（ミュージックベル、鳴子）
④弾く楽器（オートハープ）
⑤弾く楽器（卓上オルガン、電気ピアノ）

使用した音楽

BED-MUSIC（松井：1988）による即興音楽と既製曲をその場の状況に応

じて用いた。既製曲は、「散歩」「犬のおまわりさん」「大きな栗の木の下で」「おもちゃのチャチャチャ」「だんご三兄弟」「世界で一つだけの花」「ドラえもんの歌」。

5）経過

I期（1～3回）

短期目標——セッションの場に慣れる、楽器に触れ演奏する。

Thの意図——音楽による安全な場の提供、Bさんと母親との共感性を高める。

経過——初回は緊張した面持ちでセッションに臨む。母親は同室し、セッションを見学しながらThの指示で楽器を支えるなど、セッションにも協力してもらう。数種類の楽器演奏や歌唱（手遊び歌）を行う。Bさんは母親に確認してから行動を起こす。楽器演奏の際、叩く・振る楽器では両手を使うが、オートハープでは左手で演奏し、右手はあまり使用しない。音楽は好み、基本的なテンポ感やメロディーの聴き分け、簡単なリズム模倣は行える。ミュージックベルの時、母親が涙を流すのを見て「何で泣いてんの」と言う。Thは「Bちゃんが上手くやっているから」と答える。「大きな古時計」を使用したので、その歌詞の内容が母親に影響したのかと思い、セッション後に確認したところ「全部大丈夫です」と答える。2～3回目もBさんは「今日は泣かないの」と聞いている。母親の涙が印象深かったことがわかる。振る楽器や叩く楽器では、テンポに合わせたりリズムを工夫できる。3回目には、チューリップの最後のフレーズ（ミミレレド）をキーボードでThがモデルを示すが再生できず、すぐに左右の手でピアノを弾くようにする。「やりたくない」と言い、新しい課題や少し難しい課題には消極的になる。玩具の絵カードを見て名称を言わせ（タコヤキ、チョコレート、タマゴ、電話）、即興音楽でのやり取りは行える（3回）。表情はま

だ固いが、セッションには少し慣れてきた。

使用した音楽技法

Call-T：開始・終了時に同じ曲を提供し、安心感と場面予測を高めた。

Iso-T：クライエントに内在されていると思われる情緒や欲求に同質の音楽を提供したことが、安心感と音楽的な共感性を促した。

Ⅱ期（4～7回）

短期目標──音楽的交流を促進する、簡単なルールを理解する、両手の協応動作を高める。

Th の意図──音楽による情緒的交流、母子の共生期。

経過──表情も柔らかくなり、セッションや Th にも慣れてくる。セッション日は朝から「ツッチー」（Th のこと）と言ったり、診察時にも「ツッチー」と担当医に報告している。セッション中、母親に確認することはあるが、開始当初よりも軽減し Th とのやり取りもスムーズになる。開始の歌を家でも歌って「B ちゃんの歌」と言っている。母親は少し距離をおいて見守りながら参加している。即興的な音楽に対しても反応がよく、テンポやリズムを合わせられる。クワイアホンを母親と交互に演奏して笑いあうなど、共生関係が促進した（5、7回目）。特にクワイアホンでは右手を音の出る楽器の先端につけて音を変化させ、音によるオドケを経験した。歌唱の「一本橋こちょこちょ」では、家でも楽しみにしていると聞くが、実際行うと恥ずかしそうな表情を見せる。オートハープでは、右手にピックを持たせて演奏させるが、持続しない。右手でコードを順番に押すことはできるが、力が弱く、音が濁る。ミュージックベルや鳴子での身体模倣動作では、両手を上・横・前に挙げることはできる。二方向（上と横、前と上など）も行えるが、肘が曲がる。クラリーナでは、左手で楽器を支えて右手で鍵盤を順番に押すことはできる。二つの楽器を並べて（ザイロフォーンとスチールドラムなど）、Th の合図で叩く楽器を変える、合図で手を交差させ

て楽器を演奏する、合図でクワイアホンを母親と交互に吹くなどのルールを指示すると、途中、混乱は見られるものの、ルールを理解し演奏する。振る楽器や叩く楽器のような粗大運動は、両手の協応動作も見られ正確に行えるが、指先を使用するオートハープでは、ピックを右手でつまむが持続しない。母親との演奏を喜び、情緒交流と共感が高まる。

　日常生活では、ブランコで遊んでいると突然手を離して落下したり、転導性が頻出するようになる。音楽療法場面でも、場面に関係ないことを突然言い出すことが見られた。母親とは健康的な母子関係となり、8回目以降は隣室からの見学を臨床心理士からも提唱される。

　使用した音楽技法

　Call-T：気持ちの切り替え、気構えと身構えを促進した。

　Echo-T：クライエントのリズムやメロディーを、より音楽的に Th が反響することで、クライエントの音楽表現をフィードバックし、情緒的交流を深めた。音楽が鏡映的役割を持ち、Th との関係を深めた。

　Unaccomplished-T：音楽を意図的に中断して活用したことが、二者関係の交流を深め、活動の発展をもたらした。フレーズや曲の終わりを演奏させることで、曲を終えたという達成感および音楽の構造理解を高めた。

Ⅲ期（8〜14回）

　短期目標——ルールの理解、手指の巧緻性・身体意識化を高める、色（赤、青、黄色）の弁別。

　Thの意図——音楽の活動構成、自己葛藤を解決させる、伝達としての言語を引き出す。

　経過——8回目から母親が隣室からの見学となり、母親は心配そうにしている。Bさんはセッションをスムーズに行うことができた。セッション後に母親から「私がいないほうがいいのか」と質問され、「これまでの一緒のセッションがあったから、Bさんも安心してセッションを受けられた」

と説明し、母親を支える。また4月から幼稚園に通園が決まり（介助1名）、自分のことは自分でやるように言われていると報告される。セッションでも片付け、言葉での確認を行うようにすることを確認する。ピアノではThがモデリングして左手（ドレミファ）と右手（ソラシド）で音階を弾かせるが興味を示さず、両手を広げるようにしてピアノを弾く。その際に、腰や身体を動かして音楽との一体感を持っている。身体運動の歩行では(9回目)、音楽の停止と同時に止まることができ、運動調整も高まってきた。また合図（ハイ）で反対方向に歩くことを理解して行うことができ、「今まではできなかった」と母親より報告される。スリットドラムやボンゴでもThの合図で手を交差させ叩くことができる。二つの楽器をThの合図で交互に演奏できたが、音楽のフレーズを聴き、合図がなくても交差することも見られた。急に祖母の話を始めたり、場面状況に適さないことを言うことも増えた。「疲れた」「できる」「できない」と言葉にしてThに伝えた（9回）。10回目（4月）に、階段を350段登って幼稚園に通園するが、出席は半分くらいであると報告される。疲れのためか、セッションへの導入時に躊躇する様子を見せるが、セッション中は活動的であった。ボールでのやり取りでは投げられたボールを両手で取れず落とすなど、運動協応と空間把握の弱さが見られた。10回目以降は、始まりの挨拶で、「Bちゃん」に対して「ハーイ」と1拍目に四分休符を入れて正確なリズムとテンポで返事ができるようになる。それまでセッション開始時は四分休符を上手くとれず「ハーイ」の返事が早まっていた。セッション終了時の挨拶では、正確なリズムで答えられていた。ミュージックベルを用いて色の弁別（赤・青・黄色）を行うと、Thの表情を見たり言葉で確認して、指示された色を選んでいる。赤・青の二色は次第に確実になるが、黄色が入ると混乱し、赤・青もわからなくなってしまう。セッション後に母親から「色のところで混乱するかと思ったが、よくやっていた」と言われる。色の弁別は13回目には三色が確実になるが、14回目に黄色が加わると弁別できなくなり、

色の弁別が定着しない。リコーダーは左手を上に右手を下にして持たせる。左右の手を交互に開くことは、モデルを示しても難しく、突然、手を離すこともある。伴奏に合わせてメロディーのリズムで吹くことも多い。家では、右手を使うことが増えたと報告される。また「やってみよう」とBさんが言うようになったことも報告された。10回目以降、ミュージックベルでの色の弁別やその他の活動も、諦めず試みようとする姿勢が見られ、集中力が持続した。両手で振る活動では、音楽を聴きながら、両手同時、左右交互、メロディーのリズムなどを自分で工夫しながら音楽的に演奏できた。音楽は既製曲（「散歩」、「小さな世界」など）のほうが聴きなれていて構造も明確なためか、Thの合図にも適応しやすい。テンポの変化には即応できる。強弱はまだ調整が必要である。歌いながら叩いたり、指示を聞いて楽器を変えるなど、二つのことを同時に行えるようになっている。歌唱では「コチョコチョしないで」と言うが、Thに対してはくすぐるようになる。14回目には、オートハープは両手にピックをしっかり持ち、Thの歌いかけに合わせて左右交互に演奏でき、手指の巧緻性が高まった。最終回はThの顔を描いてきてプレゼントする。

使用した音楽技法

Call-T：音楽による場面予測と期待感、音楽およびThへの気構えと身構

えが定着した。

　Echo-T：Ⅱ期よりも複雑なリズムを用いた。クライエントのリズムやメロディーをより音楽的にThが反響することで、クライエントの音楽表現をフィードバックし、情緒的交流を深めた。

　Unaccomplished-T：音楽を意図的に中断して活用したことが、Thとの二者関係の交流を深め、活動の発展をもたらした。フレーズや曲の終わりを演奏させることで、曲を終えたという達成感および音楽の構造を理解し、Thとの共感性を高めた。

　Modeling：Thが行う音楽活動を模倣しようとする意思と共感性を高めた。

　Dialogue：音楽的な対話、創造的活動、適切な情動発散、関係性の樹立を促進した。

6) 評価

　MCL-S（音楽評価チェックリスト；日本臨床心理研究所版、1991）によるこの事例の評価は下記の通りである。

　Ⅰ期（1回～3回）：A-3, B-3, C-3, D-2, E-3, F-3, G-2, H-4
　　　　　　　　　集計：23, MCL-S指数：71
　Ⅱ期（4回～7回）：A-4, B-3, C-4, D-4, E-3, F-4, G-4, H-4
　　　　　　　　　集計：30, MCL-S指数：93
　Ⅲ期（8回～14回）：A-4, B-3, C-4, D-4, E-3, F-4, G-4, H-4
　　　　　　　　　集計：30, MCL-S指数：93

7) 考察

　14回のセッションを通して、目標である、①情動の発散と情緒的交流、

②協応動作の向上、③言語指示による二つの活動構成——は、ある程度達成できたと考える。

Ⅰ期〜Ⅱ期（1〜7回）

　母子同室のセッションであり、その間に、より健康的な母子関係が形成されたと考える。母親は自分の運転中に事故を起こしたことから心的外傷を抱えており、初めから母子分離を行うと、より不安が高まると考えた。セッション場面で楽器を支えてもらうなど、Bさんの障害の回復に役立っているという思いが、より健康的な母子関係を構築したと考える。このことは前述した8回目のセッション後のThへの質問にも現れている。また14回のセッション終了後に感想を書いていただいたが、その中に「私はBに対して『きっと理解してくれないだろう』といろいろなことを諦めようとしていましたが、先生が何度も言葉がけをしていけば、少しずつですが理解できることも学びました。なので、これからはもっといろいろなことにチャレンジしていこうと思います」とあった。これから出現するBさんの高次脳機能障害の特性については、不安も高まると思われるが、Bさんの回復および成長するプロセスに協力していただいたことの意義は大きいと考える。音楽活動という情緒的交流が起こりやすい場であったことも、母親の情緒を安定させ、共感性を高めたものと考える。後天性障害の場合、健康な時の小児に触れていることから、小児への思い入れが強く認められ、障害の受容に苦慮することが多いが、前述の母親のコメントにもあるように、音楽療法が前向きな方向への手がかりになったものと考えられる。Bさんは母親を安全基地として、歌唱や楽器演奏を通して、少しずつ自信を持って音楽活動が行えるようになったと考える。

Ⅲ期（8〜14回）

　目標①の「情動の発散と情緒交流」は、主に楽器演奏を通して行われた。

打楽器を中心とした叩く楽器では、発散的になり、音楽との一体感も高められた。演奏しやすく細かい運動協応をあまり要求されない楽器を使用したが、指先の巧緻性の求められる楽器や（オートハープ）、鍵盤を順番に弾く楽器（クラリーナ）では、まだ左手を多く使い、右手を使用することに対して消極的であった。吹く楽器でも、音を出すだけの場合はリズム模倣が行えたが、音階を吹いたり鍵盤を押すときには、微細運動とともに視覚的な関与が増えるせいもあり、視覚－聴覚－運動の統合の弱さから集中力を持続できず、急に話し始めるなど、転導性にも繋がったものと考える。視覚の関与と情動の発散および身体運動は深く関係していることが理解できる。

　目標②の「協応動作の向上」は、Ⅱ期後半以降は積極的に用いるようになった。特に手を交差させる楽器では操作がスムーズになり、戸惑いながらも試みようとする気持ちが高まった。また電気ピアノでは、両手を鍵盤に置いてThの音楽に合わせて自由に弾くときは、上体を揺すったり左右交互に演奏するなど、音楽的にも組織化され一体感を高めた。協応動作も促進され身体組織化も見られたことで、次第に右手を用いるようになったものと考える。さらに身体運動では、音楽に合わせて歩く、走る、止まる、合図により運動方向を変える活動も行うことができ、視覚（空間把握）、聴覚、粗大運動の統合ができはじめたと考えられる。身体への気づきも高まり、叩く・振るという粗大運動の演奏では、音楽に合わせて、テンポを変えることに繋がったものと考える。指先の巧緻性を求められるオートハープやクラリーナでは、微細運動のしにくさから活動がストレスになり（できないという事実に気づくことにもなり）、そのことが「できない」「やらない」の拒否的な言葉に繋がったものと考える。

　目標③の「言語指示による二つの活動構成」は、「合図を聞く・楽器を変える」「合図を聞く・順番を待つ」などの内容理解が高まったが、時折急に状況と合わない話を始めるなど、集中時間が短いといったことが見られ

る。III期で行ったミュージックベルによる色の弁別では、次第に二色（青・赤）の弁別は確実になってきたが、黄色が加わって三色になると急に弁別ができなくなってしまい、このあたりに高次脳機能障害の特徴が見られる。最初はThに確認しながら行っていたが、次第に自己判断で行えるようになった。またII期では、まだ消極的であったことが、III期では諦めず試みる姿勢になったことは大きな成長である。新しいこと、難しいことでは話し始めたり集中力がそれても場面転換はスムーズになり、元の活動に戻れるようになった。高次脳機能障害の特徴でもある、耐性、注意、見当識、記憶、遂行機能の障害などは、将来的に、より顕著な形で出現することが予測される。II期からIII期に見られた場面状況と異なる話などは、セッションに慣れてきたことにより、Bさんの状態像が出てきたものと考える。また成長・回復する中で、高次脳機能障害の特徴がより明確になってきたとも考えられる。

8）今後の課題

Bさんの今後の課題となるのは、集中力の持続、二つ以上の課題の内容理解と構成、即時的な指示への適応、音楽による表現力の拡大、手指の微細運動の調整、両手の協応（右手の使用）、弁別や記憶課題の高次化などである。

7　事例3　脳梗塞後遺症、先天性心疾患

1）対象児の概要

対象児——C君、10歳、男児。

診断名——脳梗塞後遺症、先天性心疾患（単心室、大血管転位症、Fontan術後）

現病歴——先天性疾患に対し、6か月、3歳、4歳時に手術を受けた。4歳時の周術期に血栓塞栓による脳梗塞を生じ後遺症を残したため、リハビリテーションを目的にKリハビリテーション病院を紹介された。

障害名——不全四肢麻痺、軽度知的障害、高次脳機能障害（注意障害、感情コントロール不良）。頭部CTでは、広範な低吸収域と萎縮が認められた。

2）治療構造と初期の臨床像、目標

治療構造——Kリハビリテーション病院の心理療法室で7歳5か月より月1回、40分の個人音楽療法を14回行う。セッションルームに電気ピアノを設置する。

初期の臨床像——日常は車いすを使用しているが、移動は四つ這いと伝い歩きで行う。手を繋ぐと数メートルは歩行が可能である。集中時間が持続せず転動性が多く、マイペースな行動が目立った。日常会話は可能であるが一方的な会話になりやすい。音楽への拒否は見られないが、楽器演奏では、左手は拘縮があるため右手で演奏する。

目標——①情動の発散と調整、②ルール化の促進、③姿勢の改善

3）プログラムと目的

①挨拶（毎回同じ音楽を提供することで、安心感と場面認識を高める）
②オートハープ（運動調整、音楽との一致、手指の巧緻性の向上）
③リコーダー（口腔感覚の統合、呼吸の調整と意識化）
④ミュージックベル（順序性、言語指示による演奏、音程の一致）
⑤声・歌唱（呼吸の調整、メロディー再生、情動表現の拡大）

⑥リズム運動（身体バランス、身体の意識化）
⑦スリットドラム（情動の発散、運動調整、音楽との一体化）

4）経過と結果

　初期は音楽療法に慣れることを目標にした。音楽療法の受け入れ時期では、C君の受け止めやすい、安心感を持てる音と音楽を提供した。セッション開始当初は落ち着かず、マイペースな行動が多くみられた。楽器に触れるがすぐ次の楽器に触れるなど、集中力が持続しない。右手で楽器を演奏することはできるが、打楽器を力任せに叩く。C君の表現を受容しながらも音楽の構造を活用し、曲の最後には伴奏と一緒に終われるように導いた。オートハープでは、左手も楽器に触れるようにさせた。

　中期は情緒の安定を目標に行い、Thとの情緒的交流、音楽と言語によるルール化の促進を行った。「待って」などの言語指示も行った。また使用した楽器を片付けることも取り入れ、活動の始まりと終わりを意識化した。電気ピアノの連弾では、左手も積極的に使うようになり、上体を左右に大きく揺らしながら、左右交互に鍵盤を叩くように音を出していった。音楽への集中力も高まり、強弱などの表現も見られるようになった。セッション開始時と終了時には言葉で挨拶を行うことができた。

　終期はルールの理解と定着、適切な情動表現を目標とした。音楽の強弱、テンポの変化、音楽の中断による緊張感の持続など、音楽との一体感やThとの共感性も高まり、ルール化が定着した。ミュージックベルでは左手も右手と同じ高さで振ることができ、姿勢の保持、両手の協応動作を高めることができた。

　音楽療法開始時と、1年後のMCL-S音楽療法評価チェックリストでは、運動機能以外のすべての項目で改善が見られた。

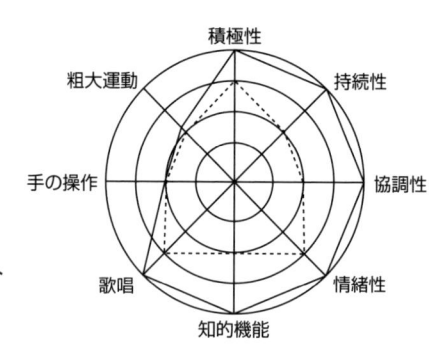

図18
MCL-S 音楽療法評価チェックリスト

┈┈┈ 1回目　──── 1年後

5) 考察

　14回のセッションで、C君の音楽療法での目標は達成できたと考える。初期では、C君のセッションでの行動を受容しながら、音楽への親和性を高めていった。楽器の操作性では、右手で活動的な表現を行いながらも左手を楽器に触れさせるなど、左手の意識を高めていった。音楽はC君に寄り添いながらも、少しずつ音楽の構造を明確化させた。中期では、言語化に伴いルールを理解し始めた。合わせてもらうことと、自分が合わせることの双方を経験したことが、ルール化を促進した。電気ピアノでの演奏は、音楽のダイナミズムを活用し、表現を高めていった。特に上体を大きく左右に動かしながら両手を使って高音と低音で演奏したことは、C君の身体バランスを組織化していった。またThがC君の手を持って立位姿勢を取らせ、Thの声に合わせて左右の足を交互に踏みしめることも行った。終期は、ミュージックベルを両手で高く挙げ演奏するなど協調運動が高まり、力任せではなく音楽に合わせた適応的な情動表現が見られた。運動調整と情動表現が一致したものと考えられる。さらに音楽の構造理解が高まったことで、一緒に音楽を終わらせることが共感性を高めたものと思われる。

8 事例から考えられる音楽療法の効果

　筆者は、後天性脳損傷児の音楽療法セッションから、発達障害の子どもと異なる経過を見ることができた。
　① 音楽療法への導入がスムーズであること
　② 機能改善のスピードが速いこと

　先天性の発達障害児の場合は、学習の基盤を作ることが大きな目的となる。それに対し、後天性脳損傷児の場合は、障害を抱えるまでの学習の基盤を残存していることが、音楽療法の経過に大きく影響していると考えることができる。音楽療法の効果は、最終的には日常生活への般化で検証することであるが、音楽療法だけの効果と断定することはできないため、音楽療法の中でどのように変容したのかを検証することになる。それはリハビリテーションがチームで行われている特徴でもある。スタッフが専門性を生かし、それぞれの特性を生かし、補い合いながら、子どもの回復を支援することが何よりも重要である。そのためにも、音楽療法士は謙虚にスタッフの意見を受け入れる姿勢が求められる。

　　（註）事例1は「発達障害医学の進歩」No.21（2009年、診断と治療社）、事例2は第33回淑徳大学発達臨床研究セミナー（2008年）、事例3は「小児科診療」第72巻第1号（2009年、診断と治療社）に発表、掲載されたものを一部加筆修正したものである。

おわりに——セラピストをめざす人に

道心

　これまでの臨床経験を通して考えてきたことを、自分なりのことばで書いてみようと試みました。それが本書のタイトルの「声・身体・コミュニケーション」に集約されました。書き終わってみて、「ズシッと重かったな」と実感しています。それは音楽療法が学際的で奥深い領域であることや、音楽療法をことばに置きかえることの重さによるものでした。
　音楽評論家の吉田秀和氏は、「相撲と批評」という文章のなかで、「文章修行といわれても、私が多少とも意識的集中的にやった覚えのあるのは、相撲をみて、その勝負の経過をなるべくくわしく、正確に記述する練習をしたぐらいのものだ。ただし、その訓練は何年もやった。そのため書き潰したノートは、ずいぶんの量にのぼる」（週刊朝日編『私の文章修行』1979 年）と書いています。数秒から 20 秒といわれる相撲で起こったことをいかに正確に伝えることができるか。「つまり精密さだけでは、いくら正確にやってみても、相撲のダイナミズムを再現できないのだ。…（中略）……細部というものは追えば追うほど無限に分割されるばかりだし、その細部の記述をいくら積み重ねても全体にはならないのだ」など、音楽療法にも共通することが多く書かれています。
　要はこつこつと積み重ねていったものから、自分の身体を通して、「こういうことなのか」と身体に刷りこまれていくことを実感することが、重要な点であると思います。「感性」というセラピストの根幹にかかわる問題も、本来は臨床のなかで磨かれなければ意味はありません。しかし、このように考えるのは、私が養護学校で子どもたちと日々接してきた現場の出

身であるからだと思います。

　障害児教育に携わった当時を振り返ると、良かったと思うことがいくつかあります。ひとつは出発が肢体不自由養護学校だったことです。中学部1年の担任として7名の子どもを、2名の教員で担任しました。給食は2人の子どもに食べさせながら自分も食べるので、誰のスプーンだかわからなくなってしまうこともありました。しかし、日常生活全般を見たことが、どれほど子どもや障害そのものを理解することになったかわかりません。食事や排泄はもちろん移動も含めて、すべてが勉強でした。保護者の温かい気持ちが支えでした。また運動障害のため、車椅子から降ろしたり、腰を支えて歩いたり、子どもの身体動作をよく考える機会になったことです。どう支えたら子どもたちが動きやすいのかも経験しました。小学部・中学部・高等部と各学部の卒業担任も経験でき、発達の過程をつぶさに見てきました。そのなかで音楽の意味することも考える機会になりました。

　第9章に掲載した自閉症の事例については、数年間継続してセッションを行ったなかで考えてきたことをまとめたものです。どのように表現したらよいか、難しい面がありました。ただ、セッションで起こったことの事実が、どのような意味を持っているのか、今の私なりに考えたものです。掘り下げがさらに必要だと感じています。しかし、きれいにまとめられない、まとめてしまっては見えない、クライエントとセラピストとの関係性は、（この関係性なくしてセッションは語れないのですが、）伝えられたと思っています。ここで示した身体・声についての考察は、第6〜8章の声・身体運動・コミュニケーションの章と比べながら読んでいただけるとわかりやすいと思います。

　また第10章としてまとめた病弱養護学校での実践は、音楽教育と最も近い関係にある病弱養護学校の音楽療法の取り組みとして紹介しました。最後に自作の曲を載せたのは、もうこの養護学校が統廃合されてしまったこ

ともあり、学校へのオマージュとしての意味を持っています。そこで私が学んだことに「時間」があります。この時間の「質」こそが音楽療法の核とも言える部分だと思います。時間と空間は音楽療法にとっての重要な構造です。

　おわりにあたって、セラピストとして私が日頃から大切にしていることを書いてみたいと思います。

　1）音楽療法の最大の力は「音楽」である。
　音楽療法士の専門性は「クライエントの状況に合わせて音楽を自由に使えること」です。しかし、「音楽は人なり」で、その人自身を現します。いくら技術的にピアノが上手く弾けても、声がよくて歌が上手くても、セラピストにはなれません。必要とされているのは素材ではなく、どう使うかの技術です。クライエントにとって安心でき、しかも効果的な音を提供できる人であることが大切です。

　2）他者を受け入れるためには、まず自己を受け入れることが前提となる。
　音楽療法を行ううえで、セラピストはクライエントを受けとめていかなければなりません。そのために学生と一緒によく行うワークに、①他者に触れる－他者から触れられるワーク　②他者に身を任せるワーク－他者を支えるワーク　③他者に声を届ける（声の方向性のワーク）－声を実感するワーク　④テーマに沿って身体表現を行うグループワーク（言葉は使わずに）　などがあります。他者と触れ合い、他者との関係性を高めながら自己を洞察していくことが、セッションの場に生きてきます。

　3）音楽療法士以外の人とコンタクトを多く持つこと。

音楽療法の勉強はとても重要ですが、できるだけ多くの人と、それも音楽療法を専門としない人たちとのコンタクトをもつことも大切です。自分では気づかない視点に気づかされるからです。セラピストとして保護者や施設の方など他職種の人とコンタクトを取るうえでも重要です。どう話したら音楽療法を理解してもらえるか、言葉も練られていきます。それと、音楽療法とはまったく関係のない、自分の楽しみの時間を作ることが必要です。前に述べた「感性」は磨耗します。セラピスト自身も感動を補充しなければ、新鮮な気持ちでクライエントの前に立てません。
　ローベルト・シューマンが、1849年1月に、作品68として出版した「子供のための小曲集 Albums für die Jugend」のために書いた「音楽の座有銘」に、音楽の勉強で大切なことが書かれています（シューマン『音楽と音楽家』吉田秀和訳、岩波書店）。「一番大切なことは、耳（聴音）をつくること」から始まって「勉強に終わりはない」まで、セラピストに置きかえて熟読することを勧めます。

　本書の扉裏には丸山眞男の言葉を掲げました。丸山は、戦後日本の知的リーダーでしたが、音楽にも造詣が深く音楽学者といってもよいほど、音楽への深い掘り下げと真実を捉える目と耳を持っていたことが、『丸山眞男音楽の対話』（中野雄著、文芸春秋）で読みとれます。ここには音楽の本質が述べられています。特に偉大な指揮者であるフルトヴェングラーを引き合いにして、「全体像が把握されれば、細部は自ずから定まる」など音楽の構造についても述べています。また指揮者のプロセスとして、コレペティ（練習ピアニスト）から地方の歌劇場でレパートリーを仕込んでいく地道な人材養成についても触れています。音楽療法士の養成にも共通します。またなによりも音楽の構造について、実に興味深い考えが述べられています。著者である丸山門下の中野はみずからヴァイオリンを奏で、音楽プロデューサーとして天満敦子を発掘しました。音楽評論も行い、人間的な暖

かみのある文章を味わえます。

　音楽療法の大きな意味は、音楽が人間にどのようにかかわるかの本質的な意味を考えることだと思います。音楽の普遍性を構築することも、セラピストには課せられているのではないでしょうか。それは音楽療法と「コミュニティー」という、地域——大きく言えば社会、その国の文化に繋がるものです。本書では、障害児を軸として音楽療法について考えてきました。しかし、実際のセッションでどの曲をどのように提供すればよいということは述べませんでした。セラピストとしてどうかかわるかの視点で展開しました。音楽療法の学習では、音楽療法のモデル（理論）は学べても、音楽療法の音作りは知識としてしか学べません。音作りはセッションのなかに、クライエントのなかにあるからです。そのためにも、クライエントとじっくり向き合い、「時間」をかけて考えていくしかありません。

　執筆にあたり、春秋社の神田明社長、編集部の近藤文子さんには大変お世話になりました。特に近藤さんには執筆のなかなか進まない原稿を辛抱強く待っていただき感謝しています。また編集部の小島直人さんには貴重な意見を戴き、身体やアフォーダンスの新しい地平を音楽療法に反映させるきっかけを戴きました。お礼申し上げます。

　　　　平成17年12月21日

　　　　　　　　　　　　　　　　　　　　　虚空庵にて　　土野研治

あとがき

　2011年3月11日の東日本大震災は日本人の価値観を大きく揺るがせ、今もなお復旧作業が続いています。音楽が人間にとってどのような意味を持つのかを改めて考える機会となりました。「音楽は人の心を癒す」という言葉が虚しさを伴ったことを感じましたが、音楽が人を支え、人と人を繋げ、明日への活力となることも実感しました。

　本書では、特別支援教育における音楽活動と小児リハビリテーションでの音楽療法を新たに加え、障害児への音楽療法をほぼ網羅したと考えています。音楽療法の捉え方は多様化していますが、一番大切なことは〈音楽を核として人と人とが深く繋がること〉であると思います。これまで多くの障害児とかかわりを持ってきましたが、彼らを支えるご家族の高齢化が重い現実を示しています。今後私がかかわってきた特別支援学校の卒業生が、地域でどのように暮らしているのか、音楽療法が彼らの生き方にどのような意味をもたらしたのかを検証したいと考えています。同時に音楽療法の評価に関して、さらに検討を重ねなければならないと思います。

　増補改訂にあたり、春秋社の神田明会長、編集部の片桐（近藤）文子さんには、今回も大変お世話になりました。多くの方たちの繋がりの中で本書が出版されることに感謝します。

　　　　　平成26年4月16日

　　　　　　　　　　　　　　　　　　虚空庵にて　　土野研治

参考文献

丸山眞男『自己内対話』東京：みすず書房、1998年。

第1章 日本の障害児教育と音楽の系譜

『人物でつづる障害者教育史（日本編）』精神薄弱問題史研究会編　藤島岳・大井清吉他　東京：日本文化科学社、1988年。

『人物でつづる障害者教育史（世界編）』精神薄弱問題史研究会編　藤島岳・大井清吉他　東京：日本文化科学社、1988年。

『障害児教育・福祉年史集成』第1～7巻　東京：日本図書センター、2004年。

『小学校音楽教育講座5　障害児と音楽』東京：音楽之友社、1983年。

『日本病弱教育史』全国病虚弱教育研究連盟　病弱教育史研究委員会、1990年。

宇佐川浩『障害児の発達臨床とその課題――感覚と運動の高次化の視点から』東京：学苑社、1998年。

宇佐川浩『障害児の発達臨床Ⅰ　感覚と運動の高次化から見た子ども理解』東京：学苑社、2007年。

宇佐川浩『障害児の発達臨床Ⅱ　感覚と運動の高次化による発達臨床の実際』東京：学苑社、2007年。

加賀谷哲郎『音楽療法』東京：財団法人日本精神薄弱者愛護協会、1972年。

川野楠己『琵琶盲僧永田法順』東京：NHK出版、2001年。

佐藤千代子『脳性まひ児の壁に挑む』名古屋：黎明書房、1971年。

昇地三郎『脳性マヒ児の治療教育――しいのみ学園の22年』京都：ミネルヴァ書房、1976年。

セガン，エドワード『障害児の治療と教育』末川博監修、薬師川虹一訳　京都：ミネルヴァ書房、1973年。(Edward, Seguin. *Idiocy and its Treatment by the Physiological Method Published by Teachers College*. New York: Columbia University, 1907.)

セガン，エドワード『知能障害児の教育』中野善達訳　東京：福村出版、1980年。

高橋八代江『障害をもつ子のリズムあそび1』東京ぶどう社、1985年。

高松鶴吉『療育とはなにか』東京：ぶどう社、1990年。

竹内光春『運動障害児のリズム運動』東京：ぶどう社、1985年。

竹内光春他「入門期のレディネス形成に関する研究 (1)」『東京教育大学附属桐ヶ丘養護学校　研究紀要　第7巻』東京、1972年。
土野研治「リトミック法」伊藤隆二編『教育治療法ハンドブック』東京：福村出版、1989年。
中村満紀男・荒川智編著『障害児教育の歴史』東京：明石書店、2003年。
松樹偕子・芸術教育研究所編『障害児の音楽指導』名古屋：黎明書房、1984年。
宮崎直男編『精神薄弱教育の教育課程』東京：教育出版、1977年。
村井靖児『音楽療法の基礎』東京：音楽之友社、1995年。
望月勝久『精神薄弱児のためのリトミック』名古屋：黎明書房、1974年。
望月勝久『リズム効果法による吃音治療教育』名古屋：黎明書房、1985年。

第2章　音楽療法の対象児

『こころの科学124　就学相談と特別支援教育』東京：日本評論社、2005年。
『ダウン症児の早期教育』東京：全国心身障害児福祉財団、1996年。
『DSM-IV　精神疾患の分類と診断の手引』高橋三郎・大野裕・染矢俊幸訳、東京：医学書院、1995年。
石川大・鈴木亘「視覚障害（盲学校）」『こころの科学81　特殊教育』東京：日本評論社、1998年。
岩崎清隆『発達障害と作業療法（基礎編）』東京：三輪書店、2001年。
岩崎清隆・岸本光夫『発達障害と作業療法（実践編）』東京：三輪書店、2001年。
菅野敦・橋本創一他編『新版　障害者の発達と教育・支援』東京：山海堂、2003年。
小宮三彌他編『障害児発達支援基礎用語事典』東京：川島書店、2002年。
佐藤忠道「聴覚障害（聾学校）」『こころの科学81　特殊教育』東京：日本評論社、1998年。
タウト、ミヒャエル「身体障害児のための音楽療法」『音楽療法入門（下）』栗林文雄訳　北海道：一麦出版社、1998年。
谷川俊太郎『谷川俊太郎詩選集1』東京：集英社（集英社文庫）、2005年。
遠山文吉編『知的障害のある子どもへの音楽療法』東京：明治図書、2005年。
西巻靖和「視覚・聴覚二重障害を呈する重症心身障害児へのアプローチ——音・音楽を用いたかかわり」『音楽療法 Vol.11』山梨：日本臨床心理研究所、2001年。
西巻靖和「重症心身障害児への音楽療法」飯森眞喜雄・阪上正巳編『音楽療法　芸術療法実践講座4』東京：岩崎学術出版社、2004年。
水田善次郎編『ダウン症児の心理と指導』東京：学苑社、1978年。
村井潤一・小山正『障害児発達学の基礎——障害児の発達と教育』東京：培風館、1995年。

八重田美衣「個別音楽療法における即興演奏の役割――緑成会病院整育園での実践のもとに」『音楽療法 Vol.7』山梨：日本臨床心理研究所、1997 年。
若菜一「視覚障害児と音楽」『小学校音楽教育講座 5　障害児と音楽』東京：音楽之友社、1983 年。
Diagnostic and Statistical Manual of Mental Disorders: DSM-5. American Psychiatric Association, 2013.

第 3 章　音楽療法の定義

アルヴァン、ジュリエット『音楽療法』櫻林仁・貫行子訳　東京：音楽之友社、1969 年。
岩崎清隆『発達障害児と作業療法（基礎編）』東京：三輪書店、2001 年。
岩崎清隆・岸本光夫『発達障害児と作業療法（実践編）』東京：三輪書店、2001 年。
宇佐川浩「障害児の発達論的検討」音楽之友社編『障害児の成長と音楽』東京：音楽之友社、1984 年。
梅本堯夫『子どもと音楽』東京：東京大学出版会、1999 年。
大岡信『現代の詩人 11　大岡信』谷川俊太郎編　東京：中央公論社、1983 年。
霜山徳爾『素足の心理療法』東京：みすず書房、1989 年。
滝坂信一他『馬と会いに行こう　馬と仲良くなろう』神奈川：独立行政法人国立特殊教育研究所、2005 年。
土野研治「リトミック法」伊藤隆二編『教育治療法ハンドブック』東京：福村出版、1989 年。
土野研治「学校教育における音楽療法」日野原重明監修『標準 音楽療法入門（下）』東京：春秋社、1998 年。
遠山文吉「障害児への音楽療法」『音楽療法 Vol. 1』山梨：日本臨床心理研究所、1991 年。
遠山文吉「障害児への音楽療法（2）」『音楽療法 Vol. 2』山梨：日本臨床心理研究所、1992 年。
遠山文吉編『知的障害のある子どもへの音楽療法』東京：明治図書、2005 年。
久留一郎編『臨床援助の心理学』京都：北大路書房、1989 年。
丸山忠璋『療法的音楽活動のすすめ――明日の教育と福祉のために』東京：春秋社、2002 年。
松井紀和『音楽療法の手引』東京：牧野出版、1980 年。
松井紀和・古賀幹敏・鈴木千恵子・土野研治『音楽療法の実際』東京：牧野出版、1995 年。
The Social psychology of Music. Oxford University press, 1977.（邦訳：デイヴィド・

ハーグリーヴズ他編『人はなぜ音楽を聴くのか――音楽の社会心理学』磯部二郎・沖野成紀・小柴はるみ・佐藤典子・福田達夫訳　神奈川：東海大学出版会、2004年。）

Alvin, Juliette. *Music Therapy*. (Revised Paperback Edition) London: John Clare Books, 1975.

Blacking, John. *How Musical is man?* 1973.（邦訳：ジョン・ブラッキング『人間の音楽性』徳丸吉彦訳　東京：岩波書店〔岩波現代選書〕、1978年。）

Bruscia, K., Ed. *Case Studies in Music Therapy*. Gilsum NH: Barcelona Publishers, 1991.（邦訳：ケネス・ブルシア『音楽療法ケーススタディ（上）』酒井智華、よしだじゅんこ他訳　音楽之友社、2004年。）

Bruscia, Kenneth E. *Defining Music Thrapy*. Second Edition. Barcelona Publishers, 1998.（邦訳：ケネス・ブルシア『音楽療法を定義する』生野里花訳　神奈川：東海大学出版会、2001年。）

Bunt, Leslie. *Music Therapy: An art beyond words*. New York: Routledge, 1994.（邦訳：レスリー・バント『音楽療法――音楽を越えた対話』稲田雅美訳　京都：ミネルヴァ書房、1996年。）

Ruud, E. *Music Therapy: Improvisation, Communication and Culture*. Gilsum NH: Barcelona Publishers, 1998.

第4章　セッションの手順と展開

宇佐川浩「音楽療法の発達論的検討」音楽之友社編『障害児の成長と音楽』東京：音楽之友社、1984年。

宇佐川浩『障害児の発達支援と発達臨床』東京：全国心身障害児福祉財団、2001年。

金子保編著『心理発達臨床概論』東京：川島書店、2001年。

キャノン、W. B.『からだの知恵』舘鄰・舘澄江訳　東京：講談社（講談社学術文庫）、1981年。

酒井雄哉『比叡山・千日回峰行　酒井雄哉画賛集　ただ自然に』東京：小学館、2001年。

次良丸睦子・五十嵐一枝『発達障害の臨床心理学』京都：北大路書房、2002年。

土野研治「学校教育における音楽療法」日野原重明監修『標準 音楽療法入門（下）』東京：春秋社、1998年。

松井紀和『音楽療法の手引』東京：牧野出版、1980年。

松井紀和「発達障害児の音楽療法」『音楽療法研究年報 vol.17』日本音楽心理学音楽療法懇話会、1988年。

松井紀和『心理療法の基礎と実際』東京：東京カウンセリング研究会、1997年。
Boxhill, Edith Hillman. *Music Therapy for the Developmentally Disabled*. PRO-ED, Inc., 1985.（邦訳：エディス・ヒルマン・ボクシル『実践・発達障害児のための音楽療法』林庸二・稲田雅美訳　東京：人間と歴史社、2003年。）
Bunt, Leslie. *Music Therapy: An art beyond words*. New York: Routledge, 1994.（邦訳：レスリー・バント『音楽療法――音楽を越えた対話』稲田雅美訳　京都：ミネルヴァ書房、1996年。）
Decker-Voigt, Hans-Helmut, Paolo J. Knill, and Eckhard Weymann. *Lexikon Musiktherapie*.（邦訳：ハンス゠ヘルムート・デッカー゠フォイクト他編『音楽療法事典』阪上正巳他訳　東京：人間と歴史社、1999年。）
Hanser, Suzanne B. *The New Music Thrapist's Handbook*. Berklee Press, 1999.（邦訳：スザンヌ・ハンサー『ミュージック・セラピスト・ハンドブック』ATN, Inc., 2005年。）

第5章　楽器

『障害児と音楽　小学校音楽教育講座5』東京：音楽之友社、1983年。
宇佐川浩「音楽療法の発達論的検討」音楽之友社編『障害児の成長と音楽』東京：音楽之友社、1984年。
木村敏『形なきものの形――音楽・ことば・精神医学』東京：弘文堂、1991年。
土野研治「発達障害児の音楽療法における楽器・教材」『音楽療法 Vol. 5』山梨：日本臨床心理研究所、1995年。
土野研治『情緒に問題のある子どもとの音の係わり　重度・重複障害児の事例研究（第20集）――「音との係わり」に視点をおいて』国立特殊教育総合研究所重複障害教育研究部、1997年。
土野研治「学校教育における音楽療法」日野原重明監修『標準 音楽療法入門（下）』東京：春秋社、1998年。
寺山修司『新・書を捨てよ、町へ出よう』東京：河出書房新社（河出文庫）、1993年。
遠山文吉「重度知的障害者に対する個人音楽療法――物にかかわる手、人とかかわる手の育成を目指して」『音楽研究所年報　第16集』東京：国立音楽大学、2002年。
星野圭朗『オルフ・シュールベルク理論とその実際――日本語を出発点として』東京：全音楽譜出版社、1979年。
松井紀和『音楽療法の手引』東京：牧野出版、1980年。
鷲田清一『〈想像〉のレッスン』東京：NTT出版、2005年。

The Social Psychlogy of Music. Oxford University Press, 1997.（邦訳：デイヴィド・ハーグリーヴズ他編『人はなぜ音楽を聴くのか――音楽の社会心理学』磯部二郎・沖野成紀・小柴はるみ・佐藤典子・福田達夫訳　神奈川：東海大学出版会、2004年。）

Alvin, Juliette. *Music Therapy.*（邦訳：ジュリエット・アルヴァン『音楽療法』櫻林仁・貫行子訳　東京：音楽之友社、1969年。）

Bruscia, Kenneth. *Improvisational Models of Music Therapy*. Charles C. Thomas Publisher, 1987.（邦訳：ケネス・ブルーシア『即興音楽療法の諸理論（上）』生野里花・岡崎香奈・八重田美衣訳　東京：人間と歴史社、1999年。）

Orff, Gertrud. *Die Orff-Musiktherapie*. München: Kinder Verlag, 1974.（邦訳：ゲルトルート・オルフ『オルフ ムジーク テラピィ――活動的音楽療法による発達援助』丸山忠璋訳　東京：明治図書、1992年。）

第6章　声

『談　No.56　冬号　特集　音のからだ』東京：たばこ総合研究センター、1997年。
『はげみ　No.291　特集　ことばを育てる』東京：日本肢体不自由児協会、2003年。
岩崎清隆『発達障害と作業療法（基礎編）』東京：三輪書店、2001年。
岩崎清隆・岸本光夫『発達障害と作業療法（実践編）』東京：三輪書店、2001年。
岩立志津夫・小椋たみ子編『よくわかる発達言語』東京：ミネルヴァ書房、2005年。
竹内敏晴『劇へ――からだのバイエル』東京：青雲書房、1975年。
竹内敏晴『「からだ」と「ことば」のレッスン』東京：講談社（講談社現代新書）、1990年。
竹内敏晴『日本語のレッスン』東京：講談社（講談社現代新書）、1998年。
浜田寿美男『「私」とは何か――ことばと身体の出会い』東京：講談社（講談社選書メチエ）、1999年。
三木成夫『海・呼吸・古代形象』東京：うぶすな書院、1992年。
村田孝次『幼児のことばと発音』東京：培風館、1970年。
米山文明『声の呼吸法』東京：平凡社、2003年。
李敏子『心理療法における言葉と身体』京都：ミネルヴァ書房、1997年。
Bruscia, Kenneth. *Improvisational Models of Music Therapy*. Charles C. Thomas Publisher, 1987.（邦訳：ケネス・ブルーシア『即興音楽療法の諸理論（上）』林庸二監訳、生野里花・岡崎香奈・八重田美衣訳　東京：人間と歴史社、1999年。）
Orff, Gertrut. *Die Orff-Musiktherapie*. München: Kinder Verlag, 1974.（邦訳：ゲル

トルート・オルフ『オルフ ムジーク テラピィ——活動的音楽療法による発達支援』丸山忠璋訳　東京：明治図書、1992 年。）

第 7 章　身体運動

麻生武・浜田寿美男『からだとことばをつなぐもの』京都：ミネルヴァ書房、2003 年。

尼ヶ崎彬『ダンス・クリティーク——舞踊の現在／舞踊の身体』東京：勁草書房、2004 年。

加勢園子、ステファン・パップ『DVD ブック　スウェーデンの FMT 脳機能回復促進音楽療法』東京：春秋社、2007 年。

木田元・野家啓一他編『現象学事典』東京：弘文堂、1994 年。

河野哲也「身体運動・対象化・他者」『心身障害児の運動障害にみられる課題とその指導に関する研究　特別研究報告書』神奈川：国立特殊教育総合研究所、1995 年。

熊谷晋一郎『リハビリの夜』東京：医学書院、2009 年。

ゴーブル，フランク『マズローの心理学』小口忠彦監訳　東京：産能大学出版部、1972 年。

今野義孝『障害児の発達を促す動作法』東京：学苑社、1990 年。

齋藤孝『教師＝身体という技術』神奈川：世織書房、1997 年。

齋藤孝『身体感覚を取り戻す——腰・ハラ文化の再生』東京：NHK ブックス、2000 年。

齋藤孝『息の人間学』神奈川：世織書房、2003 年。

佐々木正人『からだ——認識の原点』東京：東京大学出版会、1987 年。

佐々木正人「運動の制御——エコロジカル・アプローチの視点」『心身障害児の運動障害にみられる課題とその指導に関する研究　特別研究報告書』神奈川：国立特殊教育総合研究所、1995 年。

佐々木正人『レイアウトの法則——アートとアフォーダンス』東京：春秋社、2003 年。

佐々木正人『ダーウィン的方法』東京：岩波書店、2005 年。

笹本健「身体・身体運動への教育的関わりについて——指導者の立場から」『心身障害児の運動障害にみられる課題とその指導に関する研究　特別研究報告書』神奈川：国立特殊教育総合研究所、1995 年。

シュタイナー，ルドルフ『音楽の本質と人間の音体験』西川隆範訳　東京：イザラ書房、1993 年。

シュタイナー，ルドルフ『色と形と音の瞑想』西川隆範訳　東京：風濤社、2001

年。
滝坂信一「身体にとって表現とは何か──動作の対象化と再構成の機構」『心身障害児の運動障害にみられる課題とその指導に関する研究　特別研究報告書』神奈川：国立特殊教育総合研究所、1995年。
滝坂信一「身体接触による表出援助の構造的検討──心身における〈地－図〉の成立と再構成の機構」『障害のある子どもの書字・描画における表出援助法に関する研究　特別研究報告書』国立特殊教育総合研究所、2000年。
竹内敏晴『劇へ──からだのバイエル』東京：青雲書房、1975年。
竹内敏晴『「からだ」と「ことば」のレッスン』東京：講談社（講談社現代新書）、1990年。
竹内敏晴『ことばとからだの戦後史』東京：筑摩書房（ちくま学芸文庫）、1997年。
竹内敏晴『日本語のレッスン』東京：講談社（講談社現代新書）、1998年。
竹内敏晴『教師のためのからだとことば考』東京：筑摩書房（ちくま学芸文庫）、1999年。
立川博『静的弛緩誘導法』東京：御茶ノ水書房、1985年。
ダルクローズ，エミール・ジャック『リズムと音楽と教育』板野平訳　東京：全音楽譜出版社、1975年。
ダルクローズ，エミール・ジャック『リトミック・芸術と教育』板野平訳　東京：全音楽譜出版社、1986年。
成瀬悟策『心理リハビリテイション』東京：誠信書房、1973年。
成瀬悟策『動作訓練の理論──脳性マヒ児のために』東京：誠信書房、1985年。
成瀬悟策『動作療法』東京：誠信書房、2000年。
野口三千三『原初生命体としての人間』東京：三笠書房、1972年。
三浦雅士『身体の零度』東京：講談社（講談社選書メチエ）、1994年。
三木成夫『ヒトのからだ』東京：うぶすな書院、1997年。
宮内勝「現代芸術論と自己意識──音楽経験と自己意識」新田義弘・河本英夫編『自己意識の現象学』　京都：世界思想社、2005年。
メルロ＝ポンティ『知覚の現象学』竹内芳郎・小林貞孝訳　東京：みすず書房、1967年。
Bernstein, Nicholai A. *On Dexterity and Its Development.* 1996.（邦訳：ニコライ・ベルンシュタイン『デクステリティ──巧みさとその発達』工藤和俊訳、佐々木正人監修　東京：金子書房、2003年。）
Blanche, Erna. I., Tina M. Botticelli, and Mary K. Hallway. *Combining Neuro-Developmental Treatment and Sensory Integration Principles. An Approach to Pediatric Therapy.* 1995.（邦訳：『神経発達学的治療と感覚統合理論』高橋智宏

監訳　東京：協同医書出版社、2001 年。）
Probst, Werner. *Instrumentalspiel mit Behinderten. Ein Modellversuch und seine Folgen*. Schott, 1991.
Winnick, Joseph P. *Early Movement experiences and Development: Habilitation and Remediation*. W. B. Saunder Company, 1979.（邦訳：ジョセフ・ウィニック『子どもの発達と運動教育』小林芳文・永松裕希・七木田敦・宮原資英訳　東京：大修館書店、1992 年。）

第 8 章　コミュニケーション

麻生武・浜田寿美男『からだとことばをつなぐもの』京都：ミネルヴァ書房、2003 年。
岩立志津夫・小椋たみ子編『よくわかる発達言語』京都：ミネルヴァ書房、2005 年。
稲田雅美『ミュージックセラピィ――対話のエチュード』京都：ミネルヴァ書房、2003 年。
ヴァーガス、マジョリー・F.『非言語コミュニケーション』石丸正訳、東京：新潮社（新潮選書）、1987 年。
大藪泰『共同注意』川島書店、2004 年。
霜山徳爾『素足の心理療法』東京：みすず書房、1989 年。
土野研治「『食事』　ADL の自立――方法論の観点から」『障害のある子どもの書字・描画における表出援助法　特別研究報告書』　国立特殊教育総合研究所、2000 年。
土野研治「『表現』　音楽、描画との関連」『障害のある子どもの書字・描画における表出援助法　特別研究報告書』　国立特殊教育総合研究所、2000 年。
中村尚樹『最重度の障害児たちが語りはじめるとき』　東京：草思社、2013 年。
根津知佳子「音楽的経験に内在する〈ドラマ性〉」『日本芸術療法学会誌 vol.32 No.2』2001 年。
Raffler-Engel, Walburga von. *Aspects of Nonverbal Communication*. 1980.（邦訳：W．フォン・ラフラー＝エンゲル『ノンバーバル・コミュニケーション』本名信行・井出祥子・谷林真理子編訳　大修館書店、1981 年。）
Trevarthen, Colwyn, Kenneth Aitkenm, Despina Papoudi, and Jacqueline Robarts *Children with Autism*. 2nd edition. 1998.（邦訳：コールウィン・トレヴァーセン、ジャクリーヌ・ロバーツ他『自閉症の子どもたち』中野茂・伊藤良子・近藤清美監訳　京都：ミネルヴァ書房、2005 年。）

第9章　自閉症児の音楽療法

『現代思想 vol. 25-12　発達とは何か』東京：青土社、1997年（11月）。
『そだちの科学　創刊号　自閉症とともに生きる』東京：日本評論社、2003年（10月）。
阿部秀雄・桑田和幸『自閉症の最前線を行く』東京：学苑社、1990年。
アルバン，ジュリエット『心身障害児のための音楽療法』山松質文・谷嘉代子訳　東京：岩崎学術出版社、1968年。
稲田雅美『音楽が創る治療空間――精神分析の関係理論とミュージックセラピー』京都：ナカニシヤ出版、2012年。
河合健彦・奥山玲子「自閉症幼児への精神療法的かかわり」『精神療法 Vol.29 No.5』東京：金剛出版、2003年。
グロールニック，サイモン・A.『ウィニコット入門』野中猛・渡辺智英夫訳　東京：岩崎学術出版社、1998年。
河野哲也『エコロジカルな心の哲学』東京：勁草書房、2003年。
河野哲也『環境に拡がる心』東京：勁草書房、2005年。
子安増生・木下孝司「〈心の理論〉研究の展望」『心理学研究 68　51-67』　1997年。
佐々木正人『からだ――認識の原点』東京：東京大学出版会、1987年。
佐々木正人『ダーウィン的方法』東京：岩波書店、2005年。
次良丸睦子・五十嵐一枝『発達障害の臨床心理学』京都：北大路書房、2002年。
杉山登志郎・辻井正次編著『高機能広汎性発達障害』東京：ブレーン社、1999年。
高橋哲郎『改訂　子どもの心と精神病理』東京：岩崎学術出版、1988年。
土野研治「精神薄弱養護学校の養護・訓練における個人音楽療法セッション」『音楽療法　Vol.3』山梨：日本臨床心理研究所、1993年。
土野研治「自己像の乏しい自閉症児への音楽療法――声を用いた自己像・身体組織化への取り組み」『発達臨床研究　第22号』淑徳大学発達臨床研究センター、2004年。
遠山文吉「自閉症児と音楽」『小学校音楽教育講座第5巻　障害児と音楽』東京：音楽之友社、1983年。
中根晃『自閉症研究』東京：金剛出版、1978年。
野村東助「自閉症における社会的障害」　野村東助・伊藤英夫・伊藤良子（編）『自閉症児の言語指導』　東京：学苑社、1992年。
ベッテルハイム、B.『自閉症――うつろな砦（1、2）』黒丸正四郎・岡田幸夫他訳　東京：みすず書房、1973年（1）、1975年（2）。(B. Bettelheim. *The Empty Fortress: Infantile Autism and Birth of The Self*. New York, Free Press 1967.)

別府哲『自閉症幼児の他者理解』京都：ナカニシヤ出版、2001年。
松井紀和「発達障害への音楽療法の適応」『発達障害研究　第11巻第2号』東京：日本文化科学社、1989年。
村上靖彦『自閉症の現象学』　東京：勁草書房、2008年。
村上靖彦「『ミニカー並べ』の現象学――自閉症児にとっての『私』とは何か」、『現代思想』第34巻12号（青土社）2006年10月号。
森則夫、杉山登志郎、岩田泰秀『臨床家のためのDSM – 5虎の巻』　東京：日本評論社、2014年。
山松質文『自閉症児の治療教育――音楽療法と箱庭療法』東京：岩崎学術出版社、1975年。
Aarons, Maureen, and Tessa Gittens. *The handbook of autism by Mureen Aarons and Tessa Gittens*. 2002. （邦訳：モーリーン・アーロンズ、テッサ・ギッテンズ『自閉症ハンドブック』石井哲夫監修・春日井晶子訳　東京：明石書店、2002年。）
Alvin, Juliette. *Music Therapy for the Autistic Child*. by Oxford Unversity Press, 1978. （邦訳：ジュリエット・アルヴァン『自閉症児のための音楽療法』山松質文・堀真一郎訳　東京：音楽之友社、1982年。）
Bruscia, Kenneth. *Case Studies in Music Therapy*. 1991. （邦訳：ケネス・E．ブルーシア『音楽療法ケーススタディ（上・下）』酒井智華・よしだじゅんこ他訳　東京：音楽之友社、2004年。）
Denett, D. *Brianstorms: Philisophical essays on mind and psychology*. 1987.
Nordoff, Paul, and Clive Robbins. *Therapy in Music for handicapped children*. 1971. （邦訳：ポール・ノードフ、クライブ・ロビンズ『心身障害児の音楽療法』日本文化科学社、1973年。）
Premeck, D., and G. Woodruff. *Does the chimpanzee have a theory of mind?* The Behavioural and Brain Science, 1978.
Premack, David, and Ann Premack. *Unlocking the Mystery of Who We Are*. 2003. （邦訳：デイビッド・プレマック、アン・プレマック『心の発生と進化』長谷川寿一監修、鈴木光太郎訳　東京：新曜社、2005年。）
Trevarthen, Colwyn, Kenneth Aitkenm, Despina Papoudi, and Jacqueline Robarts *Children with Autism*. 2nd edition. 1998. （邦訳：コールウィン・トレヴァーセン、ジャクリーヌ・ロバーツ他『自閉症の子どもたち』中野茂・伊藤良子・近藤清美監訳　京都：ミネルヴァ書房、2005年。）
Rutter, M. "Concept of Autism: A Review of research." *Journal of Child Psychology and Psychiatry*. 9. 1-25, 1968.
Wing, L., and J. Gould. "Severe impairments of social interaction and associated

abnormalities in children: epidemiology and classification." *Journal of Autism and Developmental Disorders. 9.11-29,* 1979.

第10章　特別支援教育における音楽活動

姉崎弘『特別支援教育——一人一人のニーズに応じた教育の現実をめざして』第3版、岡山：大学教育出版、2011年。

『今井幸彦詩集　みんな生きていたい』　東京：萌文社、2011年。

土野研治「事例研究の意義を考える」、『日本音楽療法学会誌』第8巻第1号（2008年）

土野研治「即興音楽療法の意義——クライエントを触発するセラピストの音と音楽」、『日本音楽療法学会誌』第12巻第1号（2012年）。

中村友亮、川住隆一「音を活用した重症心身障害児（者）への教育・療育的対応に関する研究動向」、『東北大学大学院教育学研究科研究年報』第54集第2号(2006年)。

平井利明、「知的障害者に対する音楽療法とその評価——余暇の活用によるQOLの向上を目指して」静岡福祉大学紀要第8号（2012年）。

宮崎英憲監修、高橋正美編集、福島県三春町立三春小学校『地域支援ネットワークに支えられた特別支援教育』　東京：ジアーズ教育新社、2013年。

遠山文吉編著『知的障害のある子どもへの音楽療法』東京：音楽之友社、2005年。

第11章　病弱養護学校における実践

『盲学校・聾学校及び養護学校　学習指導要領（平成11年3月）解説　自立活動編』（幼稚部・小学部・中学部・高等部）文部省、2000年。

土野研治「障害を乗り越え豊かに生きる児童生徒」『埼玉県立寄居養護学校研究紀要第21号』2000年。

第12章　小児リハビリテーションとしての音楽療法

笠井史人、小島寿子『基礎から学ぶリハビリテーションと音楽療法』　東京：音楽之友社、2013年。

辛島千恵子編集『広汎性発達障害の作業療法——根拠と実践』　東京：三輪書店、2010年。

栗原まな＋アトムの会編著『ふたたび楽しく生きていくためのメッセージ』京都：クリエイツかもがわ、2006年。

栗原まな『わかりやすい小児の高次機能障害対応マニュアル——診断と治療社』　東京：診断と治療社、2009年。

栗原まな、殿村暁、土野研治他「後天性脳外傷児に対する音楽療法の導入」、『小児
　　科診療』（診断と治療社）第 72 巻第 1 号（2009 年）。
土野研治「音楽療法士の役割──重度重複障害児（者）へのリハビリテーション」、
　　『発達障害医学の進歩』No.21 2009 年　診断と治療社
人見眞理『発達とは何か──リハビリの臨床と現象学』　東京：青土社、2012 年。
星山麻木「重度の障害をもつ人との関わり──音楽療法」、『発達障害医学の進歩』
　　（診断と治療社）第 19 号 2007 年。

本書は 2006 年に初版が刊行された
『声・身体・コミュニケーション：障害児の音楽療法』を
増補・改訂のうえ改題したものである。

土野研治（つちの けんじ）
1955年東京生まれ。日本大学芸術学部教授を経て、現在、平成音楽大学客員教授。一般社団法人日本音楽療法学会副理事長、日本芸術療法学会理事等を歴任。日本演奏連盟会員。
国立音楽大学声楽卒業後、埼玉県内の特別支援学校（肢体不自由、知的障害、病弱）に勤務し、音楽療法を取り入れた実践研究を行う。その業績に対し、音楽教育振興賞、埼玉県教育長表彰、下總皖一音楽賞を受賞。大学内に音楽療法セッションルームを設置し、地域の障害を抱える児童への音楽療法に従事。2021年度より埼玉県内の特別支援学校で、医療的ケア児や重度重複障害児等に対して音楽療法（音楽を用いた自立活動）を教員と共に行っている。また、声楽（バリトン）の演奏活動では、東京、京都、スウェーデンでリサイタルを展開している。
著書：『心ひらくピアノ――自閉症児と音楽療法士の14年』増補版（春秋社）
共著：『標準音楽療法入門（下）』（春秋社）、『音楽療法の実際』（牧野出版）
評論：「畑中良輔の世界」、「Es kommt――西内玲とフォルカー・レニッケの残照」、「音楽回想――バレエ―音楽療法そしてイギリスの歌手たち」（いずれも『江古田文学』）

障害児の音楽療法　声・身体・コミュニケーション
───────────────────────
　　　2014年5月20日　第1刷発行
　　　2022年5月20日　第3刷発行

　　　著者Ⓒ＝土野研治
　　　発行者＝神田　明
　　　発行所＝株式会社　春秋社
　　　　　〒101-0021 東京都千代田区外神田2-18-6
　　　　　電話　(03)3255-9611(営業)・(03)3255-9614(編集)
　　　　　振替　00180-6-24861
　　　　　https://www.shunjusha.co.jp/
　　　印刷・製本＝萩原印刷株式会社
───────────────────────
Ⓒ2014 Kenji Tsuchino　　　　　　ISBN 978-4-393-93584-2 C0073
定価はカバー等に表示してあります

春秋社

土野研治 **心ひらくピアノ**〈増補版〉 自閉症児と音楽療法士との14年	2420円	自閉症と呼ばれた少年のピアノ・レッスンを続けた年月と、その後…。さまざまな困難に立ち向かいステージで演奏するまでに成長していく姿を描いた感動的なドキュメント。
日野原重明 **いのちの言葉**〈増補版〉	1760円	102歳の医師の滋味あふれる珠玉の名言集。2002年刊の好評ロングセラーにその後の10年の歩みを増補。「新老人の会」を軸に、老いの新たな境地を切り開いてきた思索の数々。
生野里花・二俣泉（編集） **静かな森の大きな木** 音楽療法のためのオリジナル曲集	2420円	障害児・者を対象とする音楽療法セッションで生まれたオリジナルの名曲・珍曲・音楽遊びの合計63の活動を収録。曲の成り立ちや応用法など丁寧な解説つき。作曲者計14名。
鈴木祐仁（編集） **だれかの音がする** 音楽療法のためのオリジナル曲集	2420円	音楽療法のオリジナル活動集第2集。発達障害・精神障害を主な対象にした計68曲（作曲者18名）。曲の成り立ち、活動の手順、応用方法などの具体的・実践的な解説と楽譜。
藤本禮子 高齢者の音楽療法 **楽器演奏のすすめ** 心をつなぐ合奏曲38	2640円	話すこと・歌うことができなくなっても楽器で心を通わせることはできる。最重度の認知症でも可能な楽器活動の数々を紹介。高齢者についての基礎知識、即興演奏技法の解説も。
加勢園子、ステファン・パップ **スウェーデンの**〈DVDブック〉 **FMT脳機能回復促進音楽療法**	3080円	ＡＤＨＤや読み書き困難の児童に有効とされ北欧で普及するＦＭＴの入門書。音楽を使った動作療法とも呼ばれる独特のメソッドを、セッションのＤＶＤ（46分）とともに紹介。
D.サーモン／日野原重明(序文)・生野里花(監訳) 〈DVDブック〉**歌の翼に** 緩和ケアの音楽療法	6600円	緩和ケアのパイオニア、カナダ・ロイヤル・ヴィクトリア病院の音楽療法士の活動を記録した貴重なドキュメンタリー43分。日本語字幕付。日本語版独自の解説書つき。
メリッサ・マルデ(他)／小野ひとみ(監訳) **歌手ならだれでも知っておきたい「からだ」のこと**	2640円	ボディ・マッピングによる「身体の正しい使い方」。クラシック、ミュージカル、合唱などジャンルを問わず、呼吸や共鳴システム、発音、あがり症克服まで網羅した決定版。
日野原重明（監修） 篠田知璋・加藤美知子（編集） **標準 音楽療法入門**	㊤3080円 ㊦3520円	日本音楽療法学会推薦テキスト。医療専門職としての音楽療法士に必須の医学的知識と音楽テクニック。【㊤理論編】歴史と理論、臨床心理学、心身症、慢性疾患、精神疾患。文献・資料案内。【㊦実践編】児童（発達障害等）、成人（高齢者、ターミナルケア、心身症）、テクニック（即興、伴奏、動き）、記録と評価、倫理。【執筆者】松井紀和、栗林文雄、村井靖児、土野研治、二俣泉、生野里花ほか

価格は税込（10%）